北朝鮮の法秩序

――その成立と変容

藤井　新［著］
FUJII, *Arata*
平岩俊司・鐸木昌之・坂井　隆・礒﨑敦仁［編］

世織書房

刊行にあたって——編者まえがき

著者の藤井新さんは、外交官として活躍中の二〇〇四年一月二七日に、逝去された。享年四四歳であった。今年で一〇回忌である。それを機に、北朝鮮研究者でもあった藤井さんが書いた論文を集めて出版することを企画した。それが本書である。

四人が編者となったが、最初にこの案を出したのは、平岩俊司氏である。平岩さんは、藤井さんの最も近い親友であった。藤井さんと平岩氏の仲は、我々も入れない何かがあった。それは、単なる男同士の友情だけではなく、「仁義」とでもいうべきものを感じさせた。その根幹には、藤井さんの人徳があった。「藤井さんのためなら」という我々の思いがこの出版の企画を動かした。

藤井さんが北朝鮮研究を志したのは、米国留学を終えてからである。米国留学は外務省からの派遣で、修士論文は、在日韓国朝鮮人に関する法的問題であった。帰国直後、平岩さんの紹介で居酒屋で藤井さんと初めて一献傾けた。藤井さんの、巨躯とは対照的にあどけない笑顔は純粋無垢な人品の良さを、他方で完璧な論理性を追究しようとする会話は明晰で透徹した頭脳を示すとともに、予想していない土俵外からの論議にも柔軟かつ「官僚的」に反応する藤井さんに驚いた。楽しいひとときであった。

しかし、藤井さんはそのとき鬱屈していた。外務省を辞めようかとも考えたことすらあったのかもしれない。私は、何気なく、北朝鮮の法律を客観的に研究する人がいないことを話した。それまでの北朝鮮研究は、北朝鮮が言う通りに祖述するか、イデオロギー的に非難するかしかなかった。とうてい学術研究ではなかったのである。

そのとき藤井さんが北朝鮮法研究で博士号をとった外交官になったら「格好いいな」とか、平岩さんが茶化したかもしれない。藤井さんの鬱々とした表情が一瞬で明るくなった。

それ以後、藤井さんは、北朝鮮法研究に邁進《まいしん》しはじめた。水を得た魚であった。平岩さんは、遊び盛りの子供に大好きなおもちゃを与えたようなものだ、と的確に表現した。毎週土曜日の午後、東京・港区三田の慶應義塾大学のゼミ用の教室を断りもなく勝手に借りて北朝鮮の勉強会を始めた。そのときのメンバーは、藤井さんが法律、平岩さんが外交と国際関係、坂井隆さんが政治動向、私が政治史を担当して報告しあった。ときどき筑波大学教授古田博司さんが参加して朝鮮の歴史と文化について斬新な見方と深い薀蓄《うんちく》を傾け、みんなを唸らせるとともに、蒙を啓《ひら》いてくれた。

終わってから、三田の飲み屋に集まり、自由気ままな議論を行った。藤井・平岩論争はいつもみんなに話題を提供するだけでなく、貴重な視角を与えてくれた。藤井さんは、論争で分が悪くなると、大きな体を小さくして微笑んで煙草を吹かしていた。反対に、分が良いときには、鼻を膨らませた得意満面の笑顔であった。

北朝鮮の人事政策の特徴を把握するために、各国の北朝鮮人名簿を入手し、北朝鮮幹部の経歴をカードに一枚ずつ貼って、法律、政治、経済、外交などの分野別に整理して分析した。各自がそれぞれの分野を担当し、一人ずつの特徴を報告した。毎週の勉強会では時間が足りなかったので、連休中に箱根で体育会系合宿用の旅館に泊まって分析した。大の男四人が部屋に籠りっきりで夜を徹して北朝鮮幹部の経歴を読み上げて議論しているのを見た旅館の方は、何かおかしいと思ったに違いない。警察に通報されても文句は言えないな、と語り合った。藤井さんは、ずっと腹ばいであった。今となっては良い思い出である。

一九八〇年代の後半、朝鮮戦争で米軍が平壌を占領したときに押収した北朝鮮政府の内部文書が公開された。これは、北朝鮮研究の状況を一変させた。政府内部文書を読むことによって政府や党の樹立と制度の形成の過程を具《つぶさ》に明らかにできるからである。北朝鮮建国当時における法の制定と執行の過程を第一次資料から読み解いていくことは、藤井さんの独壇場になった。

それは前人未到の研究であった。批判するにも、参考にするにも先行研究がなかった。藤井さんは、外務省の激務のなかで仕事が終わってから真夜中に、また外国出張のときには飛行機の機上で大きな鞄に大量のコピーした北朝鮮法律資料を入れて読んでいた。その成果が本書第Ⅲ部に収録されている大部の連作である。そのエネルギーにはただただ驚嘆するしかない。これが完成すれば、博士号の授与が確実であるのはお読みいただければ理解できると思う。

完成を待たずに逝かれてしまった。誠に残念至極である。いまだにこれを超えるものは、出ていない。

鐸木昌之

北朝鮮の法秩序●目次

第2章　朝鮮半島と国際連合――南北朝鮮の国連加盟問題

Ⅱ　法務生活と契約法

第3章

北朝鮮における「遵法」の問題――「社会主義法務生活」を中心に

第4章 一九四八年の北朝鮮契約法

Ⅲ 北朝鮮における法・経済制度

第5章 法制度および統治機構の形成

第6章
計画経済の基礎――初期北朝鮮における経済に関する法の制定過程

I

北朝鮮をめぐる国際関係

第1章 北朝鮮の国際法
――独自の解釈と運用

［解題］

本論は、一九八八年に北朝鮮で出版されたキム・ヨンチョル、ソ・ウォンチョル著『現代国際法研究』（科学百科事典総合出版社）を手がかりとして、北朝鮮の国際法に対する姿勢、考え方を明らかにした研究論文である。二〇〇一年に執筆され未発表だった本論の執筆時から考えても本論が分析対象とする『現代国際法研究』は、出版からすでに一〇年以上が経過していた。しかし教科書的な大系的体裁を整えており、なおかつ、北朝鮮の法に対する姿勢が貫徹されていることからも、同書を題材として北朝鮮の国際法観を分析、検討することの意味は大きい。もとより、著者自身も、出版当時と国際情勢が変化していることには十分注意する必要があることを指摘しているが、それでも、現在の北朝鮮の行動を考える際にもきわめて示唆的な論考と言ってよい。

著者はまず、北朝鮮の国際法に対する考え方の特徴として、国際法を旧態依然としたものと現代国際法が混在した状態にあると指摘し、個別具体的事例の是非についての判断は「主体《チュチェ》思想」によるもの、との立場を指摘している。著者はそこまで書いていないが、かなり恣意的に国際法を利用しようとする北朝鮮の姿勢が分かる。

続けて著者は、北朝鮮が、自主権尊重、互恵平等、内政不干渉、不可侵を、国際法の四つの柱としながら、その中でもとりわけ自主権の尊重を論理の軸にしていることを指摘している。自主権は国際法における「主権(sovereignty)」と同義と判断してよいとしながら、四つの柱も含めて北朝鮮の国際法についての認識は、確かに独特な部分があるものの、通常の国際法理解と十分に接点を形成しうるものと評価する。その上で、一九九三年のNPT(核拡散防止条約)脱退宣言後の米朝共同声明(九三年六月)で、この国際法についての姿勢が如実に表れていることも指摘している。

本論での議論は、その後の北朝鮮の対外行動を説明する際にきわめて有効である。とりわけ、北朝鮮は繰り返しミサイル発射実験をおこなうが、その際、宇宙開発は「国家の自主権」との立場を強調する。まさに本論で検討された概念を自らの行動の正当性の根拠としようとする論法だ。

また、国際法を「主体思想」で解釈するという姿勢は、かつてマルクス・レーニン主義が社会主義陣営で貫徹する秩序であった頃、北朝鮮が「マルクス・レーニン主義の創造的適用」として「主体」を宣言したことを想起させる。北朝鮮にとって「主体」という考え方は、その時々で北朝鮮が所属する国際社会で貫徹する秩序を、自らに有利に解釈するための道具、ということが言えるのかも知れない。社会主義陣営が北朝鮮にとって唯一の国際社会であった頃はマルクス・レーニン主義に、そして現在では国際法に、主体思想で独特の解釈を与え、自らの行動を正当化しようとするのである。

その意味で、本論が試みたように、社会主義陣営が徐々に綻びはじめ、西側諸国との関係を模索し始めた時期の北朝鮮の国際法観を考えることは、当時の北朝鮮をとりまく国際環境の激変を背景とする北朝鮮の対応という観点からも興味深い。いずれにせよ、本論は現在の北朝鮮の行動を検討、分析するさいにも有効であるのみならず、必ず検討しなければならない視点であると言ってよい。

(平岩俊司)

はじめに

本論は、一九八八年に北朝鮮で出版された『現代国際法研究』[1]という国際法の本を手掛かりとして、北朝鮮の国際法理論の一端を探ることを目的としている。

『現代国際法研究』は、十一の項目から成り[2]、最初に国際法の意義や基本原則といった基礎的な部分を論じ（項目一から三まで）、次に国際法の実体法的な部分として、国際法の権利義務の主体（同四と五）並びに国家の管轄権の客体となる私人の地位（項目六）及び国家領域（同七）を取り上げ、その後に国際紛争の解決といった国際法の手続法的な側面（同八）を論じている。さらに、民族自決権と植民地解放闘争という特定のテーマに焦点を当て（同九）、戦争法規を論じ（同一〇）、最後は朝鮮半島特有の問題である朝鮮戦争終結の問題で締めくくっている（同一一）。このような骨格と叙述の順序は、同書が体系書的な体裁を備えており、また、教科書的であることを示している。北朝鮮の国際法を概観するのに適した資料であると考えられる。

ただし、同書では、例えば国際法の法源や条約に関する国際法規範、国家の国際責任といった問題が十分に取り上げられていない。そのため、同書を国際法に関する網羅的な本であるとまでは言い難い。

また、同書が出版された一九八八年の国際情勢は、現在、すなわち二〇〇一年［執筆時点］のそれとは大幅に異なっていることに留意する必要がある。一九八八年以降、冷静の終結、東欧諸国における社会主義体制の崩壊、ソ連及び中国と韓国との間の国交正常化、ソ連の崩壊等の大事件が相次ぎ、北朝鮮の国際関係をめぐる環境は激変した。そのため、一九九二年四月に行われた憲法の改正において、外交政策の指針についての規定から「社会主義諸国と団結」するとの部分が削除されたほどである。[3]その後も、南北朝鮮の国連加盟、南北首脳会談の開催、北朝鮮と欧米諸国等との関係進展といった変化がなお続いている。したがって、『現代国際法研究』の分析に当たっては、同書に書かれている国際法の各理論が情勢の変化により、いかなる影響を受け得るかを常に念頭に置く必要がある。

以上の点を踏まえ、本論では、『現代国際法研究』の概要を紹介することを中心にし、補足的に各部分ごとに、西欧型国際法や旧ソ連及び中国の国際法との比較、同書出版後の国際情勢の変化についての考察を試みる。しかる後、最後の部分で、まとめとして、北朝鮮の国際法理論の特色の分析と現実の朝鮮半島情勢との関係につき若干の検討を行うこととする。

一　国際法の基礎理論

(1) 国際法の基本的性格

北朝鮮では、法は「社会経済制度の反映であり、政治の一つの表現形式」であるため、一定の社会経済制度と階級闘争を離れた法というものは、あり得ないと考えられている[4]。そして、これが国際法にも適用され、「各時代には、その時代の歴史的流れを左右する力量や勢力を代表する国家の利益を擁護する国際法が存在する」[5]と論じられる。こうした考えに基づき、『現代国際法研究』は、現代を「自主性の時代」とし、それゆえ「現代国際法」を「自主性の時代の国際関係の規範」であると定義づける[6]。

この「自主性の時代」とは、「世界の絶対多数の国が自主性を要求」し、国際舞台で「帝国主義的国際関係」ではなく、「自主力量を代表する国家の新しい国際関係が基本を成して」いる時代であり、「それゆえ、国際法規範も自主性を擁護する国家間の利益に合うように新しく制定し」、「既存の規範の内容を正して、新たな概念で理解し、適用しなければならないようになった」[7]と説かれる。

そして、「自主性を要求」する国、あるいは「自主力量を代表する国家」とは、「帝国主義」国家に対置される概念として、「社会主義国家と新興勢力国家」[8]を指すものとされる。以上の議論を総合すると、「現代国際法」は、社会主義国と新興勢力国の利益に服務するものであり、そのため、新たな法規範の制定も、既存の規範の解釈も、すべてこれらの国の利益に合うように行われるべきであるということになる。

こうした「現代国際法」の基本的性格についての主張は、北朝鮮が国際社会で置かれている位置とその基本的な外交政策をそのまま反映したものである。例えば、一九七二年に採択された「朝鮮民主主義人民共和国社会主義憲法」では、「社会主義国と団結し、帝国主義と反対する世界のすべての国の人民と団結」する（第一六条後段）と規定され、また、一九九二年の憲法改正以後は、「自主性を擁護する世界の人民と団結」する（第一七条後段）と規定されるようになった。いずれも、「現代国際法」が服務する「勢力」との団結を謳ったものである。

なお、この「現代国際法」に対して、西欧型国際法、あるいは西側の国際法は、「帝国主義者が自分たちの利益に合うように」作り出した旧い時代の国際法であるとされ、カギ括弧付きで「正統国際法」[9]と呼ばれる。『現代国際法研究』では、「現代国際法」と「正統国際法」の対置が頻繁に用いられ、後者が批判の対象となっている。

（2）国際法の存立根拠

かつてのソ連の国際法理論において最も重要な論点の一つとされていたのが国際法の存立根拠の問題であった。この問題は、マルクス・レーニン主義の史的唯物論に基づき、国際法も法一般と同じように社会の上部構造に属するものとして、下部構造たる経済制度に従属すると考えた場合に、社会主義諸国と資本主義諸国といったそれぞれ異なる下部構造を有する国家に共通する国際法がいかに存立し得るかという問いであった。この点をめぐって旧ソ連の国際法理論は、技術的な性格の国際法規以外には共通のルールは存在し得ないという理論に始まり、いくつかの変遷をたどった後[10]、それぞれの下部構造により究極的に規定される各国の国際法上の立場に基づく、国家間の合意を根拠として国際法が存立し得るとする説[11]に落ち着いたと言われている。

『現代国際法研究』では、こうした国際法の存立根拠の問題は特に論じられていない。しかしながら、国際法と国内法を比較した部分で、国内法では国家が立法権を有して法制定を行うが、国際法は、「政策と社会制度が異なり、指導思想と指導理念が異なる諸国家の行為規範を国家間の合意に基づ」いて制定するとの[12]説明がなされていることからすれば、同書は、国家間の合意を国際法の存立根拠とする旧ソ連の国際法理論を前提にしていると考えられる。

ただし、同書では、国際法が合意によって成立することは、国際法の存立根拠としてよりも、むしろそれがもたらす国際法の過渡的又は混在的性格の方に焦点が当てられている。すなわち、国際法は、「国家間の合意によって制定されるので、その規範には、いずれか一ヵ国の支配階級の意思や、いずれか一ヵ国の民族の利益のみが反映されることができない」ので[13]、「国内法と比べて社会経済制度や政治闘争の変化に敏感でない」[14]とされ、それゆえ、「自主力量の利益に合う国際法規範が新しく制定され、拡大、強固になる一方」で、「歴史的に長い間存続してきた旧い国際法規範も」[15]少なからず残るといった過渡期的又は混在的な性格になると論じられる。

そして、こうした現代国際法においては、思想、理論の問題が根本的な問題であるとされ、その「指導的指針」になるのが「現代の革命の指導思想」たる主体思想《チュチェ》であると説かれる。この主体思想に基づいてこそ、「従来の旧い国際法規範の制限性と不合理性も正しく明らかにすることができ」、主体思想が「各規範、各条項の正当性を判別する基準であり、試金石である」[16]とされる。

二　国際法の基本原則と国家主権

(1) 国際法の基本原則

『現代国際法研究』で掲げられる国際法の基本原則は、自主権尊重、平等と互恵、内政不干渉、不可侵の四つである。このうち自主権尊重が「現代国際法」の根本原則を成すものとして最も重んじられている。他の三つの原則は、自主権尊重原則から導かれるもので、同原則を「徹底的に保障するための原則である」[17]と位置付けられている。また、自主権の尊重は、国際法の最も基本的な原則の一つとして、強行法規[18]を成しており、これと抵触するいかなる条約の法的効力も認められないとされる。

この自主権とは、「他国の干渉を受けることなく自国の内部問題を自分の判断と決心に従い、自国の実情に合うように決定し、対外的には、国の対外政策を独自に立て、外交活動を展開する国家の基本的権利である」と定義されており、また、「自国の住民と領土を独自に管轄することができる政治的権利」ともされている。これは、国際法における sovereignty に相当する概念であり[19]、日本や中国、韓国では「主権」という用語を用いている。『現代国際法研究』においても、数は少ないものの、主権という語を用いている箇所があり、しかも、その意味は、同書で定義されている自主権と同視し得るものである。[20]それにもかかわらず、sovereignty に相当する語として主に自主権という語が用いられる背景には、国家の sovereignty を主体思想の重要な要素である「自主性」と関連づけようとする意図があると考えられる。『現代国際法研究』で、「人間において自主性が生命であるように、国家においても自主権は生命になる」と論じられているのは、その証左の一つである。

『現代国際法研究』で挙げられている四つの基本原則は、北朝鮮独特の主張というわけではない。これらの原則は、日本や欧米諸国の国際法でも、国家の基本的権能として認められているものである。[21] また、中国が国際法の基本原則であると主張する平和共存五原則[22]のうち平和共存原則自身を除いたものに符合しており、基本原則のうち主権原則を最も重要視[23]する点も同じである。さらに、旧ソ連の代表的な国際法の理論書では、四つの原則は平和共存原則の前提となる「重要な国際法原則[24]」であるとされている。

自主権尊重、平等と互恵、内政不干渉及び不可侵の四つは、冷戦後の世界においても、北朝鮮の外交にとって重要な原則になっている。そのことを最も顕著に表しているのは、一九九三年六月一一日に発表された米朝共同声明[25]である。この共同声明は、北朝鮮の核不拡散条約からの脱退宣言を受けて行われた第一回米朝協議の結果文書であり、米朝間の最初の公式合意である。この中で、米国と北朝鮮は、①核兵器を含む武力による威嚇及びその行使に反対することへの保障、②フルスコープ保障措置の公平な適用、主権の相互尊重及び内政不干渉を含む非核化された朝鮮半島の平和と安全、並びに③朝鮮の平和的統一への支持といった三つの原則に合意したと規定されている。このうち、①には不可侵原則が、また、②には文字通り主権の相互尊重原則と内政不干渉の原則が盛り込まれている。[26] そして、共同声明は、これらの原則に合意したことに関連して、「両国政府は、平等及び不偏を基本として、対話を継続することに合意した」とし、平等原則に言及した。

また、北朝鮮の憲法では、一九七二年に採択された社会主義憲法以来今日に至るまで、「完全な平等と自主性、相互尊重と内政不干渉、互恵の原則」に基づいて友好的な国々と政治、経済、文化的な関係を結ぶとされており、さらに、一九九二年の改正以降は「あらゆる形態の侵略と内政干渉に反対」するとの規定も置かれるようになった。[27] 用語は、若干異なるが、四つの基本原則が基礎となった規定と考えられる。

（2）主権尊重原則の強調

『現代国際法研究』は、主権尊重の原則を国際法の根本原則であり、強行法規であるとして、特に強調している。こうした主権尊重原則の強調は、他の国際法上の論点に対する同書の立場と密接に関連している。

例えば、平等権[28]に絡めて論じられる国家免除又は主権免除の問題に関して、同書は、主権尊重を強調する立場から、絶対免除主義の立場をとっている。すなわち、「平等、互恵原則は、ある国が他の国を如何なる場合にも裁判することができないことを規定して[29]おり、「各国家が他の国家の裁判管轄から免除されることは、主権平等の見地から絶対的であり、こうした免除は、独立国家のすべての活動に適用される」（傍点、引用者）と説かれている。こうした絶対免除主義は、旧ソ連をはじめとする旧東側諸国及び中国の立場でもある。[30]

これに対して、欧米諸国で潮流となっている立場は、国家の活動でも、私法的商業的な性質を有する「業務管理的行為[31]」に関しては主権免除を認めないとする制限免除主義であり、『現代国際法研究』は、「まったく不当な論理である」、「国家活動は、すべて主権的機能を実現するための活動であり、主権的機能と結びついていない国家活動というのはあり得ない」と反駁する。国家による対外経済活動は、「経済分野における主権機能の実現形式であり、国家的主権の発言方式」であり、これに対して裁判権を行使しようとするのは、「対外経済関係において、帝国主義的独占資本の無制限の利益を確保し、社会主義国家と新興勢力国の対外貿易活動を抑制しようということにその目的がある[32]」と強い反発を示している。

他方、内政不干渉と不可侵の原則は、主権を強調する立場から、それぞれ干渉及び侵略に当たる場合が広く解釈される。これも、旧東側の国際法において見られた傾向である。[33]

まず、内政不干渉については、内政の範囲を広く解釈して、「国家の内政、すなわち国家の管轄権に属する事項」たる対内管轄権のみならず、対外政策の作成、執行のすべての分野を包括する対外管轄事項をも含むとする。[34]対外管轄事項の具体例としては、国際機関への参加権と代表権、条約締結権、国家承認等が挙げられている。なお『現代国際法研究』は、一九六五年の日韓基本関係条約〔日本国と大韓民国との間の基本関係に関する条約〕等の日韓国交正常化に関連する諸条約に対して北朝鮮がその非合法性と無効を宣言した例を挙げ、これは、諸条約が国際法に反して締結されたものであるため、内政干渉に当たらないと論じている。このことは逆に言えば、他国が締結した条約を非難するだけでも、条約自体の非合法性等の特殊な事情がない限り、内政干渉に当たり得ると考えられていることを意味している。同書が考える内政干渉の範囲の広さを窺い知ることができる。また、南北朝鮮の統一問題は北朝鮮の内政であるとして、米国軍の韓国駐留を内政干渉に当たると非難している。

次に、不可侵原則については、侵略の態様又は方法が広く解釈され、武力による侵略のみならず、間接侵略、経済侵略及び思想・文化侵略までも含むとされる。[35]そこには、ある種の経済援助、経済的圧力、「隷属的な貿易その他の経済関係」、「民族文化を抹殺するための宣伝・煽動」等が該当すると説かれている。

三　国際法の主体と客体

(1) 国際法の主体

いかなる実体（entity）が国際法の権利義務の主体となり得るかという問題に関して、『現代国際法研究』は、国家の他に独立闘争を行っている民族と国際機関の国際法主体性を論じている。

まず、独立闘争を行っている民族については、「帝国主義植民地隷属から抜け出し、自己の民族的独立国家を創建するために闘争する全民族的代表機構」[36]が国際法の主体と認定されているとする。すなわち、独立闘争を行う民族全般に国際法主体としての地位を認める立場をとる。これは、旧ソ連の国際法がとっていた立場でもあるが[37]、いわゆる西欧型の国際法の立場に比べて[38]、国際法主体として認められる対象の範囲が相当程度広くなっている。

これに対して、国際機関については、①条約の締結権が加盟国の合意に基づく制限的な権利であり、加盟国の主権に基づく派生的な権利であること、及び②領土も住民も管轄せず、財政も加盟国の合意と支援に基づくため、国際法の権利を行使し、義務を履行するための物質的担保がないことを根拠に、その国際法主体性を否定する。そして、「帝国主義弁護論者」が国際機関の国際法主体性を認めようとするのは、「国際機関を帝国主義者の侵略の道具に思うとおりに利用しようとすることに目的」があると非難する。いわゆる西欧型の国際法のみならず、旧ソ連の国際法[39]でも国際機関の国際法主体としての地位が認められていたことと比べると、相当程度際立った理論である。

(2) 国家承認と政府承認

新しく誕生した国家に対して既存の国家が行う承認、すなわち国家承認がいかなる性質又は法的効果を持つかについて、『現代国際法研究』は、「国家の主権は、他国の承認いかんにかかって発生するものではなく、国家の誕生とともに生じる」[40]ものであるとして、承認行為には新国家に国際法主体としての資格を付与するという創設的な効果があるとする説を否定する。同書によれば、この創設的効果説は、「帝国主義者たちが国際舞台において主人の振舞いをした旧い時代の間違った思考方式に基づく詭弁に過ぎない」とされる。そして、同書は、具体的な例として、日本及び米国が北朝鮮を承認していないことに言及し、これまでの二国間外交関係の設定及び国際機関への加盟といった外交実績を挙げつつ、北朝鮮の存在は、日米の承認いかんに左右されるものではないと論じる。新国家は誕生の瞬間から国際法の主体であるとするこうした『現代国際法研究』の立場は、国家承認には宣言的な効果しかないとする宣言的効果説の考えを意味する。[41] これは、旧東側の諸国によってとられた立場でもある。[42]

同書によれば、国家承認は、「既存の国家が新たに出現した国家と国家的関係を発展させていくことができる法律行為の出発点として、その基礎と」なるが、「いかなる程度、いかなる水準で承認するか、また、いかなる時に承認するかについての国際法的な統一規範はない」[43] とされる。ただし、同書は、「新生独立国家に対し、むやみに承認の意思を表示しないことは、新生独立国家に対する非友好的な態度と立場であ」り、「歴史の流れに逆行する誤った処置である」とし、国家承認の問題を純法理論的に見て、各国は新国家を承認してもしなくてもよいとすることに反対する。同書は、国家承認の問題は、「帝国主義」の側について、世界革命の対象となるのか、それとも「反帝国主義」の側について、世界革命の推進者になるのかの試金石の一つとして、政治的な角度から理解されるべきであると主張する。

また、この国家承認の問題と関連して、政府承認の問題についても考察されている。ただし、この考察は、政府承認全般を扱ったものではなく、独裁体制の政府が転覆され、民主主義的な体制の政府が新たに樹立された場合に、政府承認を行うべきか、それとも元々国家的関係を結んでいたので、わざわざ政府承認など行わずに、そのまま新しい政府を相手にして国家的な関係を継続すればよいのかという特定の問題に焦点が当てられている。この問題について同書は、独裁政府が転覆され、民主主義的な政府が樹立されることは、「一つの社会革命」であり、[44]「新しい体制の政府は、以前の政府の権利義務を元のとおりそのまま継承する法的義務を有していない」ので、政府承認の問題が生じると説いている。

（3）朝鮮半島における国際法主体

『現代国際法研究』は、朝鮮半島における国際法主体の問題を特に取り上げているが、これは、もっぱら「朝鮮民主主義人民共和国が朝鮮民族の意思と利益を代表する唯一の国際法の当事者であることを論証」することを目的としたものである。

同書はまず、朝鮮半島の歴史から説き起こし、「朝鮮民族は、歴史的に一つの民族であり、朝鮮の国土もやはり歴史的に一つの国土であった[45]」と結論付ける。これにより、「二つの朝鮮」論を非難する。続いて、一九四八年九月に朝鮮民主主義人民共和国樹立を決定した最高人民会議の選挙が同年八月南北朝鮮全地域で実施されたとし、「朝鮮民主主義人民共和国は、南北朝鮮全体人民の総意によって創建された朝鮮人民の真正な、唯一の国家である[46]」と説く。そして、北朝鮮で進められている経済建設は、統一後に「南半部の経済を復旧し、零落した人民生活を向上させる貴重な元手」になるので、「南半部の人民の生活まで考慮」されたものであるとし、また、日韓基本関係条約をはじめとする日韓国交正常化に際しての諸条約に対し、「朝鮮人民の利益を侵害する重大な罪行として峻烈に断罪した」とし、「朝鮮民主主義人民共和国のすべての政策、すべての活動は、北半部人民はもちろん、南半部人民の利益も責任を持って、擁護している」と主張する。さらに、「国家の自主性の問題は、国際法の当事者を規定する基本要件の一つである」との自説を前提として、北朝鮮が主体思想で定義される「自主性」にいかによく該当するかについての説明を展開している。ただし、これらはいずれも、本質的には政治的な議論である。

（4） 外国人の待遇

まず、自国民と外国人とを分かつ基準である国籍について『現代国際法』は、国家の見地と私人の見地から見た場合に分けて、論じている。このうち国家の見地から見た国籍についての立場は、各国が国籍を国内管轄事項として処理し、また、その権限に基づき国籍法を制定することができるとする点、二重国籍や無国籍が生じないように調整が必要とする点等いわゆる西側の国際法[47]と同様である。他方、国籍を私人の見地から見る議論は、在外居留民の保護という北朝鮮の関心をよく反映したものである。私人から見た場合、国籍を有する権利及び国籍選択[48]の意思を表明する自由は、基本的人権に属し、他の私人も国家もこれを尊重しなければならないとする。特に、国籍選択の自由との関係で、各人の意思に反した国籍取得を強要してはならない点を強調しており、日本が「在日朝鮮公民」に韓国の国籍を「強要しようと策動している」[49]として非難する。

続いて、外国人の出入国に関して、入国に際しては当該国の承認を受けなければならないが、出国についてはは税金、罰金の不払い、犯罪嫌疑等の特別な理由がない限り、駐在していた国から自由に離れることができるとする。この点も、いわゆる西側の国際法と大差はない。また、国家は、外国人の入国につき差別的な政策をとってはならず、さらに、正当な理由がなく外国人を追放することは、非合法的であり、追放された外国人の属する国家が当該追放を相手国の差別政策又はその他の不当な理由に基づくと認定した場合には、報復措置をとることができると説く。ここで使われている「差別的措置」や「報復措置」の具体的な内容は、必ずしも明らかではないが、日本の国際法の教科書においても、適法に入国し、在留を認められた外国人の追放が「実体法・手続き法上恣意的なものであってはならず、一般国際法上一定の制限がある」[50]とされ、また、追放される外国人に対しては、「明白な理由の提示を求め、処分に関する裁判上その他の救済を得る権利が与えられるなど、手続上の保障がなければならない」[51]とされている。こうした権利が否定される場合には、当該外国人の母国は、国際法上の要件に従って、外交的保護権を行使することができることにもなる。

国内に適法に在留する外国人に与えるべき待遇の基準として、『現代国際法研究』は、国際標準主義ではなく、国内標準主義をとり、自国民が有しているものと同じ民事上の権利と人身上の保護を与えるとする。これは、社会主義諸国や途上国に共通する立場[52]である。

その上で『現代国際法研究』は、民族的権利の保障を強調する。この民族的権利とは同書によれば、「海外公民団体を組織し、社会政治活動を展開でき、民族教育機関を組織、運営し」、「自分の祖国に自由に往来することができ、必要なときに自国に政治、法律的な保護を要求することができる」[53]権利であるとされる。北朝鮮の海外居留民の実態とそうした海外居留民を保護するとの北朝鮮の利益、関心を反映したものである。ただし、同書は、外国人は、駐在国で選挙権と被選挙権を有することができず、特別な協定や駐在国の法令で認定されない限り、駐在国の国家公務員として働くことができないとし、その理由は、国家機密が保障できないからであるとする。

なお、外国人の義務については、居住国の法秩序に服すること及び税金を納付することが挙げられており、軍務については免除されるが、自然災害や伝染病の際の動員には応じる義務があるとする。

(5) 国家領域

『現代国際法研究』は、「すべての国家は、自国の主権下にある領土、領海、領空に対して、最高の権力を行使する」[54]とし、こうした領域主権に対する蹂躙は、必ず国家主権そのものに対する侵害になると説く。その上で、外国の軍隊の駐屯は、「いかなる形態であろうと、また、それがどの程度長く継続されるかに関係なく」「民族的な独立に危険を醸成する」とし、具体例として、日本、フィリピン[55]及び韓国における米軍の駐留を非難する。

また、同書は、「帝国主義者たち」は、弱小国の領域主権を認めず、それを蹂躪《じゅうりん》することを正当化しようとしているとして、その具体例として、無主地先占の法理と世界政府創設案を挙げる。このうち、先占の法理に対しては、その対象となる無主地は、「他の帝国主義者たちにいまだ先占されていない土地」を意味するに過ぎず、実際には、その土地に昔から住んでいる住民が存在すると批判し[56]、世界政府創設案に対しては、領域主権を否認するために各国の国境をなくそうとするものであるとして批判する。

ただし、旧い先占の法理についてはともかく、今日の先占の法理[57]においては、無主地は同書が指摘するように広く解されておらず、その範囲は相当程度限定されている。また、世界政府創設案については、主権の相互尊重を論じた部分[58]でも批判されており、領域主権のみならず、国家主権そのものを否定するためのものであると考えられていることがわかる。こうした立場は、ソ連及び中国の国際法の立場[59]と共通するものである。

なお、『現代国際法研究』では、領域主権と関連して、他国の領土に対する不可侵性を中心とする領土保全のみならず、「各国が自己の領域内にある天然資源を合理的に開発、利用する自主的な権利」をも国際法により確認されているとしている。

『現代国際法研究』では、国家領域の項目の下で、領海、経済水域、大陸棚といった海洋法に関する説明がされている。この説明は、おおむね国連海洋法条約をはじめとした関連条約の範囲[60]を出るものではない。

ただし、北朝鮮に特有の事項として、いわゆる「軍事警戒線」の問題が取り上げられている。これは、日本海において北朝鮮の領海の基線から五〇海里の幅の水域を北朝鮮が「軍事警戒線」として一方的に宣言したものであり、国際法上の根拠があるわけではない。同区域の水上、水中、空中では、外国の軍用艦船及び軍用航空機の行動が一切禁止され、また、民間の船舶及び航空機も、事前の合意又は承認の下でのみ、航行又は飛行を行うことができ、その際でも、軍事的目的を有する行動と経済的利益を侵害する行動をとることはできないと主張されている。『現代国際法研究』は、この「軍事警戒線」の設定を「醸成された情勢の要求から出発し、領海と経済水域を……保衛し、民族的利益と国の安全及び自主権を軍事的に徹底して守るためにとられた正当な措置である」[61]と正当化しているものの、国際法の観点からの議論、すなわち国際法上いかなる根拠で正当な措置と言い得るかについての説明はなされていない。

なお、領海に関連する北朝鮮の国内法として、「環境保護法」、「朝鮮民主主義人民共和国沿海、領海保護管理規定」、「港事業監督に関する規定」、「他国船代理業務に関する規定」、水産資源保護、増殖及び取締りに関する規定」[62]が存在することが紹介されている。

四　武力紛争と国際法

(1) 植民地からの独立のための武力抗争

『現代国際法研究』は、民族自決権を「すべての民族が自己の運命の主人として、自分の力で自己の運命を開拓していくことができるようにする政治的権利」であると定義し、各民族には、植民地から独立して、自己の民族国家を建てる権利[63]があるとする。そして、こうした独立国家を創建するために必要な手段と方法については、当該民族自身が選択する権利を有し、それには、「武装闘争」も含まれると説く。同書によれば、植民地人民が民族独立のために行う武装闘争は合法的であり、それは、当該民族の「自衛権の行使になるからである」[64]とされる。

さらに同書は、植民地からの独立のための抗争に「物心両面からなる援助を与えることが各国及び民族の合法的な権利」であると説く。そして、それが武装闘争である場合にも援助を与えることを、「現代国際法」が「公認している」とし、これが「集団的自衛権実現の一つの形態になる」[65]と主張する。同書によれば、「現代国際法」は、従前の「正統的国際法」とは異なり、植民地からの独立のための武力紛争を内戦ではなく、国際的な戦争と見なす。それゆえ武装闘争を行う独立勢力が国家と同じ法的地位を占めるようになるため、彼らに対する援助が合法的なものと認定されるようになったと論じられる。[66]こうした武装闘争への援助の形態としては、必要な武器弾薬の供給からはじまり、支援軍の派遣に至るまでの援助が含まれていると説かれている。

以上のような主張は、旧ソ連をはじめとする「旧東側・第三世界」諸国におおむね共通[67]する立場であり、これらの諸国の推進により、「植民地独立付与宣言の完全履行のための行動計画」等[68]の国連総会決議にも反映されている。しかしながら、こうした「旧東側・第三世界」諸国の主張は、「旧西側」諸国からの賛同を得られていない。

(2) 戦争

『現代国際法研究』は、戦争には正義の戦争と不正義の戦争があり、「現代国際法」では、不正義の戦争は認められないが、正義の戦争は支持されると主張する。逆に、すべての戦争に反対することは、「ブルジョア平和主義」であるとし、これでは、「帝国主義者の侵略戦争を阻止するための広範な人民の闘争を正しく進めていくことができない[69]」と批判する。同書によれば、正義の戦争とは、「先進階級の戦争」、「階級的、民族的抑圧から解放されるための戦争」、「侵略に反対する」戦争であり、不正義の戦争とは、「反動階級の戦争」、階級的、民族的「抑圧を強固にするための戦争」、「侵略戦争」を意味するとされる。[70]

『現代国際法研究』は、こうした主張の根拠を「現代国際法」の基本的性格と自衛権の二つに求める。まず、前者については、「現代国際法は、時代の要求と自主性のための人民の指向を反映しており、全世界の自主化を目的にしているので、戦争の正義性を明らかにして、それを支持することは自己の使命として、打ち出している」[71]と説明する。これは、先にも説明したとおり同書が「現代国際法」の基本的性格を社会主義国と新興勢力国の利益に服務することにあるとし、それゆえ新たな法規範の制定も、既存の規範の解釈も、すべてこれらの国の利益に合うように行われるべきであるとしていることの論理的帰結である。すなわち、社会主義国と新興勢力国の利益に服務する「現代国際法」は、社会主義国や新興勢力国あるいは植民地からの独立勢力等が行う戦争を正義の戦争として、積極的に支持するということを述べたものである。法理論的な議論というよりも、むしろ政治的あるいは政策的な議論であり、社会主義国家でも、新興勢力国家でもない日本や欧米諸国には受け入れられないものである。

他方、自衛権の行使については、西欧型の国際法においても、武力の行使が認められる事由になり得る。しかしながら、『現代国際法研究』では、西側の国際法のような各事例に即して他国の武力攻撃等自衛権発動の要件があるか否かを判断するアプローチではなく、「民族解放闘争」や「階級解放闘争」が暴力闘争になるのは、その敵であるとされる「帝国主義者、植民地主義者、反動的統治階級」の方が先に闘争を抑えつけるために暴力を行使するので、これに暴力で対抗せざるを得ないため、およそ「民族解放闘争」や「階級解放闘争」であればことごとく「自主性のための勤労人民大衆と民族の自衛権の行使である」[72]と結論付けている。

以上のような考え方は、現在の北朝鮮の憲法においても維持されており、「国の自主権と民族的、階級的な解放を実現するためのすべての国の人民の闘争を積極的に支持、声援する」[73]とされている。

（3）朝鮮戦争と平和条約

『現代国際法研究』は、「朝鮮戦争の法的終結のための闘争」という題で一項目を割いて、米国に対して、北朝鮮と平和条約を締結するよう要求している。

同書ではまず、朝鮮戦争の休戦協定が単なる休戦協定ではないことが強調される。その根拠として、休戦協定の前文で、最終的な平和的解決が達成されるときまで、朝鮮における敵対行為と一切の武装行動の完全な停止を保障することが目的とされており、また、同協定第六〇項であらゆる外国軍隊の撤退及び朝鮮問題の平和的解決のための問題を討議するための政治会議の開催が規定されていることから、朝鮮軍事休戦協定は、朝鮮半島における敵対的軍事行動の再発を許容しておらず、軍事行動の一時的停止を意味する通常の休戦協定とは異なると主張する。[74][75]

続いて、休戦協定が米国によりいかに破られているかを縷々述べた上で、金日成著作集からの引用により、休戦協定が「朝鮮半島の平和を保障できる法的文書としての生活力を十分に発揮」できず、また、「交戦国間の戦争状態の法的終結を意味するものにはならない」ため、これを「平和条約に代えなければならない」と主張する。[76]そして、平和条約は、休戦協定の「実際的な当事者間で締結されることが現実的であり、論理的である」とした上で、国連軍は、「徹頭徹尾捏造された非合法的な国連『決議』に基づいたもの」であり、国連とは何の関係もない、「米国国防省の指令に従って動いた米帝の侵略軍であった」と論じ、したがって、朝鮮軍事休戦協定の実際的な当事者は、「朝鮮民主主義人民共和国と米国である」と結論付ける。

これは、従来の北朝鮮の主張に則った議論であるが、第一に、休戦協定を平和条約に切り替えるべきか否かは、政策の問題であり、また、第二に、朝鮮戦争時の国連軍が国連とは何の関係もないとする議論は一般に受け入れられる議論とは考えられない。なお、米国との平和条約締結の必要性を論じることと朝鮮戦争の休戦協定の特殊性を論じることとの論理的関係は不明である。

まとめ

（1）北朝鮮の国際法の一般的特色

以上に概観したとおり、『現代国際法研究』に表れている北朝鮮の国際法には、西欧型国際法、あるいは西側の国際法と比較して、①「社会主義国と新興勢力国」といった自らも属する特定の勢力の利益を国際法の解釈、適用及び立法の基準とすること、②国家主権を強調し、禁止されるべき干渉、侵略の範囲を広くとること等により、自国に対し外部から掣肘《せいちゅう》が加えられる可能性をできる限り排除しようとすること、③民族の国際法上の権利を強調することといった特色がある。

このうち、②と③は、前述したとおり、旧ソ連をはじめとする旧東側諸国と共通しており、②については、明らかに中国も同様の立場をとっている。また、戦争を正義と不正義に分ける考え方は、基本的には①に起因している。

（2）主体思想と国際法

北朝鮮国際法の特色のうち、国際法の解釈及び適用と立法の基準を特定の勢力の利益に置くことは、現実の国際政治の中ではまま起こり得ることである。しかしながら、それを国際法の基礎理論の中に組み入れるとなれば、剥《む》き出しの政治とは異なり、それなりの説明が必要になる。二の（1）で述べたとおり、『現代国際法研究』では、現代を「自主性の時代」とし、それゆえ「現代」国際法を「自主性の時代」の国際関係の規範とした上で、「自主力量を代表する国家」を社会主義国家と新興国とすることで、国際法がこれらの国々の利益に服務すべきことを説明しようとした。すなわち、「自主」という主体思想の中で重要な位置を占める概念が説明の鍵となっている。そして、なぜ現代が「自主性の時代」なのか、また、なぜ社会主義国家と新興国が現代を代表する国家なのかについての説明は、国際法の理論ではなく、すべて主体思想の理論に委ねられることになる。

さらに、主体思想と「現代国際法」との関係は、二の（2）で見たとおり、主体思想自身が国際法の中の具体的な各規範及び条項が正当であるか否かを判断する基準になるとも説かれている。これは、新しい規範と旧い規範が混在している「現代国際法」において、旧い規範の「制限性と不合理性」を明らかにすることを意味するとされているので、結局は主体思想が、「自主力量の利益に合う」新しい規範ではない旧い規範、すなわち「自主力量の利益」に合わない規範を糾弾する指針となることを述べたことになる。

ただし、以上のような主体思想と「現代国際法」の関係にもかかわらず、『現代国際法研究』の中の個別議論で、主体思想が根拠付けに使われたり、言及されたりしているわけではない。あくまでも条約、国連総会の決議、非同盟諸国会議の決議等を根拠に議論が展開されている。

なお、その他にも、基本原則の中で最重要視されている国家主権を表すものとして、主体思想の「自主性」と関連した「自主権」という用語が用いられている。

（3）朝鮮半島と国際法

『現代国際法研究』は、北朝鮮が朝鮮半島における唯一の国家であり、また、朝鮮民族を代表する唯一の国際法主体であるとの立場をとっている。[77]すなわちこれは、韓国を国際法の主体として認めていないことを示している。このような立場からすれば、韓国と北朝鮮との関係は、国際法が規律する対象ではないことになる。むしろ同書は、南北朝鮮の統一の問題は、民族内部の問題であり、「誰も干渉する権利がない[78]」とし、米軍の韓国における駐留を北朝鮮の内政に対する「乱暴な干渉である[79]」と非難する。したがって、国家主権の強調という先述の北朝鮮国際法の特色は、南北朝鮮関係への他国の関与を排除する機能を果たすことになる。

ただし、同書が出版された一九八八年より後の九一年に、南北間で「和解と不可侵及び協力・交流に関する合意書」、いわゆる南北基本合意書が採択され[80]、その前文において、南北関係が「国と国の関係ではない、統一を志向する過程において暫定的に形成されている特殊な関係である」と規定された。「特殊な関係」の法的意味は明らかではないが、南北関係が国家間の関係でないとする点は、『現代国際法研究』の立場と共通する。南北関係全般に国際法が適用されるか否かはともかくとして、少なくとも南北基本合意書の規定によれば、南北相互間では、主権の相互尊重、内政不干渉及び不可侵といった同書が掲げる四つの基本原則のうち三つに相当する又は類似する[81]原則、すなわち相手の制度を認定し、尊重すること（第一条）、相手側の内部問題に干渉しないこと（第二条）及び相互不可侵（第二章）を遵守し合うこととされた。

他方、『現代国際法研究』には、米国に関する記述が非常に多い。同書において米国は、「自主力量」と対置される「帝国主義国家」の代表として、また、韓国に軍隊を駐留させ、北朝鮮の内政に干渉し続ける国として、非難の対象となっている。しかしながら、同時に『現代国際法研究』は、その一項目を割いて、北朝鮮と米国との間の平和条約締結の必要性を説いており、対米関係に対する強い関心を示している。そして、同書の出版後に米朝間で初めて結ばれた合意文書の内容には、三の（1）で見たとおり、『現代国際法研究』の説く国際法の基本原則が盛り込まれている。

これに対して日本との関係では、同書は、一九六五年の日韓基本条約をはじめとする日韓国交正常化に伴う諸条約を取り上げている。同書は、日韓基本条約等を国際法の原則と規範に反して非合法に締結された条約であり、無効であるとする。そして、北朝鮮がこれらの条約に関して声明を発表し、「非合法性を明らかにし、無効を断固として宣言した」ことは、「朝鮮人民の唯一の合法的な国家である朝鮮民主主義人民共和国が我が人民の根本利益を擁護しようとする崇高な愛国、愛族精神から出発してとった正当な措置であり、統一国家が樹立した後に、朝日間に歴史的に形成された問題を再び討議、決定することができる法的基礎を準備した正当な措置である」と主張する[82]。ただし、こうした主張が現在どの程度厳密に維持されているかは、一九九一年に開始された日朝国交正常化交渉との関係も含めて、不明である。

なお、日本と米国のみならず、外国との関係一般に関する事項として、諸外国による北朝鮮の国家承認が問題になることがあるが、四の（2）で見た『現代国際法研究』の立場からすれば、国家承認自体は法的な重要性はそれほど付与されていないように見える。むしろ国家承認又は不承認は、政治的な友好又は非友好の態度表明であり、承認がなされる場合には、承認を出発点とした関係の発展こそが重要であると考えられているようである。

注

1 キム・ヨンチョル、ソ・ウォンチョル『現代国際法研究』科学百科事典総合出版社、一九八八年七月一〇日。

2 『現代国際法研究』の目次は、次のとおり。

「一 現代国際法についての一般的な理解

・現代国際法は、自主性の時代の国際関係の規範 ・現代国際法研究の方法論的基礎 ・現代国際法の解釈、適用で堅持しなければならない原則的立場 ・現代国際法は、自主的な国家間の合意によって制定され、それら自身によって遵守される国家の行為規範 ・現代国際法は、全世界の自主化を実現し、帝国主義侵略に反対する力ある武器

二 現代国際法の基本原則

・自主権尊重 ・平等と互恵 ・内政不干渉 ・不可侵

三 現代国際法規範の創造のための闘争

・親善及び協調に関する条約と国際法規範 ・旧い国際秩序を粉砕し、新しい国際秩序を樹立するための闘争

四 現代国際法の当事者

・現代国際法の当事者の徴表 ・朝鮮民主主義人民共和国は、朝鮮人民の意思と利益を代表する朝鮮民族の唯一の国際法の当事者

五 国家承認

六 住民の法的地位

・国籍と共和国国籍法 ・共和国における外国人の法的地位 ・人間の自主性を擁護するための現代国際法の規範

七 国家領域

・領域主権 ・領海 ・経済水域と大陸棚 ・帝国主義者たちに奪われた領土主権を回復するための闘争

八 国際紛争とその解決原則

・国際紛争の発生根元と性格 ・国際紛争で堅持しなければならない原則 ・国際紛争解決の方法と手段

九　民族自決権に基づく植民地解放闘争の合法性
一〇　戦争法規
・侵略と侵略戦争の禁止　・軍備の縮小、軍事基地の撤廃及び非核・平和地帯の創設　・戦争法規を深化、発展させるための闘争
一一　朝鮮戦争の法的終結のための朝鮮民主主義人民共和国の闘争
・朝鮮停戦協定の意義　・米帝の停戦協定違反策動と平和条約締結の必要性　・平和条約締結の当事者と平和条約の基本内容」

3　一九七二年一二月採択の朝鮮民主主義人民共和国社会主義憲法（以下「社会主義憲法」と略称する）第一六条後段及び一九九二年四月に改正された同憲法第一七条後段参照。

4　『金日成著作集』第一二巻、一九八一年四月、二一八頁。この部分は、『現代国際法研究』四頁にも引用されている。

5　『現代国際法研究』五頁。

6　「現代国際法は、自主性の時代の国際関係の規範」（項目1の下の最初の小項目、前掲『現代国際法研究』四頁。）

7　同右、五頁。

8　「現代国際法の基本特徴の一つは、国際法規範が帝国主義列強の意思によるのではなく、反帝自主力量である社会主義国家と新興勢力国の積極的な共同努力によって、制定されることである」（『現代国際法研究』一一頁）

9　例えば『現代国際法研究』五頁。

10　旧ソ連の国際法理論の変遷については、内田久司「平和共存と現代国際法」（高野雄一編『現代法と国際社会』岩波講座現代法一二、岩波書店、二二七〜六〇頁）二三〇〜三二頁及び松田竹男「ソビエト国際法の挑戦と挫折——G・トゥンキンの学説を手掛かりに」（『世界法年報』第二〇号、世界法学会、二〇〇一年一月、一三一〜五〇頁）一三六〜四一頁を参照。

11　ゲ・イ・トゥンキン『国際法理論』（岩淵節雄訳、法政大学出版局、一九七三年）二二二〜二二六頁参照。

12　より正確には、「国内法では、立法権を国家が有して、法制定事業を比較的現実に従いつつ、早く行っているが、千態万状の社会現象をすべて規定することはできない」とした上で、国際法について、「ましてや、政策と社会制度が異なり、指

導思想と指導理念が異なる諸国家の行為規範を諸国家間の合意に基づき、現実の変化に従い、その時々に敏感にすべて規制することができるだろうか？　それは、できない」と記述した部分である。これは、法、特に国際法の適用において解釈が持つ重要性を説明したものである。（『現代国際法研究』九頁）

13　同右、四頁。

14　同右、六頁。

15　同右。

16　同右、七～八頁。

17　同右、一八頁。

18　『現代国際法研究』では、「強行規範」という用語が使われている。

19　中国の国際法における主権の概念については、例えば Wang, "International Law in China: Historical and Contemporary Perspectives, in 221 *Recueil des cours de l, Academie de droit international* 199 1990 II の二九七頁を参照。Wang は、Zhou Gengsheng の「国家主権には、国内的には最高性、対外的には独立といった二つの面がある」との分析を紹介した後、前者は「領域内における領域、人及び物に対する国家の最高権力」を、また、後者は「国家が他の国々との外交において行動の自由があり、他の如何なる国による外部からの指示、影響又統制に服しない」ことを意味するとしている。『現代国際法研究』の自主権の定義とよく対応している。

20　例えば、「自主権」尊重を論じた部分において、「完全な平等と相互尊重は、自主権実現のための必須的な原則」である（『現代国際法研究』二〇頁。傍点、引用者）としつつ、「国々の間の相互尊重は、本質上、主権に対する相互尊重であり、したがって、それは、他の国に対する内政干渉を徹底的に排除する」（同書二一頁。傍点、引用者）として、主権という語を用いている。また、「自主権は、国家間の関係において各国の主権に対するすべての干渉に反対し、排除することを通じ、国家間の協調が実現することを保障する」（同書二二頁。傍点、引用者）といった用例もある。

21　山本草二『国際法（新版）』東京、有斐閣（一九九四年一月）二〇七～三〇頁、また、I. Brownlie, *Principles of Public International Law* (4th ed. 1990) 二八七～八九頁を参照。

22 Wang, 前掲論文、二六三～八七頁。

23 "In the Five Principles of Peaceful Coexistence, the principle of sovereignty ranks first. It is the main principle to which the other four principles are related".（同右、二八八頁）

24 トゥンキン、前掲書、四八～八六頁。「平和共存の原則は、不可侵、主権尊重、内政不干渉、国家や国民の平等などのような他の重要な国際法原則が存在することを前提としている」（七一頁）とされている。ただし、同書では、これらの原則の他に、紛争の平和的解決、人民の自決、軍縮、人権尊重、戦争宣伝の禁止及び国際義務の誠実な履行も、国際法の基本原則として挙げられている。

25 "Joint Statement of the Democratic People's, Republic of Korea and the United States of America."

26 米国から見れば、これらはいずれも国連憲章に盛り込まれている文言であるということで、受け入れることになった。この間の経緯については、ケネス・キノネス『北朝鮮、米国務省担当官の交渉秘録』（伊豆見元監修、山岡邦彦・山口瑞彦訳、中央公論社、二〇〇〇年九月）一七八～九二頁参照。

27 社会主義憲法第一六条中段、同一九九二年四月九日改正憲法、同一九九八年九月五日改正憲法第一七条中段及び後段。

28 平等の重要な内容としては、①すべての国が同等の資格をもって、国際関係に参加することができること、②国際法の当事者として、同じ権利、義務を有すること、③自国の問題を討議する国際機関の会議や国際規範を創造することに、平等に参加することができ、他の国家の拘束を受けないこと、の三つが挙げられている。また、互恵の重要な内容としては、①国家間の関係は、相互利益的なものにならなければならないこと、②国家が他の国家の政治、経済的圧力政策に反対すること、の二つが挙げられている。

29 『現代国際法研究』二七頁。なお、国家免除又は主権免除の根拠は、伝統的な国際法においても国家の平等から説明されている。対等なもの同士の間で、どちらかが相手の裁判に服することはないということである。例えば、Brownlie、前掲書、三二四～二五頁参照。

30 内田、前掲論文、二四〇頁参照。中国の立場については、涂亞杰・王浩等『中国外交事例と国際法』（現代出版社、一九八九年七月、北京）三一～三三頁及び Kim, "The Development of International Law in Post-Mao China: Change and Continu-

ity", 1 *Journal of Chinese Law* No. 2 1987, at 117, 156を参照。

31　山本草二、前掲書、二四九～五〇頁。

32　『現代国際法研究』三〇～三一頁。その他にも絶対免除主義を擁護するために、「現代国際法は、社会主義国と新興勢力国の国家的所有と資本主義国の私的所有を厳格に分け、国家的所有に対する処理の問題に慎重に対応し、これを私的所有と同一に考えることができないことを規制している」との論も展開している。ただし、その実例としては、裁判からの免除というよりも、船舶に対する押収、差押さえ等といった強制執行の免除の場合が挙げられており、「社会主義国や新興勢力国の国家所有の船舶に対しては、自国の法秩序を根拠としてこうした強制措置が正当なものと認定されることができない」としている。（同書、一一七頁）

33　内田、前掲論文、二三六～三九頁参照。

34　『現代国際法研究』三二頁。なお、国内管轄事項の具体例としては、国家の政治、経済、社会制度、指導思想、指導理念の選択、対内政策の手法と執行、立法、国籍及び出入国制度の制定、輸出入品の禁止事項の規定、関税制度、軍事力の建設等が挙げられている。また、対内管轄事項に対しては原則として国家の独自的な活動が認定されるが、対外管轄事項では、一定の国際法的規制を受けることになるとの説明が加えられている。

35　同右、四〇頁。なお、侵略の各態様の具体例として、他国に対する破壊活動を組織又は奨励したり、他国での市民戦争を起こすよう幇助したり、軍事政変を鼓舞したりすること（間接侵略）、「他国の独立を侵害し、その民族経済を破壊する『経済援助』と経済的圧力措置を実施したり、天然資源に対する他国の国有化に反対して、他国に経済的封鎖を実施すること」、「隷属的な貿易その他の経済関係」の設定、不等価交換による他国に対する「経済的略奪」の敢行（経済侵略）及び「侵略戦争を高唱したり、民族文化を抹殺するための宣伝・煽動を行い、核兵器をはじめとした大量殺戮兵器の使用を称賛する」こと（文化・思想侵略）が挙げられている。

36　『現代国際法研究』五八頁。

37　「独立と自己の国家の樹立のためにたたかう民族は、植民地支配者の抵抗のためにまだ独立国家を形成できなくてその樹立途上にいるにすぎないけれども、現代国際法により国際法主体とみなさなければならない」（トゥンキン、前掲書、六七頁）

38 例えば、山本草二、前掲書、一四〇頁参照。
39 「国際機構は国際法主体になることができるしまた多くの機構はそうであるという規定は、現在では実際には一般に認められているのであり、またこの問題についての論争は過去のものになったと考えてよいのである」「国際機構は国家とは異なる種類の国際法主体である。それについてはすでに多数の国際的実践が物語っている」（トゥンキン、前掲書、三四八頁）
40 『現代国際法研究』六八頁。ただし、原文は、「主権」ではなく、「自主権」との用語を用いる。
41 ただし、『現代国際法研究』には、創設的効果説への言及はあっても、宣言的効果説への言及はない。
42 内田、前掲論文、二四七頁。
43 『現代国際法研究』六八頁。
44 ただし、「社会政治制度における根本的な変革はなく、国家の階級的性格と類型において質的な差異が生じなかったとはいえ、ファッショ独裁政権を転覆して出現した新しい政府は、自己の対内外政策において一定の変化を持ち込み、以前の政府に比べ、非常に進歩的な民主主義的施策を実施するようになる」（『現代国際法研究』七一頁）とされ、このような政府を承認するか、その必要がないかが問題であるとしている。したがって、政府承認が問題となるのは、いわゆる社会主義革命に限られるものと考えられているわけではないことが分かる。
45 『現代国際法研究』六二頁。なお、同書は、「我が国の歴史における最初の統一国家であった高麗による国土統一以後、朝鮮半島にはいつも一つの国家のみが存在した」とする。（同書、六二～六三頁）
46 『現代国際法研究』六三頁。
47 例えば、山本草二、前掲書、五〇三頁は、「国際法は国籍の付与と取得に関する条件の決定については、原則として各国の専属的な権能（国内問題）に委ねている」とする。
48 領土変更又は移住によりいずれの国の国籍が付与されるべきか問題になる場合にも、国家は、各人の国籍選択の自由を保障しなければならないとする。（『現代国際法研究』七四頁）
49 『現代国際法研究』七六頁及び八〇頁。
50 山本草二、前掲書、五一五頁。

51　同右。
52　同右、五一六頁。
53　『現代国際法研究』八一頁。
54　同右、九一頁。
55　ただし、フィリピンについては、『現代国際法研究』が出版された一九八八年当時の状況であり、現在、米軍は駐留していない。
56　無主地先占の法理は、竹島（独島）領有権をめぐる議論において問題になるが、『現代国際法研究』においては、特に竹島問題に関する言及はなされていない。
57　山本草二、前掲書、二八三～八四頁参照。
58　「帝国主義御用国際法学者たちが自主権を拒否するために、それを国際法と直接対置させているのは、他でもなく、帝国主義者たちの利益を反映したいわゆる『世界政府』を引き出すための詭弁である」（『現代国際法研究』二四～二五頁）
59　旧ソ連については、トゥンキン、前掲書、三五六～六七頁を参照。また、中国については、Wang, 前掲論文、二九六頁を参照。
60　具体的には、領海の幅、基線、無害通行権等の説明がなされている。なお、軍艦の無害通行権については、これを認めない立場をとっている。（『現代国際法研究』九八頁）
61　『現代国際法研究』一〇〇頁。
62　ただし、これら「規定」は、「規程」である可能性もある。
63　「いかなる民族であろうと帝国主義的な民族的隷属から抜け出し、自己の独立的な民族国家を建てる権利がある」（『現代国際法研究』一三〇頁）
64　『現代国際法研究』一三六頁。
65　同右、一三八頁。
66　他方において、「植民地人民たちの自決権を妨害する」援助を与えることは、国際法上非合法であり、内政問題への干渉に該当すると論じている。（『現代国際法研究』一三七～三八頁）

67　山本草二、前掲書、一四〇～四四頁参照。また、ソ連時代の国際法の理論書には、「植民地人民が『強制行動』に反対し自己の解放闘争において自衛権により報復的強制行動を用いることができるのは明らかである」とされている。（トゥンキン、前掲書、五七頁）

68　“Programme of action for the full implementation of the Declaration on the Granting of Independence to Colonial Countries and Peoples” A/RES/2621XXV 同決議はその第二項において、「自己がとることができるすべての必要な手段により闘争する」ことを、植民地人民たちの固有の権利として再確認している。ただし、これに武装闘争が含まれることは、明記されていない。（“Reaffirms the inherent right of colonial peoples to struggle by all necessary means at their disposal against colonial Powers which suppress their aspiration or freedom and independence.”）なお、同決議第二項は、『現代国際法研究』一三四頁に引用されている。また、その他の決議の例としては、“Implementation of the Declaration on the Granting of Independence to Colonial Countries and Peoples” A/RES/2189XXI がその第七項において、植民地における民族解放運動に対して物心両面の援助を供与することをすべての国に求めている。（“...urges all States to provide material and moral assistance to the national liberation movements in colonial Territories:”ただし、武器弾薬の供与や支援軍の派遣が含まれると明記されているものではない。なお、山本草二、前掲書、一四二頁参照。

69　『現代国際法研究』一四六頁。

70　「戦争には、正義の戦争と不正義の戦争、先進階級の戦争と反動階級の戦争、階級的、民族的抑圧から解放されるための戦争とこの抑圧を強固にするための戦争がある」「現代国際法は、すべての戦争にみな反対するのでなく、不正義の戦争に反対し、正義の戦争を支持する」（『現代国際法研究』一四六頁）「交戦国が戦争で追求する目的と意図を徹底的に究明してこそ、誰が侵略戦争をし、誰が侵略に反対する正義の戦争をするかということを正確に分けることができる」（同、一四八頁）

71　『現代国際法研究』一四七頁。

72　『現代国際法研究』一四七頁。

73　一九九二年の改正社会主義憲法以降の表現である（第一七条後段）。なお、一九九二年の改正以前の社会主義憲法では、「帝国主義に反対するすべての人民と団結し、かれらの民族解放闘争と革命闘争を積極的に支持、声援する」（第一六条後段）

とされており、趣旨は同様である。

74 『現代国際法研究』一五九頁による。なお、原文は、「停止を保障できる休戦をうち立てること」を目的としており、若干ニュアンスは異なる。

75 その他にも『現代国際法研究』は、休戦協定の意義として、米国に対する「朝鮮人民の偉大な勝利」を「成文化した歴史的証拠であり、記録」であること及び米国の「極東アジア侵略」の企図を挫いたという意味で「世界の平和を守護するのに寄与した」ことを挙げる。

76 休戦協定は、「どこまでも敵対的軍事行動の停止を規定するものであり、戦争状態の法的終結を規定はしなかった」(『現代国際法研究』一六六頁)

77 「朝鮮民主主義人民共和国が朝鮮民族の意思と利益を代表する唯一の国際法の当事者であることを論証することは、今、米帝と南朝鮮傀儡徒党が『二つの朝鮮』造作策動を展開しつつ、国連と国際舞台で分別なく飛び跳ねている条件で、理論・実践的に非常に重要な問題として提起されている」(『現代国際法研究』六二頁)「朝鮮民主主義人民共和国は、南北朝鮮全体人民の総意によって創建された朝鮮人民の真正な、唯一の国家である」(同書、六三頁)

78 『現代国際法研究』三四頁。

79 同右。

80 一九九一年一二月一三日採択。発効は翌一九九二年二月一八日。

81 南北基本合意書の該当条文には、主権、自主権及び内政という用語が使用されていない。

82 『現代国際法研究』三五頁。

＊本論は、筆者[藤井]が純然たる個人の立場で一般に閲覧可能な資料のみを利用して作成したものである。したがって、本論に書かれている見解は、筆者が勤務する外務省の見解とは何らの関係もない。

第2章 朝鮮半島と国際連合
――南北朝鮮の国連加盟問題

［解題］

本論は、朝鮮半島問題と国連の関係について、とくに南北両政権の加盟問題に焦点を合わせて分析した研究である。国連と朝鮮半島問題の関係については、国連監視下の総選挙により成立した韓国、国連の権威を否定した北朝鮮、その後の朝鮮戦争では北朝鮮を「侵略者」としたことなど、韓国と北朝鮮の政権の正統性をめぐる問題についてのさまざまな研究テーマが存在するが、本論が発表されたとき、南北国連加盟問題は必ずしも北朝鮮研究の中心的なテーマではなかった。しかし、その後、一九九一年五月には南北国連同時加盟が実現する。しかも、その後、北朝鮮の核問題、ミサイル問題などが国連を舞台に扱われるに及び、国連と朝鮮半島の関係はきわめて重要な課題として意識されるようになる。その原点がまさに本論で扱われる加盟問題であったことはあらためて指摘するまでもない。

本論で検証されたように、国連加盟問題は累次にわたって国連で議論されたものの、冷戦期の東西対立により南北両政権の国連加盟問題は決して現実的な問題ではなかった。しかし著者は、朝鮮問題を処理する場としての国連の限界を示しつつも、南北両政権にとって政権の正統性と直結する国連加盟問題は南北関係を分析するにあたって重要であることを指摘している。当時の韓国が国連加盟に積極的姿勢を見せていたことから、今後国連加盟問題が重要な問題になることも予見していた。そして、南北両政権が加盟方式で合意に達するか、米ソ中など常任理事国の姿勢変化が起きなければならない、と指摘している。

その後の展開はまさに本論の指摘通りであった。冷戦の終焉によって米中ソ関係は大きく変化し、南北両政権も加盟方式で「合意」することになる。ただし、このときの南北の合意は、少なくとも北朝鮮にとって納得ずくのものではなかった。ソウル・オリンピックの成功により国際社会で地位を向上させた韓国が、西側陣営に有利な形で進む冷戦解体過程を追い風にして国連単独加盟申請をおこなうとの意思を表明し、北朝鮮に「力ずく」で「合意」させたのである。北朝鮮は、「一時的難局を打開するための措置として、現段階において国連に加盟する道を選択せざるを得なくなった」としたのだ。もっとも、国連同時加盟は北朝鮮にとって必ずしも不利なものではなかった。国際社会において韓国に差を付けられたにもかかわらず、韓国と同じ立場で国連加盟が認められたからである。韓国だけが単独で加盟してしまえば、体制の優劣をめぐる南北間の競争に決着がついたことを国際社会に印象づけることになったであろう。

いずれにせよ、本研究には、いわゆる朝鮮問題の本質、構造を明らかにしたのみならず、そこに「今後の課題をどのように処理していくべきか」との視点があったことを指摘しておくべきだろう。朝鮮問題が国連でどのように扱われるかは、今後も重要な課題であり続けるが、本論で扱われた問題は、その原点と言えるのである。

（平岩俊司）

はじめに

本論は、朝鮮半島と国連の関係につき、特に南北朝鮮の国連加盟問題に焦点をあてて、その経緯及び推移を国連の文書を主な手掛かりとして整理し、もって同問題に関する今後の展望を占う一材料を提供することを目的としたものである。

言うまでもなく、朝鮮半島と国際連合の関わりは、当初は、モスクワ外相会談等連合主要国の間で話し合われてきた朝鮮半島問題を一九四七年に米国が国連の場に持ち込んだ時から始まり、以後、大韓民国の樹立問題、朝鮮戦争における国連軍の派遣、朝鮮統一問題の討議等様々な問題をめぐり今日に至っている。こうした長期的かつ多様な両者の関係史からすれば、本論で扱う南北朝鮮の加盟問題は、必ずしも継続的あるいは中心的な問題ではなく、しょせん朝鮮半島と国連の関係史のごく一側面に過ぎなかったと言えよう。しかしながら、それにもかかわらず本論であえてこの国連加盟問題に焦点をあてることにしたのは、次のような理由による。

第一に、確かに朝鮮半島と国連の関係で最も華々しかったのは、大韓民国の樹立時及び朝鮮戦争時であったが、これらは、その歴史的意義は大きいものの、少なくとも国連の場においては、一段落を終えた問題である。したがって、南北朝鮮の関係ならともかく、今後の朝鮮半島と国連の関係を考える場合には、こうした問題をめぐる両者の関係史を検討することの意義はかなり限定的なものとならざるを得ないと思われる。他方、朝鮮戦争後国連の場で主に討議されたのは、南北統一の方策、国連朝鮮統一復興委員会（ＵＮＣＵＲＫ）解体問題、国連軍を含む韓国に駐留する外国軍隊撤退問題等朝鮮半島自身に関する問題であり、加盟問題等南北朝鮮の国連における地位に関する問題は、必ずしも中心的なものでなかったことは事実である。しかしながら、こうした朝鮮問題の討議も一九七五年の第三〇回国連総会において総会決議三三九〇A及びBといった互いに相対立する内容を含む決議が同時に採択されて以降、今日まで国連の場に持ち込まれていない。決議三三九〇の採択は、韓国を支持する陣営と北朝鮮を支持する陣営との勢力関係が一つの均衡点に達した結果であり、このことは、朝鮮問題を討議する場としての国連が限界に達したことを示すこととなったためである。[1] したがって、この問題が有する意義も往事と比べ相当程度薄くなったと言わざるを得ないであろう。

第二には、こうして朝鮮問題がいわゆる非国連化される一方で、南北朝鮮の国連加盟が相対的に重要度を増してきた。このことは、一つには国連が朝鮮半島に関わっていくという図式を意味する国連における朝鮮問題の討議の意義が薄れてきたため、結果として朝鮮半島が国連に関わっていくとの図式、すなわち加盟問題が残ったことによる。しかし、加盟問題の重要性は、こうした消極的側面にとどまらず、朝鮮半島統一に関する南北間の争点の一つとしての意義も有している。具体的には、韓国側は、一九七三年六月二三日に朴正熙《パクチョンヒ》大統領の「平和統一外交政策宣言」において南北の国連同時加盟に反対しないとの立場を宣明し、これに対し北朝鮮側は、同日の「祖国統一五大綱領」において国連には高麗連邦共和国の国名で一つの国家として加盟すべきであるとの立場を明らかにした。国連加盟が朝鮮半島の統一問題を解決するとは考えにくいが、逆に統一問題の決着が国連への加盟につながることにはなる。そして、国連加盟の形態は、一国家か、（たとえ暫定的であっても）二国家かという統一問題の核心に直接かかわるものであるため、国連加盟問題は、統一問題決着の象徴的意義を有することになるであろうことは、容易に想像できよう。

第三に、韓国側が国連加盟に積極的であるため、今後韓国側により加盟申請が行われる等何らかの動きがある可能性は十分考えられる。こうした加盟申請は、もちろん韓国が加盟を希望するゆえになされるものであるが、同時に国内的に国連加盟への努力を求められる局面も考えられる。したがって、加盟申請時の状況に鑑み加盟が認められる可能性が極めて少ないとしても、それゆえに韓国による加盟申請が一切為されないということには必ずしもならない。

以下、一九四九年に韓国及び北朝鮮が初めて国連加盟申請を行ってから最近の動きとして七五年に韓国が加盟要請を行った時まで、この加盟問題が国連においてどのように扱われたかにつき見ていくこととする。

一　唯一単独加盟の試み

南北朝鮮による国連加盟の申請が最初に行われたのは、一九四九年のことであり、その後五一年にも再度加盟申請が行われた。この時代の加盟申請には、二つの特徴がある。第一に、いずれも韓国及び北朝鮮両者から加盟申請が行われたことであり、第二には韓国又は北朝鮮のいずれかが朝鮮半島全体を代表する政府として加盟すること、すなわち単独で、かつ、朝鮮半島における唯一の加盟国となることが追求されたことである。

(1) 一九四九年の加盟申請

(イ) 加盟申請

一九四九年、まず韓国が一月一九日付け外務部長官署理発国連事務総長宛の書簡[2]により国連加盟申請を行った。同書簡の主な内容は、①大韓民国は、国連総会の委任に基づき国連臨時朝鮮委員会が監督、承認したものであること、②韓国政府発足の経緯説明(国会招集、憲法採択、大統領及び副大統領の選出等)、③韓国政府が発足時より行政的に統合されており、その義務を誠実に履行してきたこと、④韓国政府が米国、中華民国、フィリピン及び英国により承認されていること、⑤国連への加盟を要請すること、並びに⑥国連憲章のすべての義務を受諾する旨の宣言を文書にて添付することであった。同書簡は、一月一九日に事務総長により安全保障理事会（以下「安保理」と略称する）に送付された。[3]

他方、北朝鮮側は、韓国による加盟申請より二三日遅れて二月一〇日に加盟申請を行った。北朝鮮は、①朝鮮民主主義人民共和国が朝鮮人民の意思を代表するもので、国際的な安全保障を維持するために他の平和愛好国と協力する意思を有すること、②朝鮮民主主義人民共和国は、国連の原則と目的を全面的に支持し、国連憲章に従いその原則及び目的を実効あるものにするため、他の国連加盟国と協力する義務を受諾する用意があること、並びに③国連への加盟を申請することを主内容とする外相名の電信を事務総長に送付した。[4]北朝鮮の電信は、同日事務総長のノートとともに安保理に送付された。[5]なお、なぜ事務総長のノートが添付されたかについては、後に説明する。この北朝鮮の加盟申請に関しては、翌日ソ連より事務総長宛に同加盟申請を安保理の第四〇九回会合の仮議事日程[6]に加えるよう要請する書簡[7]が発出されている。

（ロ）安保理における審議

南北朝鮮の加盟申請は、二月一五日の第四〇九回安保理会合の仮議事日程とされ、[8]これを正式の議事日程とすることの可否が審議された。

まず韓国の加盟申請に対しては、ソ連が①韓国は、米国の占領軍により作られ、また、日本帝国主義者への協力者により構成された傀儡《かいらい》政権であること、②韓国が樹立された際の総選挙は、強制と欺瞞《ぎまん》によるもので、朝鮮人民の意思と希望に反したものであること、及び③外国による占領下では、国家、人民及び政府が自由で独立していると見ることができないことを論拠として反対した。これに対して当時安保理の議長国であった台湾は、ソ連の主張は、実質にかかわることであり議事日程の採択といった純手続的な段階で議論すべきではない旨反論した。

他方、北朝鮮の申請に対しては、同申請が電信で行われたため、これは国連憲章上の加盟申請に該当しないとの主張が米国によりなされた。米国は、その具体的論拠として、①電信は、（署名もなく）誰でも打てるものであるため、真正性を有していないこと、及び②事務総長が北朝鮮の電信を加盟申請書として安保理に送付せず、単なる通報として送付したことの二つをあげた。事務総長が北朝鮮の電信に付したノート[9]は、「事務総長は、次の通報を当該情報を受けることを希望する安全保障理事会理事国の便宜のため送付する。ただし、これは、安全保障理事会仮手続規則の規則六を適用したものではない」との内容であった。ちなみに、安全保障理事会仮手続規則の規則六は、憲章上安保理が審議すべき事項に関する国家、国連の機関又は国連事務総長からの通報を即時にすべての安保理理事国の代表に送付することを事務総長に義務付けたものである。そのため、米国は、事務総長がそのノートにおいて「安全保障理事会仮手続規則の規則六を適用したものではない」としたことより、事務総長は北朝鮮の電信を安保理の審議のために送付したものでもなく、また、国家からの通報として送付したものでもないとの主張を行った。以上の米国側主張に対してソ連は、本件に関し事務総長の取った手続は理由のないものので、北朝鮮による本件加盟申請は、合法的なものであると反論した。

以上の討議の結果、南北朝鮮の加盟申請は、いずれも安保理の正式の議事日程としては採択された。しかし、加盟申請は、安全保障理事会仮手続規則の規則五九により、各理事国の代表者により構成される理事会の委員会に付託されることになっており、韓国の加盟申請に関しては、この第四〇九回会合[10]で同委員会への付託が可決されたが（賛成九、反対はソ連とウクライナ）、北朝鮮の加盟申請に関しては、第四一〇回会合で委員会への送付が否決された。この段階で、北朝鮮の加盟申請は、国連の場から消えることとなった。なお、委員会への付託は、手続事項として扱われており、その段階では拒否権は適用されない。

その後、韓国の加盟申請は、委員会においても可決され、同決定は四月八日の第四二三回安保理会合[11]で報告され、いよいよ安保理における実質審議にはいることとなった。同安保理会合では、韓国の加盟を承認する旨の米国決議[12]が表決に付された。しかしながら、ソ連の拒否権により否決された。なお、同会合での討議の内容は、前出の議事日程採択時に行われたものの域を出ていない。

（ハ）総会における審議

以上の安保理での審議結果は、一九四九年九月二日に特別報告[13]として総会に提出された。これは、安全保障理事会仮手続規則の規則六〇に基づくもので、同規則によれば、理事会は、「申請国の加盟を推薦しないか又は申請の審議を延期する場合には、特別報告とともに討議の完全な記録を総会に提出しなければならない」とされている。ただし、ここで総会に提出された討議の記録は、韓国による加盟申請に関するものだけであった。北朝鮮による加盟申請は、前述したとおり手続きの段階で否決されており、安保理の実質審議に付されなかったためである。

安保理から報告を受けた総会は、九月二二日の第二二四回会合で、この問題を総会の下にあるアド・ホック政治委員会に付託することを決定した。同委員会では、オーストラリアが韓国を含む九カ国の加盟申請書の再審議を安保理に要請する旨の決議案[14]を提出し、同案は、三七対六（棄権八）で採択された。同決議案は、アド・ホック政治委員会により総会に勧告され、同勧告は、一一月二二日の総会で採択され、総会決議二九六（Ⅳ）となった。これは、総会手続規則の規則百三七に基づき安保理に返送された。

（2）一九五一年の加盟申請

一九四九年の総会決議二九六（Ⅳ）にもかかわらず、韓国の加盟申請は、その後安保理で再審議される気配はなかった。そして、翌年の一九五〇年六月二五日には、朝鮮戦争が勃発した。南北朝鮮による二度目の加盟申請は、この朝鮮戦争のさなかに行われた。

まず、一九五一年一二月二二日に韓国政府が張勉《チャンミョン》国務総理の名で事務総長宛に加盟申請をする旨の書簡[15]を発出した。これに対し北朝鮮も翌一九五二年一月二日付けの電信[16]で、四九年に加盟申請を行ったことの指摘並びに加盟の意思及び憲章義務受託の宣言を事務総長に伝達した。

両者による加盟申請は、それぞれ一九五一年一二月二二日及び五二年一月五日に安保理に送付された。しかしながら、両申請ともその後安保理で審議された形跡はない。

二　パッケージ・ディールと南北朝鮮の加盟問題

パッケージ・ディールとは、平たく言えば一括取引のことである。国連の創設以後、東西陣営は、それぞれ自陣営に属する国々を加盟させ、国連における自陣営の勢力を伸長させるべく努力を行ってきたが、互いに相手陣営に属する国の加盟に反対する状態が続いたため、十数カ国を超す国が加盟を希望しながらもそれがかなわない事態に至った。そこでこうした状況を打開するために考え出されたのがこのパッケージ・ディールで、具体的には、双方の陣営が希望する国々の加盟を一括して相互に認めあう方式であった。このいわゆる一括加盟は、すでに一九四六年に米国が提案したことがあったが、当時は、ソ連により拒否された経緯があった。しかし、一九五五年に至り両陣営のコンセンサスが成立し、その結果、十八カ国もの国々の加盟を一括して認める旨の決議案が出されることとなった。ただし、最終的には、十六カ国の一括加盟のみが認められた。

一九五〇年代中盤から後半にかけての南北朝鮮の加盟問題は、このパッケージ・ディールと密接な関係を有しつつ展開された。すなわち、一九五五年には韓国の加盟問題は十八ヵ国一括加盟問題ゆえに否決され、逆に五七年から五八年には、今度は、パッケージ・ディールとして南北同時加盟提案がソ連から出された。

(1) 十八ヵ国一括加盟案と南北朝鮮の加盟問題

一九五五年一二月、アルバニア、モンゴル、日本、スペイン等十八ヵ国[17]の一括国連加盟を提案する決議案[18]がブラジル及びニュージーランドにより安保理に提出された。しかし、同決議案の提出の前に、実は、台湾がすでに韓国及び南ヴェトナムの加盟を総会に勧告する旨の決議案[19]を提出していた。したがって、決議案は、その提出の順序に従って優先権を有する旨を定めた安保理仮手続規則の規則三二に従えば、十八ヵ国一括加盟決議案の前に韓国の加盟がまず審議されるはずであった。ところが、ここでイランが十八ヵ国一括加盟案を優先的に審議及び表決する旨の動議を提起したため、単に審議の順序が逆になったのみならず、韓国加盟承認案の可決自体も困難な状況に陥った。十八ヵ国一括加盟案のなかには、「統一問題が存在しない」国々の加盟を認める旨の表現があり、それがそのまま可決された場合、統一問題が存在する韓国の加盟承認案と矛盾したからである。そのため、台湾は、まずイランの動議に反対し、それと同時に韓国と南ヴェトナムの国名を十八ヵ国のリストに追加する旨の修正案[20]も提出した。

結局、イランの動議が表決の結果可決され、十八ヵ国一括加盟案が第七〇四回安保理会合[21]に先に表決に付される運びとなった。この時、同案は、全体の表決の前に各パラグラフごとの表決に付され、国名を掲げた部分の表決の際、台湾が先に提出した韓国及び南ヴェトナムの加盟も承認するとの修正案も表決に付された。しかしながら、この修正案は、ソ連の拒否権により否決された[22]。

一九五五年の審議では、韓国の加盟適格性等実質にかかわる問題は議論されずに終わった。そこでは、長年の対立の末ようやくコンセンサスに漕ぎつけた十八ヵ国一括加盟案の可決があまりにも重要な問題であったため、韓国の加盟問題は、西側陣営の国にとってさえ、台湾を除き、決して優先順位の高い問題ではなかったようである。むしろ、韓国や南ヴェトナムといった問題の複雑な国の加盟を持ち出すことにより、せっかくコンセンサスにたどり着いた十八ヵ国一括加盟案自体に悪影響を及ぼし、元も子もなくなってしまうのではないかとの懸念が相当程度存在したものと推測される。事実、先のイランによる動議に反対したのは、台湾だけであり、米国及びベルギーがかろうじて棄権したのみであった。さらに、台湾が十八ヵ国に韓国及び南ヴェトナムを追加する旨の修正案を提出したときには、十八ヵ国一括加盟案の提案国の一つであったニュージーランドは、台湾の修正案はせっかくの一括加盟案を壊すものであると明確に反対の意見を述べ、同修正案の表決に際しては棄権した経緯もあった。

以上見たように、一九五五年の韓国加盟問題は、十八ヵ国一括加盟問題というより大きな取引のため、流された形になった。その意味で、韓国加盟は、パッケージ・ディールの犠牲になったとも言えよう。

（2）ソ連による南北同時加盟提案

一九五七年から五八年にかけては、南北朝鮮の加盟問題が最も集中的に取り上げられた時期であったと言えよう。後述するように、この時期においては、総会から安保理への再審議のための送付と安保理による否決及び総会への特別報告といった、いわば、総会と安保理の間のキャッチ・ボールが展開された。そして、そこでの東西陣営の対立は、もはや一九四九年の時のように韓国及び北朝鮮のいずれが朝鮮半島を代表するものであるかといったものではなかった。あくまで韓国の唯一単独加盟を主張する米国等西側陣営と南北朝鮮の同時加盟を主張するソ連陣営の対立であった。なお、これに先立つ一九五六年七月一六日に韓国の国会は、国連加盟を促進するための全国的国民運動を展開することを目的として「UN加入促進全国委員会」を組織することを決議し、同運動により一千万名の署名を集めたと言われている。この署名書は、第十一次国連総会に派遣された韓国代表を通じて事務総長に手交された。[23]

（イ）総会における審議

一九五七年一月、米国をはじめとする十三ヵ国が韓国及び南ヴェトナムの加盟問題を再審議するよう安保理に要請する決議案[24]を総会の特別政治委員会に提出した。これに対しソ連は、南北朝鮮及び南北ヴェトナムの同時加盟を安保理に勧告する旨の決議案[25]を提出した。

ソ連は、同時加盟提案の理由として、①朝鮮半島及びヴェトナムには、二つの分離国家（two separate states）が存在すること、[26]及び②一つの国家のみの加盟を承認すれば、権利平等に基づく統一の機会を壊してしまうことになることの二つをあげた。[27]これに対し米国は、同時加盟は分断を固定化するだけだと反対した。[28]しかし、ソ連は、さらに同時加盟こそが統一に資するものであるとして反論した。

特別政治委員会では、表決の結果ソ連の南北同時加盟案が否決され、十三ヵ国共同提案のみが採択された。[29]同決議案は、一九五七年二月二九日の第六六三回本会議で採択され、総会決議一〇一七A（XI）となった。同決議は、三月八日に事務総長により安保理に伝達された。[30]

（ロ）安保理における審議

安保理では、韓国及び南ヴェトナムの国連加盟を総会に勧告する旨の米国等による八ヵ国共同提案[31]が出され、これに対し、ソ連が再び南北同時加盟を勧告する旨の修正案を提出した。しかしながら、九月九日の第七九〇回会合[32]において、比較的短い審議の後、ソ連の修正案は、反対九、賛成一（ソ連のみ）、棄権一で、また八ヵ国共同提案は、ソ連の拒否権により否決された。

なお、前述した一九四九年の加盟申請の際には、北朝鮮の加盟問題は、委員会への付託といった手続段階で否決されたため、安保理の実質審議に付されることはなかったが、一九五七年においては、米国等の決議案に対する修正案という形で提出されたため、同時加盟案という形にしろ初めて北朝鮮の加盟問題が安保理の実質審議の場に付されることになった。

（ハ）再び総会へ

安保理での審議結果については、同日総会に特別報告[33]が行われた。これを受けて総会は、問題を再び総会の特別政治委員会に付託した。

特別政治委員会においては、米国等十一ヵ国による共同提案[34]が提出された。内容は、①韓国が国連に加盟する資格を完全に有することを再確認し、②同国の加盟が認められるべきであるとするものであった。同提案は、一九五七年一〇月二五日の第七〇九回本会議[35]で可決され、総会決議一一四四Ａ（Ⅻ）となった。

（ニ）再び安保理へ

総会決議一一四四Ａ（Ⅻ）は、安保理に送付され、翌一九五八年一二月の第八四二回安保理会合で審議された。同会合においては、まず米国等四ヵ国が韓国の加盟を総会に勧告する旨の共同提案[36]を提出した。これに対し、ソ連は、再び北朝鮮との同時加盟を勧告する旨の修正案[37]を提出した。しかしながら、ソ連の同時加盟案は、ソ連一国の賛成しか得られず否決され、また、米国等四ヵ国共同提案は、ソ連の拒否権により否決された。

以上、一九五七年から五八年にかけての時期においては、韓国の単独加盟を主張する米国等と、それに対し南北朝鮮の同時加盟を提案したソ連等の対立という図式で展開し、結局南北とも加盟することはできなかった。しかし、こうした対立図式は、一九七三年の六・二三平和統一外交政策宣言以降、自国とともに（必ずしも同時ではなくても）北朝鮮が国連に加盟することを妨げずとの立場をとっている韓国及びそれを支持する米国等の諸国に対し、朝鮮はあくまで一国として加盟すべしとの北朝鮮の主張をソ連等の諸国が支持するといった現在の図式とは、全く反対の図式であった。この時期、なぜソ連が同時加盟を提案したのかは、明らかではない。しかし、一つ推測できるとしたら、それは、一九五五年のパッケージ・ディールの発想がソ連側にあったのではないかということである。これに対する決定的な証拠はないが、ソ連の同時加盟提案が南北朝鮮だけではなく、南北ヴェトナムとセットになっていたことは、パッケージ・ディールの影響を窺わせるものの一つであると考えられる。とすれば、一九五五年においてはパッケージ・ディールの犠牲となった韓国は、五七年から五八年にかけては、ソ連から南北同時との条件付きにしろ韓国の加盟を容認する態度を引き出した点において、逆にパッケージ・ディールの恩恵に浴した側面もあったと言えよう。

三　六・二三平和統一外交政策宣言と加盟問題

これまで累次にわたる南北朝鮮の加盟問題の討議は、いずれも東西陣営の対立の中、安保理で可決されず、いわばデッド・ロックに乗り上げた形になった。そのため、南北朝鮮のうちでも特に加盟に熱意を有する韓国も一九六一年四月に事務総長に、同国が四九年に提出した加盟申請書を安保理に再提出するよう要請する旨の書簡[38]を出したのを最後に、その後しばらくその加盟努力を中断することとなった。[39]

しかしながら、その間、南北朝鮮の加盟問題に関係する要因に二つの大きな変化が生じた。その一つは、加盟問題に対する南北朝鮮、特に韓国側の立場の変化であり、もう一つは、加盟問題を審議する国連、特に安保理における勢力図の変化であった。

加盟問題に対する韓国の立場は、一貫しており、かつ明確であった。それは、自らが朝鮮全域の代表として単独で加盟することであった。したがって、一九五七年から五八年にかけての時期にソ連が同時加盟案という形で、北朝鮮の加盟を条件として韓国の加盟を認めるといった提案をした際にも、韓国は、依然として自国の唯一単独加盟という立場を貫いた。しかしながら、一九七三年に朴大統領が発表した「六・二三平和統一外交政策宣言」において、この従来の立場は、一八〇度に近い大転換を迎えることとなった。すなわち、同宣言では、統一の障害とならないという条件付きではあったが、南北朝鮮の国連同時加盟に反対しない旨の韓国政府の方針が明らかにされた。これに対し、北朝鮮は、同日、金日成《キムイルソン》主席がチェコスロバキアの党及び政府の代表団を歓迎する平壌市民大会での演説において「祖国統一五大綱領」を発表し、その中で、統一実施以前に国連に加盟しようとするならば、少なくとも連邦制を実施した後に「高麗連邦共和国」という一つの国号で加盟すべき旨主張した。

なお、加盟問題に対する北朝鮮の態度は、おおむね一九四九年の加盟申請に見られたように、自己の唯一単独加盟といった立場をとっていたようである。しかしながら、一九五七年から五八年にかけてソ連が累次にわたり同時加盟案を提出した時期における北朝鮮の態度は、必ずしも明確ではない。単純に考えれば、ソ連が国連の場で同時加盟の提案を行っていた以上、北朝鮮も加盟に対する従来の態度を変え、同時加盟を受け入れるようになったとの推測も全く不可能というわけでもない。しかし、他方で、こうした同時加盟の受け入れは、北朝鮮にとり統一政策の大転換を意味するにもかかわらず、そのような政策転換が行われたとの痕跡は現在まで見つけられていない。

国連における勢力図の変化は、すでに一九六〇年代の初頭から始まったと言えよう。すなわち、一九六〇年代初頭からアジア、アフリカ地域の旧植民地が独立を遂げ、これら諸国が国連に加盟してきた。それ以前は、米国の陣営が数的に圧倒的な優位を占め、特に安保理においては、理事国のほとんどが自陣営の国であったことから、拒否権を発動しなくとも決議案を否決できたのみならず、拒否権を使えない手続き事項に関しては、自在にその可否を左右することができた。そのため、ソ連が自己の欲しない決議案を否決するためには、実質事項としての表決に際し、拒否権を発動するほかに手はなかった。このことは、一九四九年の加盟申請において北朝鮮の申請がたどった運命と韓国の申請がたどった運命を比較すれば、明白であろう。しかしながら、こうした状況は、加盟国の数が増え、その政治的スタンスも多様になっていくにつれ、次第に過去のものになっていった。ソ連も拒否権を使わなくとも決議案を実質事項としてはもちろん、手続段階でも否決することが可能な状況になった。次に述べる一九七五年の韓国による二度の加盟申請は、いずれも議事日程の採択といった手続段階で否決された。

(1) 一九七五年七月の加盟要請

一九六一年以降、国連加盟のための働きかけを中断した韓国は、七五年七月、実に一四年ぶりに再び加盟への動きを見せた。すなわち、韓国は、一九七五年七月二九日、外務部長官発事務総長宛の電信で、①一九四九年の加盟申請に言及しつつ、②事務総長に対し韓国の国連加盟のために適当な措置を取るように要請した。同電信は、韓国の国連常駐オブザーバーのカバー・レターとともに事務総長に送付された。事務総長は、それにノートを付して安保理に送付した。[40]

安保理に送付された電信は、同年八月六日の第八三四回安保理会合で仮議事日程に上程された。しかしながら、議事日程採決の段階で、賛成七(コスタリカ、フランス、イタリア、日本、スウェーデン、英国及び米国)、反対六

（白ロシア［現在のベラルーシ］、中華人民共和国、イラク、モーリタニア、ソ連及びタンザニア）、棄権一（ガイアナ及びカメルーン）により可決に必要な九ヵ国の賛成票が得られなかったため否決された。

（2）一九七五年九月の加盟要請

韓国政府は、続く同年九月二二日付け電信で再び事務総長に対し、韓国の加盟のために適当な措置を取るように要請した[41]。この電信の特徴的な点は、①一九七三年の六・二三平和統一外交政策宣言に言及し、②韓国の加盟申請は、統一のための暫定的な措置であると位置付け、③北朝鮮の加盟に反対しないことを明確に表明したことにある。これは、まさしく一九七三年の六・二三平和統一外交政策宣言の方針に明確に沿う形でなされた加盟要請であった。

しかしながら、この加盟要請も前回と同様、議事日程採択といった手続段階で否決された。

一九七五年に行われたこれら二度にわたる韓国加盟に関する審議では、ほとんど朝鮮問題、韓国自身の問題等については議論されず、いわば門前払いをされた形になった。前述のごとく一九五七年から五八年にかけて、あれほど熱心に南北同時加盟を主張したソ連が一転して韓国の加盟に反対するのみならず、自ら進んで北朝鮮の加盟を主張することもなくなった。こうしたソ連の態度の変化については、ソ連自身、南北朝鮮には加盟の方法についての合意がないためと説明している。この説明は、南北ヴェトナムの加盟が認められるのになぜ南北朝鮮の加盟は認められないのかという質問に対しなされた回答であった。具体的には、韓国の六・二三平和統一外交政策宣言と北朝鮮の祖国統一五大綱領の内容を念頭に置いていたものと思われる。以後、今日まで、韓国も北朝鮮も加盟の申請又は要請を特に行ってこなかった。

結語

以上見てきたように、南北朝鮮の国連加盟問題は、一九四九年に最初の申請がなされてから、七五年九月の韓国による要請に至るまで、累次にわたって国連の場で取り上げられた。一九四九年及び五一年においては、南北双方が自己を朝鮮半島を代表する唯一の政府として単独の加盟を申請し、両陣営の主張が真っ向から衝突した。その結果は、韓国を支持する国の数の前に、あるいはソ連の拒否権の前に、いずれの申請も否決された。続く一九五〇年代の後半になると南北朝鮮の加盟問題は、当時の国連における新規加盟問題全体と関わりを持ってくるようになった。

米・ソ両陣営の対立によりデッド・ロックに乗り上げていた新規加盟問題を打開するために考え出されたパッケージ・ディールは、一九五五年においては、一部の西側諸国をして韓国を加盟させる旨の決議案に難色を示さしめる原因となり、他方、五七年から五八年においては、逆にソ連をして南北同時加盟という条件付きではあったが韓国の加盟に賛成票を投ぜしめる可能性を開く役割を果たした。ただし、このソ連による同時加盟案は、西側の受け入れるところとはならなかった。

その後、加盟問題は、しばくの間進展を見なかったが、その間に韓国側は、一九七三年の六・二三平和統一外交政策宣言において北朝鮮の国連加盟に反対しないとの態度を表明するに至り、七五年にこの新しい方針に沿って加盟要請を行った。それは、自国のみの加盟要請を行ったという点で単独加盟要請であったが、一九四九年及び五一年のときの申請とは異なり、北朝鮮の加盟を妨げる趣旨のものではなかった。それゆえ、一九七五年の加盟要請は、単独加盟ではあっても唯一加盟ではなかった。しかしながら、北朝鮮側は、一九七三年の祖国統一五大綱領において、国連加盟は、高麗連邦共和国という一つの国号で行うべしとの立場を宣明し、ソ連も七五年の韓国による加盟要請に対しては、もはや同時加盟提案は行わず、南北間に加盟の方式に関する合意がないことを理由に反対した。

このように南北朝鮮の国連加盟問題は、南北のうちどちらを朝鮮半島全体の代表として加盟させるかといった形でのみ取り上げられてきたものではない。特に、現在は、韓国及びそれを支持する国が主張している同時加盟が、実は、ソ連が最初に提案したもので、それを韓国、米国等が分断を固定化するものであると反対してつぶしたことは興味深い。ただ、この同時加盟案は、先にも述べたようにあくまで当時の国連加盟問題全体の文脈で考えられるべきものである。したがって、ソ連の提案が単に同国の対朝鮮半島政策のみを純粋に反映したものと見るのは、正確ではないと思われるし、また、それが北朝鮮の意向を反映したものであるとの確証も持てない。

他方、一九四九年から七五年まで一貫して見られる特徴としては、北朝鮮の受動的態度をあげることができる。加盟のための動きは、常に韓国あるいは米国等西側諸国がイニシアティヴを取ってきた。まず、一九四九年及び五一年においては、韓国による加盟申請の後に北朝鮮による申請が行われており、五七年及び五八年の同時加盟案も西側諸国による韓国加盟決議案を受け、その修正案として出されたものである。一九五五年、六一年及び七五年においては、北朝鮮による働きかけもソ連等の諸国による北朝鮮加盟提案も行われていない。

現在、加盟問題に関する南北朝鮮の態度は、基本的に一九七三年に各々が発表した立場である。したがって、現下の状況で加盟問題が再び国連で取り上げられても、基本的には一九七五年と類似の結果となる公算が大である。こうした状況を変える方法としては、南北朝鮮の間で加盟の方式に関して何らかの意見の一致を見るか、さもなければ、安保理理事国、特に米国、ソ連、中国等の常任理事国の南北朝鮮に対するスタンスを変えるほかないように思われる。前者の方向で加盟が果たされる場合、それは、朝鮮問題自体に何らかの解決がみられたことを示すものである。しかし、後者の場合は、必ずしもそうとは限らない。いずれにしても朝鮮半島をめぐる情勢に大きな変化が生じることを前提としたものである。加盟問題の今後の展開は、当事者がそのいずれの方向を主として模索するかにかかっているといっても過言ではない。

注

1　韓国外務部も総会決議三三九〇A及びBの同時採択を国連が「韓国問題に関する一つの能力の限界に到達したことを証明」したものととらえており、それゆえに「今後韓半島の平和及び統一の問題は、国連を通じてではなく、南北韓の間の直接対話や全ての当事者間の協商を通じて解決せざるを得ない現実に直面することとなった」との認識を有していたようである。外務部『韓国外交三十年：一九四八～一九七八』（ソウル、一九七九年）二〇一頁。

2・3　S/1238.

4・5　S/1247.

6　安保理会合の議題は、まず仮議事日程として作成され、それが安保理により採択された後、正式の議事日程となる（安全保障理事会仮手続規則、規則九）。

7　S/1256.

8　S.C.Official Records, 4th yr., 409 mtg. 参照。

9　S/1247.

10　S.C.Official Records, 4th yr., 410 mtg. 参照。

11　S.C.Official Records, 4th yr., 423 mtg. 参照。

12　S/1305.

13　A/967.

14　A/AC.31/L/15.

15　S/2452.

16　S/2468.

17　ちなみに、この十八ヵ国とは、アルバニア、モンゴル、ヨルダン、アイルランド、ポルトガル、ハンガリー、イタリア、オーストリア、ルーマニア、ブルガリア、フィンランド、セイロン（当時）、ネパール、リビア、カンボジア、日本、ラオス及びスペインであった。

18　S/3502.

19　S/3471.

20　S/3506.

21　S.C.Official Records, 10th yr., 704 mtg. 参照。

22　この十八ヵ国一括加盟案も台湾がモンゴルの加盟について反対票を投じたため、可決に至らなかった。その後の政治折衝の結果、結局、モンゴルをリストから落とすとともに、西側も日本を落とすことにより、十六ヵ国一括加盟案が改めて提出され、可決された。高野雄一『国際組織法（新版）』（法律学全集五八、有斐閣、東京、一九七五年）一七一頁参照。

23　外務部『韓国外交三十年：一九四八～一九七八』（ソウル、一九七九年）二〇四頁。

24　A/SPC/L.7 and Add. 1.

25　A/SPC/L.9. ちなみに、同決議案の内容（英文）は、次のとおり。

"The General Assembly,
Requests the Security Council, ...to reconsider the applications of the Democratic People's Republic of Korea, the Republic of Korea, the Dmocratic Republic of Viet-Nam and South Viet-Nam with a view to recommending the simultaneous admission of all these States to membership in the United Nations."

26　Special Political Committee, Official Records, 11th ses., 18th mtg., para. 3. 該当発言部分は、以下のとおり。"...both in Korea and in Viet-Nam two separate states existed, which differed from one another in political and economic structure."

27 Special Political Committee, Official Records, 11th ses, 18th mtg., para. 6.
28 Special Political Committee, Official Records, 11th ses., 21st mtg., para. 29.
29 A/3519.
30 S/3803.
31 S/3884.
32 S.C.Official Records, 12th yr., 790 mtg. 参照。
33 A/3662.
34 A/SPC/C. 15.
35 G.A.Official Records, 12th session, 709 plenary mtg. 参照。
36 S/4129/Rev.1.
37 S/4132.
38 S/4806. なお、この書簡に関する審議は、行われなかった模様である。
39 外務部『韓国外交三十年：一九四八から一九七八』（ソウル、一九七九年）二〇五頁。
40 S/11783.
41 S/11828.

〔付記〕

本論は、筆者［藤井］が純然たる個人の立場で作成したものである。したがって、本論に書かれている見解は、筆者の勤務する外務省の見解とは何らの関係もない。

〔初出〕

朝鮮半島と国際連合――南北朝鮮の国連加盟問題（日本国際政治学会編『国際政治』第九二号「朝鮮半島の国際政治」一九八九年一〇月、有斐閣）

Ⅱ　法務生活と契約法

第3章

北朝鮮における「遵法」の問題

——「社会主義法務生活」を中心に

［解題］

本論は、一九八〇年代に北朝鮮の人々を統治する一手段として掲げられた「社会主義法務生活」を中心に、北朝鮮における「遵法」の問題を扱ったものである。「社会主義法務生活」とは、「すべての社会成員が社会主義国家が制定した法規範と規定の要求通りに働き、生活すること」であり、「社会主義遵法性」とは、「党の政策を無条件で最後まで徹底的に貫徹するための威力ある方法の一つ」であり、「すべての国家機関、企業所、社会協同団体および公民が法規範と規定を無条件に正確に遵守・執行すること」だとされる。

藤井は、金日成《キムイルソン》、金正日《キムジョンイル》の著作や北朝鮮の法学者による研究書をもとに議論を展開している。法は、立法され法令集に掲載されるだけでは、「しょせん絵に描いた餅に過ぎない」として、抽象的な文言の法令がいかに現実化されるかも検証する必要があるとの問題意識に立脚しており、そこにこそ本研究の意義がある。議論の概要は、小此木政夫編著『北朝鮮ハンドブック』（講談社、一九九七年、二七七―八〇頁）に「社会主義法務生活」として整理されている。

本論における注目点は、次の通りである。

第一に、「社会主義法務生活」の重要性にいち早く着目し、その理念、施策および体制の側面から概念整理と検討を行った。膨大な北朝鮮研究が蓄積されつつある韓国においても、北朝鮮社会で重要とされるこの問題を主題に掲げた論文はわずかしか見受けられず、本論から数年後の公刊であった。金正恩《キムジョンウン》時代の憲法においても「社会主義法務生活」の強化が訴えられており、本論は現代的意義も有する。

第二に、ソ連法における「合法性」なる概念が北朝鮮で「遵法性」として導入された経緯については、「それなりに実際の闘争を通じて確立してきたもののよう」だとの解釈が示された点である。ソ連法が北朝鮮法に与えた影響の解明については、学界の課題として残されている。

第三に、「社会主義法務生活」の対象者の変化が明らかにされている。当初の「社会主義法務生活」は、官僚主義に対し人民大衆の利益を擁護することが主目的とされ、「社会主義法務生活指導委員会」の任務は、「国家、経済機関の指導的活動家が権力を乱用しないように法的に統制」することにあるとされていた。しかしその後、人民の統治という目的に移行したことが、金正日論文の名宛人などを根拠に論じられている。惜しむらくは、そのような変化の背景を検証するには至っていない。「社会主義法務生活」を掲げて法務解説員や社会主義法務生活指導委員会を置かなくてはならないということは、それだけ法による統制が必要な現状を示すといえるのではないか。

二一世紀に入り、北朝鮮側による大掛かりな法典の公開もあった。しかし、北朝鮮法の分野で業績をあげている研究者は非常に少数である。社会と法をつなごうとした本論の着眼点をより精緻に掘り下げることは、後学の課題となろう。

（礒﨑敦仁）

はじめに

法を理解するために具体的にいかなる内容の法令が制定されているのかを調べることが重要であることは言うまでもない。しかしながら、それは、法の立法および成文化といった局面をとらえているに過ぎず、それを調べることをもって法全体を理解したことにはならない。法は、それにより人々の行動を律し、また、社会のさまざまな紛争を解決することを目的として作られるものであり、したがって、法は、単に立法され、法令集等に掲載されるだけでは、しょせん絵に描いた餅に過ぎない。換言すれば、抽象的な文言に過ぎない法令がどのように現実化されるか、あるいは、実施されるかも法全体の理解のためには不可欠の要素である。

本論は、北朝鮮法についてこうした立法以外の局面を探る一環として、近年北朝鮮で論じられるようになった「社会主義法務生活」を概観するものである。この「社会主義法務生活」とは、金正日の定義に従えば、「すべての社会成員が、社会主義国家が制定した法規範と規定の要求通りに働き、生活すること」（金正日、一七四頁）となっている。簡単に言ってしまえば、これは社会成員による法の遵守の問題であり、それ自体およそ法を制定するすべての国家が願い、また、確保しようと努めるところであり、北朝鮮特有の問題ではない。

しかしながら後述するように「社会主義法務生活」は、単に法の遵守という抽象的なスローガンにとどまるものではなく、そのための具体的な施策および機関を包含するものであり、全体として一つの運動に類するものである。さらに、北朝鮮法自体においても法の遵守については、現行憲法第六七条にも規定されており、また、「社会主義遵法性」という概念も別途存在している。にもかかわらず、これが「社会主義法務生活」という別個の用語で、しかも一九七七年になって登場したことからすれば、われわれが通常観念する遵法の意味を超えた何らかの新しさ、あるいは特殊性があるのではないかと思われる。そこで、以下の部分では、こうした問題意識に立ち、「社会主義法務生活」をその理念、施策および体制の三面に分けて検討を試みることとする。

なお、「社会主義法務生活」の検討に入る前に、先に言及した「社会主義遵法性」について若干詳しく説明しておく必要がある。北朝鮮法でいう「社会主義遵法性」とは、「全ての国家機関、企業所、社会協同団体および公民が法規範と規定を無条件に正確に遵守・執行すること」（シム・ヒョンイル、三〇二頁）を内容とする「国家的要求」（同）を意味する法の実現全般に貫通されている基本原則であるとされており、これに対して「社会主義法務生活」は、法の解釈・適用と並んで法を実現する個別的な形態および経路を意味すると説明されている（同、三〇五頁）。

この「社会主義法務生活」および法の解釈・適用を貫く原則といわれる「社会主義遵法性」の「遵法性」は、実は、ロシア語の「законность」の翻訳であると言われており（大内憲昭、六〇頁）、したがって、この「社会主義遵法性」は、ソビエト法でいう「社会主義合法性」（социалистическая законность）に相当するものである（ソビエト法における「законность」の問題については、小田博参照）。ソビエト法の「社会主義合法性」の標準的定義が「ソビエト連邦の全ての国会機関、社会組織、公務員、並びに市民によるソビエトの法律の厳格な遵守、および執行を要請する原理、またはそのような原理が実現された状態ないし体制を意味する」（同、一頁）と言われていることから、北朝鮮法の「社会主義遵法性」もその定義においてはソビエト法における「社会主義合法性」と大きな差異はない。

この「合法性」をめぐっては、実は、ソビエト法制史において、かつて一九二〇年代半ばから三〇年頃まで大きな議論があった。その主要な論点は、「合法性」と「合目的性」との関係であった。これは、ごく単純化して言えば、一方では、国家統合、体制強化のため法の厳格な遵守が必要とされたにもかかわらず、他方では、革命の目的に適合しないすなわち「合目的」的ではない法律の適用を排除することが必要となる場合もあり、この両者の関係をいかに説明するかという問題であった。この問題は、一九二〇年代の半ばのネップ期には、法の適用に際して具体的な事情、関連する諸利益を考慮」（同、二三〇頁）することにより、「法の適用における具体的妥当性を確保する」（同）ことを目的とする程度のものであったが、一九二七年末の穀物調達危機に対処するために一連の非常措置が取られるようになった二八年初頭以降は、党あるいは国家による非常措置という形の「大規模な違法行為」（同、三四九頁）を「合法性」の原理を他方で維持しつつ、いかに正当化し得るかという問題になった。

この結果、まず、一九二九年に合目的的ではない法律の適用は革命的合法性に反するとの理屈が裁判・検察活動家大会において認められ（同、三五〇頁）、さらに、三〇年には法の存在意義は「社会主義的変革」の過程に秩序を与え、その障害を除去する点にあるとされ、「合目的性」を織り込んだ「合法性」の強化が公式路線とされるという形で決着が図られることになった（同）。そして、この「合目的性」の判断が一九二九年時点では現場の活動家にも裁量が認められていたものが、三〇年までにはもっぱら党のみが「合目的性」の判断を行うようになったことに伴い（同、三五二頁）、結局「合法性」の原理は党を拘束しない一方で、すべての市民に対しては法律の厳格な遵守を要求するという片務的な関係を意味することとなった（同、三五二頁）。

北朝鮮の「社会主義遵法性」は、一九四五年の解放以後のものであり、したがって、時系列的に言えば、以上のようなソ連における「合法性」をめぐる論争が決着した三〇年よりもかなり後に導入されたものである。現在の北朝鮮の法理論によれば、「社会主義遵法性」は、「党の政策を無条件で最後まで徹底的に貫徹するための威力ある方法の一つであ」（シム・ヒョンイル、三〇六頁）り、「党の政策執行での絶対性、無条件性の原則から流れ出てくるものであり、また、それを徹底的に実現するためのものである」（同）とされている。また、社会主義下における法は、「首領の革命思想とその具現である党の政策を規範的形式に表現したもの」であるとされ（同）、「法の政治的使命が党の政策を実現することにあるという事実」から「社会主義遵法性の原則も結局は、党の政策を積極的に擁護し、無条件で徹底的に貫徹する問題に帰着する」（同）とも論じられている。「合目的性」という言葉は、必ずしも使われていないが、「社会主義遵法性」は「首領」と「党」の道具であり、「首領」および「党」自身を拘束する原理にはなっていない。すなわち、ソ連法において「社会主義的合法性」をめぐる議論の末出てきた結論と同様のものになっているのである。

「社会主義法務生活」もこうした「社会主義遵法性」の原則に基づいて成り立っているものであり、したがって、「首領」および「党」を制約するものではないことに留意する必要がある。

ただし、ここで一つ指摘しておかなければならないのは、北朝鮮の「社会主義遵法性」は、ソ連における「合法性」をめぐる議論の決着後にその結果を導入したものであるにもかかわらず、過去において「遵法性」をめぐる争いが北朝鮮内部にも存在したことを窺わせるふしがあることである。北朝鮮の法学者であるシム・ヒョンイルの著作によれば、過去、「反党反革命分子は、法と党政策を分離させ……社会主義遵法性の原則を党政策執行に対する絶対性、無条件性の原則に対置させた」（同、三〇七頁）ことがあった。この争いがいつ、どのような形で行われたのかは定かではないが、シム・ヒョンイルが言うところの「反党反革命分子」は、「遵法性」を党をも制約する原理としてとらえたもようである。この争点はソ連法における「合法性」と「合目的性」をめぐる議論とかなり類似しており、北朝鮮における「遵法性」も単にソ連法から導入しただけではなく、それなりに実際の闘争を通じて確立してきたもののようである。

一　「社会主義法務生活」の理念

「社会主義法務生活」という言葉が初めて使われたのは、一九七七年一二月一五日の最高人民会議第六期第一回会議で金日成《キムイルソン》が行った「人民政権を一層強化しよう」という報告のなかであったと言われている（大内憲昭、六一頁）。この報告のなかで金日成は、「官僚主義を無くすためには、国家、経済機関の指導的活動家たちのなかで社会主義法務生活を強化し、彼らが国家の法秩序を自覚的に守り人民大衆の利益を徹底的に擁護し、人民の真の忠僕となるために積極的な闘争を行うようにしなければなら」（金日成、五四一頁）ず、そのために「社会主義法務生活指導委員会の役割を高めることが重要」（同、五四二頁）であると述べた。その後、同報告に基づいて「社会主義法務生活指導委員会」が設置された（大内憲昭、六一頁）。

当初の「社会主義法務生活」は、金日成の報告からすれば、官僚主義に対し人民大衆の利益を擁護することを主目的としており、したがって、主に国家、経済機関の指導的活動家が名宛人とされていた。同報告においては、さらに、「社会主義法務生活指導委員会」の任務は、「国家、経済機関の指導的活動家が権力を濫用しないように法的に統制」（金日成、五四二頁）することにあるとされていた。

しかしながら、「社会主義法務生活」は、その後の展開においてこの官僚主義の撲滅という当初の主目的が次第にかすんで行ったように思われる。現在の「社会主義法務生活」を知る上で最も基準となる資料は、一九八二年一二月一五日に発表された「社会主義法務生活を強化することについて」（金正日、一七四～八三頁）という金正日の論文であるが（以下「金正日論文」と称する）、同論文では「法務生活」は、「国家の法秩序に従う勤労大衆の自覚的な規律生活であり、法規範と規定を基礎として人々を統一的に動かし、共同行動を実現していく国家的組織生活である」（同、一七四頁）と説明されている。ここでは、指導的活動家が特に名宛人とされておらず、「勤労人民大衆」一般が名宛人となっている。

この金正日《キムジョンイル》の説明によれば、「社会主義法務生活」を特徴づけるものとして、法遵守の自覚性と統一・共同行動の実現を挙げることができる。このうち法遵守の自覚性については、先の金日成の報告の中でも述べられている。「社会主義法務生活」が単なる「遵法性」ではなく、「生活」であるとされたわけは、そもそもはこの自覚性の強調にあったのではないかと思われる。金正日論文も「社会主義法務生活は自覚に基づいており、まさにそこに社会主義法務生活の本質的優越性がある」（同、一七七頁）としている。

他方、統一・共同行動の実現は、「社会主義法務生活」に集団主義的性格を付与するものであり、これを初めて明言したのはこの金正日論文であったと思われる。ただし、集団主義自体は、現行憲法の第六八条に「公民は、集団主義精神を高く発揚しなければならない」と規定されているように、「社会主義法務生活」という用語以前にすでに北朝鮮の体制の理念となっていた。したがって、「社会主義法務生活」にこうした集団主義的性格が加わったことは、必ずしも驚くにはあたらない。しかし、これは、「社会主義法務生活」の力点が当初の指導的活動家の規制という目的から、人民の統治という目的に移行したことを如実に物語っている。

二　「社会主義法務生活」のための施策

金正日論文は、「社会主義法務生活」強化のための施策として、法規範および規定の完成、「革命的遵法気風」の確立および「法務生活指導体系」の樹立の三つを挙げている。

このうち、まず、法規範および規定の完成は、「社会主義法務生活」自身というより、むしろその前提を成すものとして法制定作業の巧みさを要求したものであり、法の内容の正当性ではなく、法の明確性と法の厳格性を求めたものである。要するに立法技術について言及しているものである。また、「法務生活指導体系」の樹立は、次の「社会主義法務生活」のための機関の項に説明を譲る方が適当と思われる。したがって、以下の部分では、「社会主義法務生活」の強化のための施策の中心を成すと思われる「革命的遵法気風」の確立についての検討を試みることとする。

革命的遵法気風の確立とは、金正日論文によれば、「社会のすべての成員たちが国家の法を尊厳あるものとし、法を守り執行することを生活化・習性化することを意味」する「社会主義法務生活強化のための基本的要求である」(金正日、一七七頁)るとされている。そして、その手段としては、一方で人民の内面に訴える「遵法教養」および思想闘争を挙げ、もう一方で人民に対する物理的強制力を伴う法的統制を挙げている。

(1)「遵法教養」の強化

「遵法教養」の「教養」とは、日本語の教養とは、若干ニュアンスが異なり、知識というよりむしろ教育に近い。この遵法教育の内容としては、①勤労者の間で社会主義法に対する正しい観点と態度を打ち立てるために勤労者に社会主義法の革命的本質と優位性および意義を知らせること、②国家の法規範と規定を知らせること並びに、③人民に違法現象とその害毒性に関し、よく知らせることが挙げられている。

遵法教育の具体的形式としては、例えば、次のものがあるとされている(ソ・チャンソップ、一二七〜一二八頁)。

(イ)「法規原文浸透事業」

主席命令や法令、政令、政務院決定が出たときにその原文をそのまま伝達する事業。原則として機関、企業所、団体の責任者が直接行う。

（ロ）「法の解釈・宣伝事業」

法解説資料や機関、企業所、団体が自分で作った法解説資料により、法規の制定目的と基本内容、その執行に当たっての課題等を自己の単位の実情と結び付けて解釈・宣伝し、活動家と勤労者たちが当該法規範の要求とその執行のための義務を認識するようにする事業。これは、後述する法務解説員が主として行う。

（ハ）「資料通報事業」

法務生活に関し肯定的な資料を全国的範囲または該当地域内から集め、それをまとめて知らせる事業。勤労者たちが法執行に関する強い刺激を受けるのに大きな作用があるとされている。

（2）思想闘争の強化

「遵法気風」の強化のためには、思想闘争を強化することが必要であるとされる。この発想は、「社会主義社会での違法現象は、古い思想の残滓《ざんし》に基礎を置いている」（金正日、一七八頁）との考えに基づいている。ここで言う古い思想の残滓とは、具体的には、「長い歳月を経て人々の頭のなかに深く根づいている個人利己主義をはじめとする」（同、一七六頁）ものであるとされている。思想闘争は、党および勤労団体組織において組織的に行われ、具体的には、批判、忠告、社会的世論の喚起等によって行われる（同、一七九頁）。金正日によれば、「法を破る些細な現象に対しても黙過せず、それと積極的に闘争し、組織的な統制を加えなければならない」（同）とされている。

（3）法的統制の強化

法的統制とは、「法の遵守・執行状況を常に了解・掌握して、違法現象に対して制裁を加える事業」（同）であるとされている。このうち特に前者の法の遵守・執行状況の了解・掌握のことを「検閲・監督事業」という。

法的統制の強化は、法務生活自体の特性と社会主義社会の過渡的性格から説明されている。金正日によれば、「人々の頭のなかに古い思想残滓が残っており、帝国主義者たちの思想文化的浸透が継続されている条件下」(同)では、「教養事業」のみでは、「革命的遵法気風」を徹底的に打ち立てることはできないからであるとされている(同)。ただし、これは、社会主義社会の過渡的性格のみを説明したに過ぎず、「社会主義法務生活」自体の特性の説明になっていない。これについては、金正日論文からは必ずしも明らかではない。前出のシム・ヒョンイルによれば、「社会主義法務生活」自体の特性とは、それが「権力的性格を帯びた規範生活である」(シム・ヒョンイル、三八六頁)点にあるとされている。とすれば、これは要するに法規範が国家権力により担保されるものであり、そもそも統制的なものであるといった程度の意味ということになろう。

法的統制の強化のための具体的施策としては、検閲・監督機関の機能および役割の強化並びに「法機関」(裁判所、検察所、社会安全機関)による「統制事業」の強化が挙げられている。このうち、検閲・監督事業に関しては、集中的な検閲・監督と通常の検閲・監督、大規模な検閲・監督と小規模な検閲・監督等を配合して行う必要があるとされている(金正日、一七九頁)。ただし、集中的な検閲・監督がどのように行われているか、大規模な検閲・監督と小規模な検閲・監督の違い等は明らかではない。

他方、「法機関」の活動に関しては、特に「社会主義法務生活」の強化のために取られた施策として次のものが挙げられている(ソ・チャンソップ、一三六頁)。
(イ) 検察機関の遵法性監視機能の強化
検事たちが自己の担当する単位での法遵守状況を日常的に監視する「担当監視制」を新しく導入し、これと一定の部門や単位での法遵守状況を集中的に監視する「集中監視制」を配合して遵法性監視を実施。

検察官の行う監視とは、「法規範と規定の遵守・執行状況を監督する」（シム・ヒョンイル、四三二頁）ことを意味するが、これは単なる監視にとどまらず、「違法現象」を是正することも含んでいる。この検察官による監視は、対象が圧倒的に広いことが特徴であると言われている（同）。まず、検閲・監督の場合は、一定の限定された対象のみを扱うが、検察官の監視の場合、国家機関、企業所、団体および公民全体を対象とする。また、検閲・監督は、刑事法および民事法の執行状況を対象とすることはないが、検事の監視には、そのような制限は無いと言われている。

他方、「違法現象」の是正の仕方においても検事の監視は特徴的である。検事は、「抗議」、「提議」といった独特の方法により「違法現象」の是正を行うことができる（同、四三三頁）。検察機関は、国家機関が採択した管理に関する文書が党と国家の政策を歪曲したり、法規範および規定に反するものである場合には、それを取り消したり、変更するよう該当機関に申し入れることができ、これを「抗議」という（同）。加えて、検察機関は、機関、企業所において党の政策と国家の法令を徹底的に執行するための組織事業をうまく行わなかったり、法規範および規定に反する違法の事実を発見した場合、その是正および予防のための対策を立てるよう該当機関等に申し入れることができ、これが「提議」と呼ばれる（同）。

これら「抗議」および「提議」は、勧告の形式をとるも、実際には該当機関等をして必ず受け入れ、処理しなければならないようにする強い執行力を持つとされている（同、四三四頁）。検察機関は、その「抗議」および「提議」に関する機関等の審議状況を監視し、審議を督促する権限と義務を有し、審議結果に意見がある場合には、再び上級の検察機関を通じて該当機関等の上級機関に「抗議」を提起することができる（同）。また、「抗議」および「提議」を受けた機関等は、それを審議し、その結果を検察機関に通知する義務を負うものとされている（同）。

この検察官による「抗議」および「提議」がいかなる根拠により行われているかは不明であるが、これらは、ソビエト法における「プロテスト」(протест)および「提議」(представление)とほぼ同様の内容である(小田博、一八頁参照)。ソビエト法においてもこの「プロテスト」および「提議」により行われる「一般監督」(общий надзор)が「社会主義合法性」を保障するものと言われていることからすると(同、一六～一八頁)、北朝鮮における「抗議」および「提議」の制度もこうしたソビエト法の影響を受けたものである可能性がある。

(ロ) 裁判機関の統制的効果の強化

犯罪発生現地に行き、広範な群衆が参加するなかで事件を審理解決する「現地公開裁判」制度を導入。これは群衆をして違法行為の重大性と害毒性を知らしめ、違法行為を敢行しようとする人々がその企図を捨てるようにすることを目的としていると言われている(ソ・チャンソップ、一三六頁)。

三 「社会主義法務生活」の体制

「社会主義法務生活」強化の担い手としては、主として法的統制を担当する裁判所、検察所および社会安全機関といった「法機関」があり、また、法的統制の中でも特に検閲・監督を実施する検閲・監督機関等がある。これらは、いずれも既存の機関である。他方、これらの機関に加え、「社会主義法務生活」のために特に設置されたものとしては、法務解説員と「社会主義法務生活指導委員会」を挙げることができる。以下の部分では、これら「社会主義法務生活」強化の担い手のうち、特に法務解説員と「社会主義法務生活指導委員会」につき検討を試みることとする。

（1）法務解説員

法務解説員は、法規に関する解説宣伝事業を主要任務とする遵法教育の直接の担当者であると言われている（金正日、一七六頁、およびソ・チャンソップ、一二九頁）。

法務解説員は、各機関、企業所（大工場および大企業所では職場）および共同農場の作業班を単位として、それぞれに一名ないし二名ずつ置かれ、また、実情に応じて管理部や交代作業が行われる単位等にも必要数だけ配置される（ソ・チャンソップ、一二九頁）。なお、法務解説員は、事業において規範的であり、健全な生活を営む活動家の中から選抜、任命され、彼らは、自己の本来の任務を遂行しつつ法規の解説・宣伝作業に従事する（同）。

法務解説員は、法解説資料をもとに毎週一回以上法規解説および教育事業を行う（同、一三〇頁）。そして、毎月最初の週に地方政権機関の活動家たちがそれぞれの担当の単位に赴き、当該単位の法務解説員達の事業状況を掌握し、今後の事業方向と新しい課題を与えることとされている（同）。

（2）「社会主義法務生活指導委員会」

「社会主義法務生活指導委員会」（以下「指導委員会」と称する）は、「機関、企業所、社会協同団体および公民たちの法務生活を組織指導する集体的指導機関」（金正日、一八一頁）であり、中央から道、市、郡に至る各級人民委員会ごとに「法務生活を指導し、監督・統制する重要機関の代表」（シム・ヒョンイル、四二一頁）で構成される。指導委員会は国家主席の「唯一的領導下」（ソ・チャンソップ、一四一頁）にあり、それ独自の機構を持たない会議形式の非常設機関である（同、およびシム・ヒョンイル、四二一頁）。指導委員会は、行政的な機関ではなく、主権的な機関であることを特徴としている（シム・ヒョンイル、四二五頁）。

指導委員会の重要な任務は、「国家、経済機関の指導幹部たちが権力を濫用せず、すべての事業を法規範と規定の要求通り行うように法的に統制し、全社会に革命的遵法気風を打ち立てることで」（金正日、一八一頁）あるとされている。このことからも分かるように、指導委員会による統制の対象の中心は、人民大衆一般というよりもむしろ「一定の職位で国家的な権限を有している活動家」（シム・ヒョンイル、四二五頁）であり、その目的は越権行為等のいわゆる「官僚主義」の撲滅にあるとされている（同）。指導委員会は、定期的に開催され、そこでは、管轄地域内において、職務怠慢を犯したり、国家の法秩序に反したりした活動家たちの行為が審議され、また、「毎時期指示される首領の教示と党の方針にしたがって」（ソ・チャンソップ、一四二頁）法務生活を強化するための方策も討議される（同）。なお、指導委員会は、人民政権自体の法遵守状況を対象とはせず、人民政権機関については、党が指導することとされている（金正日、一八二頁）。

指導委員会の権限としては、次のものが挙げられる（ソ・チャンソップ、一四三頁）。

（イ）国家検閲機関、検察機関をはじめとする監督・統制機関を動員して法遵守状況に関する検閲を組織する（指導委員会による直接検閲）。

（ロ）これら監督・統制機関に検閲すべき課題を与え、また、必要な資料の提出を要求する（指導委員会による直接検閲）。

（ハ）国家の法秩序に反した活動家の行為を審査して行政的制裁を加え、必要に応じて「同志審判」に付す。ここでは、犯罪に至らないすべての法違反行為を取り扱うことができ、また、刑法上の制裁を除外したほとんどすべての形態の制裁を適用できるとされている。

これら指導委員会の権限から判断すると、指導委員会は、検閲統制機関を総合的・機動的に動員できること、および法的には犯罪を構成せず、処罰対象とならない行為に対し、刑罰以外の制裁を加える点にあると言える。

指導委員会で審議される法の違反に関する資料は、原則として国家検閲機関、検察機関および社会安全機関により提出される（同）。しかし、法違反資料の正確性を調査・確証するために該当政権機関の法務生活指導部署の活動家たちは、審議前に現地に赴き、法違反者や関連者たちと直接会うことが手続的に要求されている（同）。

おわりに

「社会主義法務生活」は、前述したように、「自覚性」と「集団性」を特徴としており、それは、人々の精神面あるいは意識面を重視するものである。そのため「社会主義法務生活」を強化するための「遵法気風」の確立において、「遵法教養」という名の教育および思想闘争が強調されるのもごく当然のことと思われる。このことは、「主体思想」が人間の「意識性」を最も重視することともつじつまがあっている。

この遵法教育においては、「法規原文浸透事業」、「法の解釈・宣伝事業」および「資料通報事業」が行われているが、これらはいずれも機関、企業所、団体ごとに、あるいは各単位ごとにといった、極めて小単位でまたきめ細かく行われていることが分かる。このことは、「社会主義法務生活」が勤労大衆の統治の手段として用いられている証左となろう。

他方、「社会主義法務生活」の当初の目的であった官僚主義の撲滅もなくなったわけではない。「社会主義法務生活」の反官僚主義的な色彩は、特に「抗議」および「提議」を通じた検察機関の監視性の強化並びに指導委員会の統制の中心が活動家にあることによく表れている。指導委員会については、「社会主義法務生活」を官僚主義撲滅の方途として提唱した一九七七年の金日成報告を基に作られたものであるため、その任務がいまだに反官僚主義にあることは当然かもしれない。

「社会主義法務生活」は、精神面を強調するため、その強化の施策についても教育、思想闘争を強調するが、それは、同じく「遵法気風」確立の方途として挙げられている法的統制の強化にも影響を与えている。具体的には、法的統制の強化の一つとして挙げられた「現地公開裁判」制度の導入によく表れている。これは、言葉は悪いがみせしめ的効果を狙いとした、換言すれば、一般予防的効果を期待した極めて教育的なものであると言えよう。しかしながら、同時に、教育や思想闘争だけでは「遵法気風」を確立し得ないとの認識により法的統制の強化に訴える以上、逆に教育の方が統制的性格を帯びてくる可能性もある。事実、「社会主義法務生活」において思想闘争と呼ばれているものは、批判、忠告、社会的世論の喚起等といった一種社会的制裁に類似した形態を取っている。そして指導委員会の権限に至っては、法的には犯罪を構成せず処罰対象とならない行為に対しても刑罰以外とはいえ制裁を加えることができるようになっている。この場合、われわれの言う罪刑法定主義とはそぐわない部分が出てこざるを得ない。

しかしながら、冒頭に説明した「遵法性」そのものがそもそも党を拘束するものでない以上、このことは北朝鮮の法体系の中では必ずしも矛盾するものではない。また、「社会主義法務生活」が単に法というものを前提としてその自覚的な遵守を促進するためのものであるならまだしも、現実は、それを超えて集団主義化およびそれを通じて「共産主義的人間に教育・改善する」ことも主要な目的となっている。このことからすれば、「社会主義法務生活」の施策が法の枠内に必ずしも収まらないことも決して不思議なことではない。あるいは、北朝鮮において社会主義法自身が「人々を共産主義的に改造し、全社会を革命化、労働階級化するのに大きな作用をする」（金正日、一七五頁）と言われていることからすれば、それは、北朝鮮においては法の目的の延長線上にあるものであり、それこそが北朝鮮法の実現に資するものと言われることになるのかも知れない。

引用・参照文献

金正日「社会主義法務生活を強化することについて」(『朝鮮中央年鑑』一九八三年版、平壌、一九八三年)
シム・ヒョンイル『主体の法理論』(平壌、社会科学出版社、一九八七年六月)
大内憲昭「朝鮮社会主義法」(社会主義法研究会編『アジアの社会主義法』東京、法律文化社、一九八九年三月)
小田博『スターリン体制下の権力と法』(東京、岩波書店、一九八六年二月)
金日成「人民政権を一層強化しよう」(『金日成著作集』第三二巻、平壌、朝鮮労働党出版社、一九八六年四月)
ソ・チャンソップ『法建設経験』(平壌、社会科学出版社、一九八四年三月)

＊本論は、筆者［藤井］が純然たる個人の立場で一般に閲覧可能な資料のみを利用して作成したものである。したがって、本論に書かれている見解は、筆者が勤務する外務省の見解とは何らの関係もない。

〔初出〕
北朝鮮における「遵法」の問題――「社会主義法務生活」を中心に(『東亜』第二七二号、一九九〇年二月、霞山会)

第4章　一九四八年の北朝鮮契約法

［解題］

本論が考察の対象とする「契約法」とは、北朝鮮社会のあらゆる経済主体による契約すべてではなく、「人民経済計画に編入された国家経済機関、国営企業所及び共利団体」による契約を主な対象とした一連の法令・規定などである。本論は、そのような「契約法」の概要とその性格を論じたものであり、そこで紹介された「契約法」の特徴としては、①国家の経済計画に基づいて締結されることを大前提とすること、②そのような前提担保のため、契約締結に際し国家機関による審査・登録を義務付けていたこと、③契約不履行時の「違約金」制度を規定していたこと、などを挙げることができる。本論はまた、一九六三年刊行の法律関係書籍に掲載された論文を根拠に、四八年制定の「契約法」の趣旨がその後少なくとも六〇年代まで継承されていたと推測し得ることを示す。

本論は、以上のような「契約法」の紹介を通じて、「北朝鮮民法の重要な部分の原形を探る」ことを狙いとしたものであるが、とりわけ意義深いと考えられるのは、北朝鮮の国営企業所等、ひいては計画経済の運営について、基本となる経済計画が上から下への行政的命令によってだけではなく、個別の生産単位相互の「契約」といういわば民事法的な行為を併合することによって、その円滑・確実な履行実践が企図されていたことを示している点である。

かかる意義をより明確にするうえで、北朝鮮の国営企業所の基本的性格について簡単に紹介すると、それらは、「所有主」という視点からすると、いずれも「国家」という単一の主体に帰属するもので、個別の主体とはなり得ないものであり、その点だけを見るならば、国営企業所相互の間の「契約」という行為、さらに言えばその前提となる商品の売買という行為もまたあり得ないことと言わざるを得ない（自分の物を自分に売ることはできない）。しかし、北朝鮮では（他の社会主義国でも同様であろうが）、国家経済という膨大な規模の経済活動を効率的に行うため、いわば便宜的に各国営企業所を個別の経済主体とみなし、それら相互の間での商品の売買という行為を認めることによって、各企業所の個別の「採算」という概念を成立させることを可能にしているのである（これがまさに「独立採算制」という概念の本来の趣旨である）。

本論が紹介した「契約」という行為も、また、そのような国営企業所の「独立採算制」を前提とし、かつそれを内実あらしめるうえで重要であり、それをめぐる個別の規定ぶりによって、国営企業所の「独立」（経営権限）の程度が具体化されたと言える。北朝鮮が金正恩《キムジョンウン》の時代に入った今日、その経済政策の方向性が注目を集めており、それを見極めるうえでの重要な論点の一つが「独立採算制の実情」である。本論が紹介する「契約法」の内容は、一九四八年という北朝鮮体制発足の原点におけるその在り様の一端を具体的に提示しており、そのような論点をめぐる現状分析上の着目点および比較対照の基準点となり得よう。そのような意味においても、本論は今日的意義を有している。

（坂井隆）

はじめに

本論は、北朝鮮[1]における民法の制定過程及び現状を探る作業の一環として、一九四八年二月二九日に北朝鮮人民委員会により制定された「国家経済機関、国営企業所及び共利団体相互間の契約制度と決済制度確立に関する決定書」及びこれに付随して制定された「北朝鮮契約制度細則」、「北朝鮮人民委員会契約仲裁院規定」等（以下「一九四八年契約法」と総称する）を手掛かりに初期の北朝鮮契約法につき若干の考察を試みるものである。

北朝鮮の法制定過程は、一九四五年八月一五日の日本の敗戦後若干の空白を経て、同年一一月に発足した行政十局[2]により着手され、四六年二月に発足した北朝鮮臨時人民委員会の時代に本格化した後、四七年二月には北朝鮮人民会議及び人民委員会にその作業が引き継がれることとなった。しかしながら、この北朝鮮における法制定過程を見ると、刑事関係の法令、行政法規等が比較的早期に立法されたのに対し、民事法の分野における立法はかなり立ち遅れていたことがわかる。例えば、刑事法については、すでに一九四六年六月までに「北朝鮮司法機関の刑事裁判に関する法令[3]」、「北朝鮮の検察所、予審院及び保安機関の刑事事件審理に関する法令[4]」等それぞれ刑事訴訟法、犯罪即決例等に当たる法令が、また、四七年一月には刑法の各則の元になる「生命、健康、自由、名誉の保護に関する法令[5]」、「個人財産の保護に関する法令[6]」等が制定されていたが、その間、民事関係で制定された法令は見当たらない。一九四七年二月三日に「金融機関の債権の消滅時効停止に関する決定書[7]」が公布されているが、これは、国有化された金融機関が四五年八月一五日以前から有していた債権に対する消滅時効期間を同日から四六年一〇月一九日まで進行しなかったことにすることを内容としており、いわば金融機関国有化に伴う特別措置法的なものであったと考えられる。したがって、北朝鮮民事法、具体的には民法の制定の一環として位置づけることは困難と言わざるを得ない。

このように初期の北朝鮮の法制定過程においては、民事法の制定が他の分野に比べ相当程度後れをとっており、その後一九五〇年三月に刑法等の基本法典が制定された際にも民法、民事訴訟法等の法典化は行われず、民法に関して言えば、それ以前あるいはその後断片的に制定された「時効に関し[8]」、「製品供給契約に関する規定[9]」等の諸法令が総体として北朝鮮民法を形作る状態が続いたものと考えられる。近年に至り、民事訴訟法については、一九七六年に制定された模様であるが[10]、民法については、現在もなお正式な制定は行われておらず、八二年にようやく「民事規定」が暫定的に制定されたのみと言われている[11]。このことは、あまつさえその実態の把握が難しい北朝鮮の法の中で、特に民法の実態を探ることを一層困難にしている。

本論で取り扱う一九四八年契約法、すなわち「国家経済機関、国営企業所及び共利団体相互間の契約制度と決済制度確立に関する決定書」等は、北朝鮮における法制定過程が始まってから二年三ヵ月を経て初めて制定された民法関係の法令であり、また、そのなかでも契約法というかなり重要な部分を規定したものである。そのため、この一九四八年契約法を検討することは、第一に北朝鮮民法の重要な部分の原形を探ることとなり、その後の北朝鮮の民法を理解する一助となることは言うまでもないが、これに加えて、一九六三年に公刊された『国家管理における我が党の群衆路線の貫徹』という法学論文集の中で[12]、ソ・チャンソップという法学者が「共和国民法は、企業所での計画課題遂行を保障する有力な手段」という題で契約法に関する論文（以下「ソ・チャンソップ論文」と称する）を書いているため、同論文を手掛かりに一九六〇年代初頭における契約法の状況の一端をわずかではあるが窺い知ることができ、一九四八年契約法の検討に若干の時間的拡がりを持たせることが可能になるとの利点もある。

一　一九四八年契約法の概要

一九四八年契約法は、具体的には「国家経済機関、国営企業所及び共利団体相互間の契約制度と決済制度確立に関する決定書」[13]、「北朝鮮人民委員会契約仲裁院規定」[15]及び「決済計算書代金収替規定」[16]の四つの法令から成り立っている。このうち「国家経済機関、国営企業所及び共利団体相互間の契約制度と決済制度確立に関する決定書」（以下、「決定書」と称する）は、全体の総則的な事項を規定しており、これを実際に実施するために必要な法令として契約に関する細則を定めた「北朝鮮契約制度細則」（以下「契約細則」と称する）、契約の決済に関する規則を定めた「決済計算書代金収替規定」（以下「決済規定」と称する）及び契約をめぐる紛争の解決手続きを定めた「北朝鮮人民委員会契約仲裁院規定」（以下「仲裁院規定」と称する）が本決定書の別紙として人民委員会により承認された。これ以外に「契約書様式」も決定書の別紙として承認されている。

(1)　契約法の目的及び適用範囲

決定書の前文によれば、この一九四八年契約法の目的は、「人民経済計画」により各経済機関、企業所等に課された計画課業を的確に具体化し、計画課業の遂行に際しての「相互連関的統制」を可能たらしめ、この「相互連関的統制」を通じて、「人民経済計画の均衡的遂行を一層成果的に保障」すること、及び「独立採算性を確立」することにより、もって「人民経済の蓄積を計画的に強化、確保する」ことにあるとされていた。

こうした契約法の目的は、後述するように一九四八年契約法全体の性格を特徴づけるものとなったが、そのなかでも特に契約法の適用範囲には、その影響が顕著に表れている。すなわち、一九四八年契約法は、「人民経済計画に編入された」（決定書前文）「国家経済機関、国営企業所及び共利団体」が「相互間又はそれらと民間企業所及び個人」との間で「商品売買及び作業給付」を実行する場合に契約制度に依拠して行うことを義務づけることとしており（決定書第一）[17]、民間企業所及び個人といった人民経済計画に編入されておらず、又、もとより独立採算で経済活動を行っているような者同士の契約については、対象としていない。このことは、契約仲裁院の管轄範囲に関しさらに徹底されており、契約仲裁院は、たとえ契約の一方の当事者が国家経済機関、国営企業所等であって、当該契約が一九四八年契約法に依拠して締結されたものであっても、他方の当事者が「個人又は個人企業体の場合」には、その契約に係わる紛争を管轄することはできないとされていた（仲裁院規定第五条後段）。

（2）契約の種類

契約は、総合契約と個別契約の二種類とされ（決定書第二）、総合契約は、「中央において上級機関相互間に締結されるもの」で、これに対して個別契約は、「地方において国家経済機関、国営企業所及び共利団体の相互間又はそれらと民間企業所及び個人との間で締結されるもの」とされ（決定書第二）、各個別契約は、その上級機関間で締結された総合契約の「原則的規定に依拠」するものとされていた。また、総合契約は、その契約数量が各上級機関に割り当てられた計画課業の六ヵ月分を最小限度とし、個別契約は、各企業所等に割り当てられた計画課業の三ヵ月分をその契約数量の最小限度とすることが義務づけられていた（決定書第二）。これらのことから、総合契約は、個別契約と比べ、より上級の機関（具体的には、国営企業所等の上位にある国家経済機関）が締結する長期的かつ原則的な契約であり、他方、個別契約は、より下位の機関が締結する比較的短期的かつ具体的な契約であったことがわかる。さらに、総合契約も個別契約もいずれも契約数量の最小限度としてそれぞれの計画課業が基準とされており、また、総合契約と個別契約との間でも後者が前者に依拠しなければならないという関係があったことから、これら契約は、相互に関連しつつ、計画課業を定めた人民経済計画を頂点として総合契約、個別契約の順でヒエラルキーを構成していたことを知ることができる。そして、こうしたヒエラルキーは、その契約主体においてまさしく人民経済計画を策定、実施する主体のヒエラルキーに対応していたわけである。

(3) 契約の成立、変更及び更新

契約は、一定の様式の契約書を契約仲裁院に登録することによりその効力が発生するものとされた（契約細則第一条）。

契約書の様式は、決定書の別紙として定められており、この様式の印刷は、北朝鮮中央銀行に委任された（決定書第九）。契約書の主な記載内容は、契約当事者名、契約期間、契約対象（規格、品質、数量、単価等）、決済方法、引渡方法、違約金の率等であった。

契約の登録は、契約書三通を仲裁機関に提出することにより行われた（契約細則第七条）。仲裁機関は、契約書様式及び契約条件を審査するのと同時に、契約当事者の資格及び印鑑をあらかじめ提出された契約当事者資格及び印鑑証明書と照合した後にこれを接受する（契約細則第八条）。仲裁機関は、接受後登録簿に記載し、当該契約書の登録欄に登録証を押印し、契約書三通のうち一通を仲裁機関用に保管し、残りの二通を各契約当事者に交付するものとされていた（契約細則第八条）。

契約の更新については、旧契約の登録番号を明示して旧契約解除の趣旨を新契約書の末尾に表示しなければならないとされていた（契約細則第五条）。また、契約の変更については、個別契約に関し「法令その他による総合契約の変更又は双方の協議により」変更を行う旨の規定がある（契約細則第六条）。ただし、総合契約の変更については、独立した明示規定がなく、契約細則第六条中に「法令その他による総合契約の変更」との文言があるの

みである。この「その他」のなかに当事者の協議が含まれていたか否かは不明である。個別契約の変更は、変更登録を行うことにより効力を発生するものとされていた（契約細則第六条）。総合契約については、何らの規定もない。

(4) 契約の履行

商品の引渡方式は、①「供給者倉庫引渡方式」、②「供給者所在地駅上車引渡方式」、及び③「供給者所在地埠頭引渡方式」の三種類に限定されていた（契約細則第一〇条）。いずれも商品の供給者の所在地で引き渡す趣旨であるが、供給者の所在地から引取り者の所在地までの運送は、供給者から交通機関に要求するものとされた（契約細則第一〇条但し書き）。なお、契約は、商品供給以外にも作業給付を内容とすることもあるが（決定書第一）、その履行についての規定はない。

相手方の商品の供給又は作業の給付に対する代金の支払いの方式に関しては、①「計算書引受けによる決済方式」、②「信用状発行による決済方式」、及び③「相互計算書による決済方式」の三種類に限定されていた（契約細則第一一条）。これらは、いずれも銀行を通じて行う決済方式であり、契約当事者は、それぞれの取引銀行を通じて行わなければならないとされていた（契約細則第一二条）。

これら決済方式については、特に銀行の事務に関する事項を中心に決済規定が詳細に規定していた。「計算書引受けによる決済方式」は、原則的な決済方式とされ（契約細則第一一条一号）、簡単に言えば、商品供給者あるいは作業給付者、すなわち支払い代金に関しての債権者が請求書（「計算書」）を作成し、これと「支払委託書」をもって取引銀行に代金の取り立てを依頼し、債務者が拒絶せずに「計算書」を引き受けた場合に、この「計算書」と「支払委託書」をもとに各々の取引銀行間で決済が行われる方式である。他方、「信用状発行による決済方式」は、代金債権者がまずその取引銀行に対し「信用状」の発行を依頼し、それを債務者の取引銀行にあらかじめ送付しておき、後に「計算書」を添えて決済を依頼する方式である。「計算書引受けによる決済方式」との差異を強いてあげれば、「計算書」とともに債務者の取引銀行に送付される「支払委託書」のかわりにこの「信用状」があり、しかも「計算書」の送付の前にあらかじめ送っておくことができた点があげられる。なお、「相互計算書による決済方式」は、「計算書引受けによる決済方式」と極めて類似していたものと思われ、決済規定においても「計算書の引受けによる決済方式」の規定に準じて処理するものとされていた（決済規定第二三条）。「計算書」の場合には、債務者の取引銀行に送付された後、債務者による引受けが行われたが、「相互計算書による決済」に際しては、まず、債権者、債務者双方が承認した「相互計算承認状」が作られることにより、その後には債務者による引受け行為が必要とされなかった点に差異があったものと思われる（決済規定第二三条参照）。

(5) 違約金

契約の不履行に対しては、当該物件の金額の三％から五％の違約金を支払う旨を契約中に規定しなければならないとされていた（決定書第三及び契約書様式）。実際に契約の不履行を行った場合には、「契約金支払承諾書」又は仲裁機関の「裁決書」により、当該債務者は、自己の取引銀行を通じて違約金を支払わなければならないとされた（契約細則第一六条）。ただし、契約の不履行が①法令又は北朝鮮人民委員会の指示による契約条件の変更、及び②天変地異その他不可抗力を原因とする場合には、違約金は減免され得ることとなっていた（契約細則第一八条）。

(6) 契約仲裁院

契約仲裁院は、決定書に「依拠した契約制度を保障するために、契約の締結及び実施に関する紛争を裁決する」機関として設立されたもので(仲裁院規定第一条)、中央の北朝鮮人民委員会契約仲裁院(以下「北朝鮮仲裁院」と称する)と各道に置かれた道人民委員会仲裁院(以下「道仲裁院」と称する)から成っていた(仲裁院規定第二条)。北朝鮮仲裁院は、院長、副院長、仲裁員(専任仲裁員三名及び委嘱仲裁員若干名)、秘書及び書記若干名により、また、各道の仲裁院は、仲裁員及び書記官若干名により構成されていた(仲裁院規定第三条)。北朝鮮仲裁院の院長、副院長及び仲裁員は、北朝鮮人民委員会が任命し、それ以外の職員は、院長が任免した(仲裁院規定第四条)。道仲裁院の仲裁員は、北朝鮮仲裁院の院長の承認を受けて道人民委員会が任命し、それ以外の職員は、道仲裁院が任命した(仲裁院規定第四条)。

契約仲裁院が管轄するのは、前にも述べたとおり、決定書の契約制度に依拠して締結された国家経済機関、国営企業及び共利団体相互間の契約の締結及び実施に関する紛争であり、契約当事者のどちらかでも個人又は個人企業体である場合には、たとえそれが決定書に基づいて締結されたものであっても仲裁院の管轄には属さない(仲裁院規定第五条)。これら契約に関する紛争のうち、仲裁請求により主張される利益が五万圓以下の事件は道仲裁院が、五万圓を超える事件は北朝鮮仲裁院が管轄した(仲裁院規定第六条及び第七条)。また、道仲裁院が管轄するのは、「所属道内の国家経済機関、国営企業所及び共利団体相互間の紛争」であり、それ以外の紛争は、北朝鮮仲裁院が管轄するものとされていた(仲裁院規定第八条)。したがって、紛争の利益が五万円以下であっても、例えば紛争当事者が異なる道に所属する場合には、北朝鮮仲裁院が管轄することになっていたものと思われる。なお、北朝鮮仲裁院は、道仲裁院の管轄に属する事件を自ら審理したり、他の道仲裁院に審理させることができた（仲裁院規定第九条）。

仲裁請求は、契約当事者が所管契約仲裁院に対して行い（仲裁院規定第一〇条）、審理は、請求機関代表者及び被請求機関代表者もしくはそれらの代理人を召喚して行うものとされた（仲裁院規定第一三条）。なお、これらの者の双方若しくは一方が出頭しない場合には、審理は、双方当事者が提出した書類によって行われることとなっていた（仲裁院規定第一三条）。仲裁審理及び裁決は、院長、副院長又は仲裁員一名が単独で行い（仲裁院規定第一二条）、審理した仲裁員が裁決書を作成するものとされていた（仲裁院規定第一四条）。

仲裁の裁決は、原則として最終的なものとされた（仲裁院規定第一五条）。ただし、これに重大な錯誤がある場合には、北朝鮮仲裁院院長が再審理をし、あるいは北朝鮮人民委員会が破棄、変更又は棄却できることとなっていた（仲裁院規定第一六条）。これらの規定から判断すると、仲裁裁決はそれ自体として完結しており、裁決に対して不満を有する者が通常の司法手続き、すなわち裁判に訴える途は開かれていなかったものと思われる。

二　一九四八年契約法の性格

以下の部分では、前記一で見てきた一九四八年契約法の性格につき若干の考察を試みるとともに、それが少なくとも一九六〇年代前半においては、どのような状況になっていたかを前出のソ・チャンソップ論文を手掛かりに検討してみることとする。

（1）契約法と人民経済計画

今まで見てきたことからも明らかなように、一九四八年契約法は、人民経済計画と密接不可分の関係にあった。

一九四八年契約法にとり人民経済計画は、決定書の前文において明示されているようにその目的の一つであり、また、前出一の（２）で見てきたように、総合契約及び個別契約から成る契約のヒエラルキーの頂点に位置するものとして、一九四八年契約法に基づく全ての契約がよって立つところとなっていた。こうした側面にのみ注目すれば、一九四八年契約法において契約は、人民経済計画の遂行に資するため、人民経済計画に従って行われるといった、いわば契約の人民経済計画に対する服従関係のみが強調され、そのため、一九四八年人民委員会法の最大の特徴は、契約というものを人民経済計画の枠のなかに位置づけた点とする見方も可能になる。

しかしながら、ここで注意しなければならないのは、一九四八年契約法は、およそ契約というもの一般を対象としたものではなく、決定書第一に定められていたように、国家経済機関、国営企業所又は共利団体が少なくとも一方の契約当事者になる契約に限られていたものであったという点である。そして、これら国家経済機関等が決定書前文にあるように「人民経済計画に編入され」たものであったことからすれば、結局、一九四八年契約法は、そもそも人民経済計画に従うべき主体の行う契約のみを対象にしていたに過ぎないことになり、そのような契約が人民経済計画に従うのは当然のことであり、また、一九四八年契約法が（人民経済計画に従うべき）契約を人民経済計画の枠のなかに位置づけたと言ってみたところで、これはしょせんトートロジーに過ぎないものと言えよう。むしろ、人民経済計画に組み込まれていない個人等の間の契約が明らかに一九四八年契約法の対象外とされており、したがって、これら契約が人民経済計画とは必ずしも直接関連付けられていない別の法により規定されていたことの方が注目に価すると言えるかもしれない[18]。

他方、視点を変えて、一九四八年契約法と人民経済計画の関係を人民経済計画の側から見ると、決定書の第一で人民経済計画の遂行主体たる国家経済機関等が行う商品売買及び作業給付は、契約制度に依拠して実行されなければならないとされていたことより、人民経済計画も必ず契約を通じて具体的に遂行されなければならなかったことになる。なぜならば、人民経済計画も国営企業所等が相互に資材、製品等を売買したり、何らかの作業を給付し合うことにより具体的に遂行されるものであったからである。このことは、人民経済計画がその具体化の手段において一九四八年契約法により規制を受けていたという側面を有していたことを意味している。

（2）契約法の統制的性格

一九四八年契約法は、前述のごとく人民経済計画の具体的遂行のために、また、人民経済計画に基づく契約のみを対象として定められたものである。したがって、契約法の内容も国家による管理・統制的性格を色濃く有するものになっており、決定書前文にも「計画課業遂行における相互連関的統制を可能にす」ることは、目的の一つとして掲げられている。

その具体的な点としては、まず、契約の効力が当事者間の合意ではなく、仲裁機関への登録により発生するものとされていたことをあげることができる。そこでは、登録は、単に第三者あるいは仲裁機関等への対抗力の問題ではなく、契約の効力自体の要件とされており、中央が関知しない契約は、たとえ合意をした当事者相互間であってもその存在すら認められないことになっていた。逆に言えば、中央は、存在を認められるすべての契約を関知することができ、その登録の受理に際し審査することが確保されていたということである。

また、契約の様式も決定書の別紙の形で統一されており、契約内容も契約数量は計画課業以上に、商品の引渡方式は供給者倉庫引渡方式等三種類に、代金の決済方法は計算書引受けによる方式等三種類に限定されている等、かなりの程度契約法による制約を受けていたことがわかる。

さらに、契約法の管理・統制的性格を最も顕著に表わしているのは、違約金制度である。当事者が双方の合意により債務の不履行に際し違約金を支払う旨の約束をすることは、特殊でないが、一九四八年契約法では、違約金支払を必ず契約中に規定することが義務づけられていたことが特徴的である。違約金の性格としては、理論上、損害賠償額の予定又は制裁としての違約罰を考えることができるが、ここでは後者の性格を有するものとして観念されていたようである[19]。これにより、契約当事者は、契約不履行に対し必ず違約金を支払うことになり、その心理的、財産的圧力により契約の履行が確保されることが狙いとされていたと思われる。

（3）契約法と独立採算制

人民経済計画は、当時、北朝鮮人民会議及び人民委員会により策定されたものであり、したがって、それらの支配下にある国家経済機関等が計画を実行するに際し、必ずしも契約というものを媒介にする必然性はない。人民委員会、国家経済機関、並びに国営企業所及び共利団体相互間では、機関、組織等の間にある命令服従等の関係により人民経済計画を遂行させることも可能である。事実、実際の計画実行に当たっては、それぞれ計画課業を上級機関から割り当てられていたわけであり、一九四八年契約法自体も総合契約及び個別契約という名でこうした命令服従関係を内包していたことは、すでに前出一の（2）で見たとおりである。また、一九六三年のソ・チャンソップ論文においては、「国家計画文書[20]自体が義務性を有しており、それに製品供給と関連した一連の条件が一定して記載されている条件下で、わざわざ契約を締結する必要はなく、契約制度の導入は、計画遂行においてむしろ複雑さを招来する[21]」といった考えを有している者が一部に存在する旨の記述がある。もちろん、人民経済計画の具体的遂行に当たっては、各レベル毎に相応の裁量の余地はあったと考えられ、その限りで同レベル内の組織相互間での何らかの調整は必要になる場合もあったと思われる。しかし、それとても国家経済機関等が行う商品売買及び作業給付の全てを契約にかからしめる納得の行く説明にはなっていない。

この点に関しては、現在のところ説得力のある答えを見出すに至っていない。ただ、ソ・チャンソップ論文では、先に引用した契約制度導入懐疑論に対し、そうした意見が国家経済機関とそれに基づいて締結された契約との相互関係を正確に理解していないためだとした上で、「この相互関係を正確に理解したときにのみ、人民経済の計画化原則と独立採算制の結合手段としての契約の役割も正しく理解することができ[22]」ると論じられている。また、一九四八年契約法自身も、決定書の前文においてその目的の一つとして、やはり独立採算制の確立を掲げており、これらのことから判断すれば、契約法と独立採算制の関係がこの疑問を解く何らかの鍵になっているとの推測が可能になる。しかしながら、それが一体どのような関係であるかは、不明であり、ここでは問題提起にとどめざるを得ない。

（4）原形としての一九四八年契約法

ソ・チャンソップ論文によれば、一九六〇年一二月八日に「国家仲裁に関する規定」（内閣決定第六八号[23]）が、また、一九六一年一二月六日には「製品供給契約に関する規定」（内閣決定第六九号[24]）が制定されており、一九四八年契約法は、この限りでこれらの規定に替えられたものと思われる。しかしながら、契約法の基本的性格は、経済計画との関係、統制的性格等において一九四八年契約法が踏襲されており、少なくともこれらの規定が維持されていた間は、一九四八年契約法が単に時系列的のみならず実質的にも契約法の原形としての地位を保っていたことがわかる。[25]

まず、一九六三年当時、契約法が経済計画の遂行を目的としていたことは、ソ・チャンソップ論文の題名が「共和国民法は、企業所での計画課題遂行を保障する有力な手段」であることが如実に物語っており、また、製品の供給が必ず契約を通して行われなければならないことは、「製品供給契約に関する規定」に定められており、それに違反して契約もないまま製品を供給した企業所に対しては、罰金が賦科されることまで規定されていたようである。[26]

契約法の統制的機能に関しては、契約の効力、様式等は不明であるが、違約金制度が一九六三年当時にも統制手段として重要なものと考えられており、一九四八年契約法のように単に契約当事者間で違約金を定めることを義務づけるにとどまらず、「国家仲裁に関する規定」は、仲裁機関に違約金を規定の二倍以内で高くする権限まで認めていた模様である。[27] これは、違約金制度を強化するとともに、違約金に関する仲裁機関の、すなわち国家の関与をより強くする意味も有しており、ここにおいて違約金の罰金的性格は、より鮮明になったと言えよう。さらに、一九六三年当時には、債務履行の前提として債権者が行わなければならない行為及び当該履行の接受を債権者が為すべき時に行わなかった場合に、当該債権者の責任を追及する「債権者遅延に対する責任制度」が存在していたようである。[28] 制度の詳細は明らかではないが、こうした債権者の義務違反は、債務者による供給期日違反と同じ扱いをすることにより、違反に対しては財産的制裁を加えていたようである。[29] ただし、この債権者遅延に対する責任においては、双務契約のごとく他方当事者の何らかの権利を想定し、それに対する責任であるとの構成はとられておらず、あくまで、債権者は債務者と協調しなければならないという「国家的、社会的要求から出発し、そのような義務を負う」[30] ものと考えられた。このように非民事的性格を有するむしろ国家的性格の義務を契約法の内容とし、これに対する違反を契約法に対する違反として財産的制裁を加えていたことからすれば、この時代、契約法を国家的統制の手段として使うといった傾向は、一九四八年契約法と比べ、さらに顕著となっていたことがわかる。

おわりに

以上、一九四八年契約法の概要とその性格につき見てきた。その結果、同契約法は、人民経済計画と密接不可分の関係にある管理・統制的性格を色濃く有したものであったことがある程度明らかになった。

しかしながら、先にも述べたように一九四八年契約法は、およそ契約全てを対象としたものではない。したがって、この一九四八年契約法が当時の北朝鮮における契約法全体の性格を規定していたと結論づけることは正確ではない。ましてやそれが現在の北朝鮮契約法の性格を方向づけたとすることは、その後の契約法の変遷が必ずしも明らかではないことから二重の意味で性急に過ぎると言わざるを得ない。確かに、前出二の（4）で見たように、一九四八年契約法が実質的にもその後の契約法の原形となったことは、少なくとも一九六三年当時までは確認でき、また、現在の契約法にも同様の基本的性格がある可能性も否定できない。しかしながら、北朝鮮における契約法全体の性格を考えるに当たっては、さらに、一九四八年契約法が対象とした契約、すなわち経済計画に組み込まれている主体が当事者となる契約が北朝鮮社会全体においてどの程度のウェイトを占めているのかも重要なファクターとして考慮に入れなければならない。北朝鮮において個人・個人企業等の行う経済活動の余地が少なく、国営企業等の行う契約法が全体のほとんどの部分を占め、そして、その時の契約法が一九四八年契約法の基本的性格を引き継いだものであるならば、以上見てきた一九四八年契約法は、北朝鮮契約法全体の性格を方向づけたものとしてその意義は極めて大きなものであったと結論づけることも可能となろう。

他方、その場合、今度は、前出二の（3）で提起した経済計画の遂行を契約に基づかせる理由及びそれと独立採算制の関係といった問題がより重要な又困難な問題として浮かび上がってくるものと思われる。単純に考えれば、独立採算制を国営企業所等に経済活動の独自性あるいは裁量の余地を与えるものと考え、それゆえ行政的な規制ではなく、あえて民事的な契約を媒介とせしめたとするのも一つの考え方であろう。しかし、契約を媒介とすることは、決して人民経済計画自体の持つ法的性格から派生する各企業所の行政法的な義務を排除するものではなく[31]、また契約法自身も当事者の自治を尊重するものというよりも管理・統制的性格を色濃く有するものであったということを考えると、事実はそれほど単純なものではない。この問題は、契約法のみならず民法の他の分野とも関連するものであるとともに、北朝鮮における私的経済活動の地位及び位置づけに関する考察も不可欠であり、今後これらの観点も含め、より多角的に検討さるべき問題であると思われる。

注

1　本論は、主として「朝鮮民主主義人民共和国樹立の宣言」がなされる以前の一九四八年二月に制定された法令を対象とすることもあり、「朝鮮民主主義人民共和国」との名称は原則として使用せず、「北朝鮮」という用語を用いることとした。

2　一九四五年八月一五日に解放を迎えた後、北朝鮮では、各地方に人民委員会等の名称の地方機関が自然発生的に形成されていったと言われている。しかしながら、当初これら機関相互間の連絡、調整等を行う組織がなく、そこで同年一〇月八日に平壌で開かれた北朝鮮五道人民委員会連合会において、地方機構統一に関する問題が討議され、同年一一月に行政の統一的執行のため、産業局、交通局、農林局、商業局、逓信局、財政局、教育局、保健局、司法局及び保安局から成る行政十局が組織された。この間の事情に関しては、柳文華『解放後四年間の国内外重要日誌』（平壌、民主朝鮮社、一九四九年）を参照。

3　北朝鮮臨時人民委員会決定一三号、一九四六年五月一四日

4　同右第二六号、一九四六年六月二〇日

5　同右第一六四号、一九四七年一月二四日
6　同右第一六五号、一九四七年一月二四日
7　同右第一七一号、一九四七年二月三日
8　朝鮮民主主義人民共和国最高人民会議常任委員会政令、一九五六年一〇月一五日
9　内閣決定第六九号、一九六一年一二月六日、なおこの決定に関しては、ソ・チャンソップ「共和国民法は、企業所での計画課題遂行を保障する有力な手段」（『国家管理における我が党の群衆路線の貫徹』平壌、科学院経済法学研究所、一九六三年）八四頁による。
10　大内憲昭「朝鮮民主主義人民共和国の民法（3）」（『関東学院大学大学部紀要』第五一号、一九八七年）一一〇頁
11　同右
12　『国家管理における我が党の群衆路線の貫徹』平壌、科学院経済法学研究所、一九六三年
13　北朝鮮人民委員会『法令公報』第四七号、一九四八年三月一五日
14　同右
15　同右
16　同右
17　本決定書は、第一条、第二条……という形をとっておらず、第一、第二……という形式になっている。
18　一九四八年契約法がその適用範囲としていない契約、すなわち個人及び民間企業所間の契約については、一九四八年当時においては、北朝鮮司法局布告第二号「北朝鮮に施行する法令に関する件」（一九四五年一一月一六日）、北朝鮮臨時人民委員会決定第三号の二「北朝鮮臨時人民委員会の司法局、裁判所、検察所の構成と職務に関する基本原則」（一九四六年三月六日）第二〇条後段、及び同基本原則を改正した北朝鮮臨時人民委員会決定第三一号（一九四六年七月九日）により旧日本法を「参考」としたものと思われる。なお、この間の事情の詳細については、別稿に譲る。
19　例えば、ソ・チャンソップ論文では、「契約上の義務を履行しなかったり不誠実に履行した企業所に対しては、違約金、罰金、

延滞料、損害補償等の財産的責任が賦科される。こうした財産的制裁は、計画課題の正確な執行、契約規律と計画規律の強化を刺激する効果的な道具になる」（九四頁）と論じられており、違約金のみならず延滞料及び損害賠償までもが財産的制裁として罰金と同列にとらえられていたことを示している。

20　「計画文書」（朝鮮語では「計画文件」）とは、経済計画に関し上級機関が下級機関に発する指令書、命令書等を総称しているものと思われる。

21　ソ・チャンソップ、前掲論文、八六頁

22　同右

23　同右、一一四頁

24　同右、八八頁

25　大内、前掲論文一三〇頁及び一三一頁の注1所掲の表によれば、その後仲裁に関する規定は、一九七一年九月、商品供給契約に関する規定は、一九七八年一二月（政務院決定第二五〇号）に制定されており、もし同表のとおりその間になんらの立法も行われていなかったとすれば、一九四八年契約法は、少なくとも一九七〇年代後半までその原形としての地位を保っていたことになる。なお、一九七八年の商品供給契約に関する規定の内容は不明であるため、現在も含め一九七八年以降も一九四八年契約法の基本的性格が踏襲されていたか否かについて、確たることは述べられない。

26　ソ・チャンソップ、前掲論文、八八頁

27　同右、一一四頁

28　同右、九五頁

29　同右

30　同右

31　ソ・チャンソップ論文によれば、人民経済計画に関し上級機関から下級機関に発せられる文書から発生義務と契約から発生する義務の両者が課せられると考えられていたようである（同右、八七頁参照）。

＊本論は、筆者〔藤井〕が純然たる個人の立場で一般に閲覧可能な資料のみを利用して作成したものである。したがって、本論に書かれている見解は、筆者が勤務する外務省の見解とは何らの関係もない。

〔初出〕

一九四八年の北朝鮮契約法（『外交時報』第一二五九号、一九八九年六月、外交時報社）

III

北朝鮮における法・経済制度

第5章　法制度および統治機構の形成

［解題］
本論は、桜井浩編『解放と革命――朝鮮民主主義人民共和国の成立過程』（アジア経済研究所、一九九〇年四月二八日）のなかで第3章（一〇三～八〇ページ）として書かれた。この本は、桜井氏の主査の下にアジア経済研究所で行われた「北朝鮮（朝鮮民主主義人民級和国）の統一政策と民主基地論」研究会の成果であった。本論の位置づけが明確になるので、他章を紹介すると、第1章「ソ連の朝鮮政策――一九四五～四八」河原地英武、第2章「北朝鮮における党建設」鐸木昌之、第4章「経済の改革と計画化」桜井浩、である。一九四五年八月、日本の終戦から四八年八月、北朝鮮の建国までの過程を、ソ連、政治、法律、経済という多角的な視角から明らかにしようとしたのである。
この研究会は、一九八九年から始まった東欧の崩壊のなかで実施され、今までの社会主義国家に対する幻想が解体していく、すなわち賛美するのでもなく、あるいは反発するのでもなく、客観的に対象に迫っていこうという雰囲気の中で、当時の史料を使って北朝鮮を分析しようという視角から行われた。また、桜井氏が「まえがき」で指摘しているように、東欧で起きていた事態の意味を理解するには東欧諸国が建国された時期にたどって検討する必要があるのと同じく、「北朝鮮の現状や朝鮮の南北関係を理解するためには、北朝鮮の建国時まで遡ってみなければならない」という共通した問題意識がこの研究会に参加したメンバーにあった。

藤井新の研究を含めてこの本が画期的であったのは、朝鮮戦争のとき、米軍が一九五〇年に北朝鮮を占領したとき、押収した史料が公開され、これらを使って研究されたことであった。またそれまであまり顧みられることのなかったソ連側史料も使い、建国過程を検討した。藤井の研究の最大意義も、建国過程の法制度に関して大量の第一次史料を駆使して明らかにしようとしたことである。現在から六〇年以上前の、現代朝鮮語とは違う、また北朝鮮式の用語が多い、さらに法律用語に関しても西側とは概念も違う、大量の法律文書を解読、分析していくことは、専門研究者でも容易にできることではない。

また、重要なのは、参考すべき先行研究がなかったことである。第一節の注を見てもわかるように、先行研究と言うには憚れる論考があげられているが、それは第一次史料を使って見事に論駁されている。先行研究が存在しないなかで研究を続けることは、深いジャングルに分け入って道を作っていくことに比肩できるであろう。この論考が最初の本格的研究といえるものであることは、鬼籍に入った藤井にとっても、我々にとっても思い出深い。

藤井の重要な問題意識のひとつは、日本法が北朝鮮法の制定にどのような役割を果したのかにあった。「おわりに」でもわかるように、脱日本法の完成が一九四六年六月二〇日付の法令と七月九日付け臨時人民委員会決定第三一号であることを、藤井は明らかにした。現在でも北朝鮮は、解放直後から日本法の影響はないと主張しているが、第一次史料によってそれを反証した。また、法体系の制定過程を分析することを通じて政権機関の組織化の過程を第一次史料によって実証した。その後、本論を超える研究を、いまだに筆者は寡聞にして知らない。

（鐸木昌之）

はじめに

日本統治下においては、日本法、具体的には朝鮮総督の命令が朝鮮に適用されていたが、一九四五年八月一五日に日本の敗戦とともに朝鮮は解放を迎え、以後南と北においてそれぞれの法の制定過程が始まることとなった。そして今日、南北朝鮮ともそれぞれの法体系を有するに至った。しかしながら、その過程は必ずしも平坦なものではない。

解放後すぐさま新しい国造りに直面した際、解決されねばならない問題の一つとしてこの法制定の問題があったが、いわゆる独自の近代的な法を打ち立てる前に日本の植民地となった朝鮮において、彼らの新しい法制定の指針となるものは、旧日本法を除いては極めて少なかったと思われる。こうした状況の中、南北朝鮮がいかにして法制定に着手し、その後それぞれいかなる道を歩んでいったのかを知ることは、今日の南北朝鮮の法体系を理解する一助となるのはもちろんのこと、それは同時に南北朝鮮の建国史を探ることになる。

本論では、このうち北朝鮮における法の制定過程につき一九四五年八月一五日から四七年二月に北朝鮮人民会議・人民委員会が設立されるまでの時期、いわば北朝鮮法の黎明期に当たる時期を重要法令の内容とともに概観することとする。そして、こうした歴史的概観を通じ、北朝鮮の法および統括機構の基礎的な部分が急速に作り上げられていく過程を示すとともに、それが北朝鮮の独立と建国の過程といかなる関係にあったかについても検討を試みることにする。

第一節　解放直後の北朝鮮

解放直後北朝鮮においていかなる法が適用され、また、いかなる裁判制度が実施されていたのかは、明らかではない。これに関しては、いわゆる「法に対する人民の民主主義的指向と要求が反映された」[1]「民主主義的法意識」が実際上、法と同じ役割を果たし[2]、裁判制度としては、特に「親日派」「民族反逆者」たちの処罰につき「広範な大衆の参加のもとに公開とされ」、参加した大衆自身が直接証拠を提出し、刑罰に関しても自由に発言する権利をもつ[3]」「民衆裁判」が行われていたと説明されることがあるが[4]、確たる資料的裏づけに基づくものか否かは疑問である。

当時は、徐々に設立されてきた各地方の人民委員会を中心に、次第に秩序が形成されていく過程であった[5]。これらの機関が採用していた法も裁判制度もさまざまであり、また、必ずしも統一のとれたものではなかったと思われる。この時期、北朝鮮全域に適用される新しい法が公布された形跡もみられず、八月一五日以前に適用されていた植民地法の効力に関して明確な宣言もなされていない。

「民主主義的法意識」という用語自体は、一九四六年九月に臨時人民委員会が公布した「北朝鮮臨時人民委員会司法局、裁判所、検察所の構成と職務に関する基本原則」の第二〇条に「判事は、その民主主義的意識と朝鮮人民の利益に立脚して裁判しなければならない[6]」との規定があること、および一九四七年一月一〇日に発刊された『人民』第二巻第一号に掲載されている論文[7]の中にも「民主主義的法律意識」といった類似の用語がみられることから、比較的古くから使われていた用語であったと推測することはできるが、解放直後に果たして法に代わるものとして明確に観念されていたかは疑問である。「北朝鮮臨時人民委員会司法局、裁判所、検察所の構成と職務に関する基本原則」にしろ『人民』の論文にしろ、臨時人民委員会という中央行政機関が設立された後のものであり、また、そこで用いられている意味も、いずれも法の適用に際しての精神のようなものであって、法自体ではない。さらに、いわゆる「民衆裁判」にしても「人民の創意と要求によって、異なる形態ではあっても地方ごとに自然発生的に用いられた[8]」ものであったといわれ、制度的なものであったとは言い難い。

いずれにせよ充分な資料的裏づけが得られない以上、推測の域を出ることはできないが、日本の支配が終わりを告げ、いまだ中央機関が設立されていないこの時期において、法的にみて曖昧模糊とした状態が続いていたことは想像に難くない。仮に「民主主義的法意識」が法の代わりに適用されていたとしてもそれはあくまで法ではあり得ず、また、「民衆裁判」も先に述べたように制度としての裁判ではない。とすれば、これらの用語も純粋に法的観点からみた場合、一種無法状態を、あるいは、当時アド・ホックに行われていた裁判の実行を言い表すものにすぎないことになる。結局は、当時の状況をいかなる用語で表現するかという歴史の整理・叙述の仕方の問題ということになる。

第二節　行政一〇局司法局による法制定

解放後、各地方に設立されていった人民委員会等の地方機関は当初、機関相互間の連絡および道、郡、面、里等を通じた体系的組織に欠けていた[9]。しかしながら、一九四五年一〇月八日に平壌で開かれた北朝鮮五道人民委員会連合会において地方機関の統一に関する問題が討議され[10]、やがて一一月一九日には行政の統一的執行のため一〇局[11]の行政局が組織された[12]（以下「行政一〇局」と総称する）。以後、この行政一〇局がそれぞれの分野において布告あるいは指令を発し、これが北朝鮮における法規の役割を果たしていくこととなった。中でも司法局が出す布告は、特に重要な意味を有していた。

この行政一〇局は、北朝鮮における最初の中央執行機関的なものであるが、後の臨時人民委員会とは異なり、それ自身は一〇局全体を統括する組織を有しておらず[13]、また、一〇局のすべてあるいはその一部は、当時ソ連軍に直属していたもようである。このことは、後の臨時人民委員会にこの行政一〇局と同じ一〇局がほぼそのまま[14]組み込まれることになるが、その組織法たる「北朝鮮臨時人民委員会構成に関する規定」[15]第八条に「北朝鮮臨時人民委員会が組織された日よりソ連軍司令部に属していた各局は、北朝鮮臨時人民委員会の支配を受け、その機関として編成される」との規定があったことから窺い知ることができる。さらに、一九四五年一二月八日に出された産業局指令[16]および四六年一月一三日に出された交通局布告第四号[17]の前文に「北朝鮮産業局（交通局）は、ソ連軍司令部の命令によって臨時措置施政要綱を左のごとく布告する」と書かれており、一九四五年一二月一九日の逓信局布告第一号[18]第一項にも「ソ連最高司令部の命令により北朝鮮無線電信、無線電話は当局がこれを管理する」との規定があったことは、当時の各局とソ連軍との関係を示しているものと考えられる。なお、同じく一〇局のうちの一つであった商業局の布告第一号「商業局臨時行政措置要綱」（一九四五年一二月二九日）[19]の前文は、「北朝鮮商業局は、ソ連軍最高司令部と合意の下に臨時行政措置要綱を左のごとく布告する」（傍点、引用者）となっており、このことより、商業局とソ連軍との関係が先に紹介した産業局および交通局の場合とは必ずしも同一のものではなかった可能性もある。

一　司法局布告第二号――法制定過程の原点

一九四五年一一月に活動を始めた北朝鮮司法局の最初の仕事は、北朝鮮に適用される法に関する不透明な状態に終止符を打つことであった。そのため司法局は一一月一六日[20]、まず幹部人事に関する布告第一号[21]を公布したのに続いて、司法局布告第二号として「北朝鮮に施行する法令に関する件[22]」を同日、次のように公布した。

一九四五年八月一五日朝鮮でその効力を喪失する法令中性質上朝鮮新国家建設および朝鮮固有の民情と条理に符合しない法令条項を除外し、その他の法令は、新法令を発令するときまで各々その効力を存続する。[23]

この布告第二号は、朝鮮の国家建設、朝鮮固有の民情および条理に符合しない法令は除外するという条件付きながら、基本的に日本統治時代の法の効力を存続させることにより、新しい法令が作られるまでの間の法の空白を回避することを言明したものであった。[24] これは、解放後の不透明な法状態に終止符を打つことを意味するとともに、同時に、新しい法制定過程の出発点をなすものでもあった。そして、これ以後しばらくの間、北朝鮮の法制定の歴史は、日本統治時代の法を自らの法で置き換えていく、いわば「法の脱日本化」の過程としての側面もあわせ持つこととなった。

ただし、司法局布告第二号の読み方については、上述したものとは異なる見解も存在する。例えば、北朝鮮の法学者であるソ・チャンソップは、司法局布告第二号を「日帝の統治時期に朝鮮で実施されたすべての法は、永遠に効力を喪失したことを確認し、新しい国家の建設および朝鮮人民の民族的利益に反するそのいかなる秩序も法令も許容することができないことを宣布した[25]」ものと説明している。[26] こうした説明をとる場合、解放後北朝鮮で新しい法が制定されるまでの間、いかなる法が適用されていたのかという問題が残るが、これに対しては、解放以後の法状況を説明する際に用いられた「民主主義的法意識」が法に代わるものとして存在したとの説明がなされている。[27] こうした説明に従えば、北朝鮮においては、一九四五年八月一五日の解放とともに日本法が効力を失い、以後法的には無の状態から徐々に自らの法を創り上げていくのが、北朝鮮の法の制定過程ということになる。

しかしながら、こうした解釈は、布告第二号の前半部分しか説明ができず、同布告全体の文理解釈として疑問であるのみならず、さらに、次のような後に制定された法令の条文とも矛盾する。すなわち、まずこの布告第二号に続く布告第四号および第五号の前文[28]において、それぞれ一一月一六日付け布告第二号により新裁判所組織法（布告第五号では、検察所組織および設置法）が「実施されるまで、過去の朝鮮裁判所令を施行することにしたが、左記事項と抵触する部分は、これを除外する」となっており、布告第六号[29]も第五項において「布告第二号によりその効力を存続する朝鮮弁護士関係法令中本令と抵触する部分は、一九四五年八月一五日にその効力を喪失したものとする」との規定を有していた。

また、一九四六年三月六日の北朝鮮臨時人民委員会限定第三号の二「北朝鮮臨時人民委員会司法局、裁判所、検察所の構成と職務に関する基本原則」[30]の第二〇条は、当初「ただし暫定的に日本の法律が施行される間その適用にあって[31]、判事は、その民主主義的意識と朝鮮人民の利益に立脚して裁判しなければならない」と規定しており、これらは日本法が当時適用されていたことを明確に示している。同様に、一九四六年六月八日付け北朝鮮臨時人民委員会決定第二七号は[32]、「北朝鮮臨時人民委員会司法局、裁判所、検察所の構成と職務に関する基本原則」、「北朝鮮司法機関の刑事裁判に関する規程」[33]、「北朝鮮の検察所、予審員および刑事事件審理に関する法令」[34]等を掲げ、これらの法令の実施により「日本帝政時の裁判所構成法、刑事訴訟法、犯罪即決令等に関する一切の法令は完全に廃止する」と規定しており、やはり日本法が適用されていたことを前提としている。さらに、当時の北朝鮮の司法に関する文献のなかにも、例えば、ソウルで発行されたものではあるが、一九四六年八月の『朝鮮解放年報』においては、南北朝鮮の司法に関し「八・一五当時、従来朝鮮に施行されていた法令中、人種的、政治的、思想的に朝鮮を差別または抑圧した法令と一般民主主義に背馳《はいち》する法令は、当然全部消滅し、ただし民主主義的に朝鮮人民の安寧秩序を維持し生活安定上必要な権利を保障することができる限度内でのみ、南北各軍政法令の内容に転化してその効力を存続するものである」[35]との記述がある。

以上のように北朝鮮は、それが彼らにとって本意であったか否かは別として、解放後自らの法を制定するまで日本法を適用する途を選んだ。その背景としては、やはり新しい法令を制定するには相当程度の時間がかかるとの認識があり、[36]それまでの法の空白を「願うと願わざるにかかわらず、強制的にしろ」[37]一九四五年八月まで使ってきた日本法によりとりあえず回避するとの現実的な必要性があったものと思われる。

また、これと同様の措置は、ロシア革命後のソ連においてもとられている。すなわち、革命後、一九一七年一一月二四日の「裁判所に関する」布告第一号および一九一八年二月一五日の同第二号においては、革命政権の布告によって廃止されたもの以外の旧法令については、「革命的法意識」等に反しない限りで適用が認められたという。[38]あるいは、こうしたソ連の経験が何らかの影響を及ぼしたことも充分考えられる。

二　裁判制度の創設

布告第二号が公布されて一週間後から、司法局は、裁判所組織等司法制度に関する法令の制定を行った。すなわち、一一月二三日に「裁判所組織に関する件」（布告第四号）、二七日に「検察所組織および設置に関する件」（布告第五号）、そして二八日に「弁護士の資格、監督および登録に関する件」（布告第六号）[39]を発布し、裁判所、検察所、弁護士といった司法制度の基礎を作りあげた。

まず、裁判所は、郡レベルの人民裁判所、[40]道レベルの道裁判所、そして最高裁判所にあたる北朝鮮裁判所の三階級からなり、事件の軽重により人民裁判所または道裁判所が第一審として事件を担当し、それぞれ道裁判所および北朝鮮裁判所に「控訴」[41]が認められていた。より具体的には、訴訟価格五千円未満の民事事件（人事に関する訴訟事件は除く）、長期五年未満の懲役または禁固に該当する刑事事件（窃盗、詐欺、恐喝、業務横領および贓物《ぞうぶつ》に関する罪は除く）および非訟事件は、人民裁判所が第一審として管轄し、それ以外の事件を道裁判所が第一審として管轄した。ただし、控訴は一度だけであり、人民裁判所から道裁判所へ、そしてさらに北朝鮮裁判所へと上訴する三審制はとられておらず、いわば三級二審制が採用されていた。[42]

この三級二審制は、次の臨時人民委員会の下では確定した判決および判定に対する「非常上訴」制度が加わったものの、以後の北朝鮮における裁判制度の基本をなすものであり、後の「朝鮮民主主義人民共和国憲法」の下での「朝鮮民主主義人民共和国裁判所構成法」（一九五〇年三月三日採択）においても基本的にはこの三級二審制が維持されている。三級二審制度を採用した理由は必ずしも定かではないが、後に臨時人民委員会の司法局長を務めた崔容達は、裁判の迅速化を図る一環としてこの二審制を採用したと書いている。[43]

ただし、同布告第二項第二号によれば、道裁判所で人民裁判所の裁判に対する控訴事件を取り扱った部は、覆審部と呼ばれており、その名称から推測すれば、当時、日本の旧刑事訴訟法第四〇一条と同じく覆審制が採用されていたようである。[44] 覆審制は、第二審において第一審とまったく無関係に訴訟資料を収集させる制度であり、新しい材料を提出する権能が無制限に認められるため訴訟遅延をきたす欠点があるといわれている。[45] したがって、裁判の迅速化を図る趣旨も必ずしも徹底されていたわけではなかったようである。この覆審制は、後の臨時人民委員会になってその決定第一三号「北朝鮮司法機関の刑事裁判に関する規程」[46] によって廃止された。[47]

裁判所の組織は、人民裁判所と道裁判所の一審部が各々判事一名および参審員二名で構成され、道裁判所の覆審部が判事三名で構成された。ただし、北朝鮮裁判所の構成は、同布告からは明らかではない。

参審員とは、いわば素人裁判官のことであり、職業裁判官たる判事と対等の立場で法廷を構成する。これと類似の制度として陪審制があるが、陪審員の場合その表決の対象は事実問題に限られるが、参審員の場合は参審員が判事とともに「全面的に裁判に関与し、事実問題・法律問題を問わず裁判内容を決定する」[48] 点に違いがある。布告第四号においては、参審員は「各裁判所所在地の道または郡人民委員会でこれを選任」し、法廷において参審員は、「その参加した事件処理に関し判事と同一の権限を有」する旨規定されていた（同布告第四項）。この参審制は、日本統治下の裁判制度にはなく、北朝鮮においてこの時初めて導入されたものであった。その趣旨は、裁判への民衆の参加の確保にあるといわれるが[49]、そのモデルとしては、ロシア革命後ソ連が採用した参審制[50]があったと推測される。参審制は、その後の臨時人民委員会、人民委員会および「朝鮮民主主義人民共和国憲法」の下でも採用され、さらに、今日の「朝鮮民主主義人民共和国社会主義憲法」においても「人民参審員」という名称で維持されている（同第一三四条）。なお、布告第四号においては、参審制は当分の間刑事事件に限って施行されることになっていた（同布告第五項）。その理由は不明である。

検察所は、北朝鮮検察所、道検察所および人民検察所の三種類が設置され、それぞれの管轄は不明であるが名称からして各級の裁判所に対応していたものと考えられる。しかしながら、布告第五号には、上記三種類の検察所の設置（同布告第一項）ならびにその設置区域および管轄区域を別表で定める旨の規定（同布告第二項）があるのみで、その組織等詳細は不明である。

弁護士については、布告第六号においてその資格、認可手続、司法局による指揮・監督等につき規定されている。まず弁護士になろうとする者は、司法局長の認可を要し（布告第六号第一項）、その認可を申請する資格を有するためには、①判事、検事、弁護士およびその試補、②高等文官試験司法科または朝鮮弁護士試験合格、もしくは③北朝鮮司法局判検事資格考試合格といった経歴のうちのいずれかを持っていることが必要とされた（同布告第二項）。弁護士は、認可と同時に司法局に登録したものとみなされ（同布告第三項）、また、弁護士および弁護士会の指揮・監督は、司法局長が行った（同布告第四項）。なお、布告第六号第六項は、弁護士の認可申請資格を有する者として「司法局長の承認を受けた者は、たとえ本令による認可前でも即時にその業務を開始することができる」と規定している。

この布告第六号では、布告第四号および第五号と異なり、弁護士となるべき者の資格についての規定があり、そこでは日本統治下における法曹が主として想定されていることが注目される。特に上記②の高等文官試験司法科または朝鮮弁護士試験合格とは、日本統治下における法曹有資格者を指しており、また、①の判事、検事、弁護士およびその試補は、主として日本統治下の法曹を念頭に置いたものである。なお、③の北朝鮮司法局判検事資格考試については、実態は明らかではないが、司法局が発足したのが布告第六号のわずか十数日前であったことからすれば、布告第六号発布の時にすでに新しい司法試験制度が実施されていたとは考えにくく、したがって、これはむしろ将来のことを考えて設けられた規定と考えるべきであろう。

他方、判事および検事になるための資格については、布告第三号の「判事、検事および主事の任命に関する件」に規定されていた可能性があるが、未入手のためその内容は明らかではない[51]。少なくとも布告第四号および第五号には、判事および検事の資格に関する規定はない。

三　その他の法令

司法局は、上述のごとく裁判制度の整備を行った後、翌一九四六年の一月よりいくつかの処罰に関する規定の制定に着手した。すなわち、まず、一月一日に「罰金額改正に関する件」（布告第七号）および「体系と罰金併科に関する件」（布告第八号）[52]といった刑罰自身に関する布告を発布し、続いて一月二六日には、「農産物買上げ不応等処罰に関する件」（布告第九号）、「決定、指令、命令等違反に関する件」（布告第一〇号）および「租税滞納処罰に関する件」（布告第一一号）[53]といった、いずれも人民委員会や行政一〇局の決定等の違反に対する行政罰的なものを制定した。このうち「決定、指令、命令等違反に関する件」は、「人民委員会または北朝鮮各局の決定、指令、およびソ連軍司令官の命令に違反した者」に「一年以下の禁固または五千円以下の罰金あるいは科料」を科といった一般的規定であり、「農産物買上げ不応等処罰に関する件」および「租税滞納処罰に関する件」は、特別規定であった。なお、行政一〇局の司法局の布告は、この「租税滞納処罰に関する件」の第一一号と次の第一二号までで、第一三号からは後述する北朝鮮臨時人民委員会の下での司法局布告となった。[54]

他方、この時期、司法局以外の各局も布告あるいは指令を公布している。その数は、司法局ほど多くはないが、これら各局の布告および指令の特徴としては、それぞれの局の権限を明らかにしている点をあげることができる。例えば、一九四五年一二月二九日の商業局布告第一号「商業局臨時行政措処要綱」[55]では、「各道人民政治委員会で商業関係の法令を制定する時」（同布告第一項）および輸出・輸入（同布告第四項）は、商業局の許可が、また、「各道人民政治委員会で接受した物資処分」（同布告第二項）、各道間の物資交易（同布告第三項）および物価（同布告第五項、ただし、物価の査定自体は各道人民委員会で行う）は、商業局の承認が必要とされている。

産業局の場合、一九四五年一二月八日に出された指令[56]で「各道人民政治委員会産業部、管理局、国有企業場等」を産業局の一切の命令に服することとした上で（同指令第一〇項）、「各道国有企業場の技術者再配置」が産業局の直接の指示の下に置かれ（同指令第三項）、「各道人民政治委員会産業局、管理局、国有企業場の技術指導、経理監査、労務調整、および厚生状況等」が産業局の観察、指導に服することになった（同指令第七項）。その他「各道国有企業場の運営方針」（同指令第一項）、「各道国有企業場の管理者選定」（同指令第二項）、「運営資金と各種資材の調達交流等」（同指令第四項）および「各種生産品の規格制定と検査方針」（同指令第六項）が産業局の許可事項とされ、所要資金と各種資材所要請求書は毎月（同指令第五項）、また、この指令が出された時点の企業場の現況調査書は一九四五年一二月末までに（同指令第九項）、それぞれ産業局に提出することが義務づけられた。

前述したごとく、これら布告または指令の特徴は、各局の権限を定めた点にあるが、それは同時に地方政権、具体的には各道人民委員会の権限の制約あるいは中央への吸い上げを意味していることがわかる。もともと行政一〇局は、行政の統一的執行のため作られたものであるため、こうした地方権限の中央への委譲は当然のこととももいえるが、この時期の布告および指令においては、各道人民委員会が権限を有し具体的措置をとることを前提として、主としてそれを行政一〇局各局の許可、承認、監督等に服せしめるという形がとられており、中央集権という観点からはいまだ過渡的な段階にあったことがわかる。

第三節　臨時人民委員会による法制定

行政一〇局により着手された北朝鮮の法制定作業は、一九四六年二月に発足した北朝鮮臨時人民委員会により引き継がれた。臨時人民委員会は、各政党および社会団体の指導者により組織された「発起部」が臨時人民委員会の設立をソ連軍司令官に陳情し、同司令官の「歓迎」を得た後、一九四六年二月八日に開催された「北朝鮮各政党、社会団体、各行政局、および各道、市、郡、人民委員会代表拡大協議会」[57]において満場一致により樹立が決定された。この臨時人民委員会は、北朝鮮において初めての中央行政機関であるとともに、中央主権機関でもあった。

臨時人民委員会においては、先の行政一〇局と異なり、臨時人民委員会という機関が各分野の行政を所掌する部局を統括しており、北朝鮮において初めて中央における統一的な行政を制度的に可能たらしめるものであった。しかしながら、一方では、後の人民会議・人民委員会とは異なり、中央立法機関を別個に有しておらず、いわば立法・行政未分化の状態であり、その意味では、いまだ過渡的な形態であったといえよう。

なお、臨時人民委員会がなぜ「臨時」であったのかについては、その結成大会における報告の中に「北朝鮮に中央行政機関を組織する必要があります。我々の見地からは、朝鮮の統一政府が組織されるときまで北朝鮮臨時人民委員会がこうした機関にならなければなりません」と述べられている部分があった。[58] このことからすると、朝鮮の統一政府を「正式」と位置づけた上で、それとの対比において「臨時」との位置づけを付与したのではないかと思われる。

臨時人民委員会は、一九四七年二月に人民会議・人民委員会が樹立されるまでの約一年間に二〇〇程度にのぼる決定を含め多くの法令を制定した。黎明期の北朝鮮法の基礎ならびに後の一九四八年憲法および五〇年三月に制定された諸法典の原形のかなりの部分が、この臨時人民委員会の時代にそれも急速に作られたといっても過言ではない。

一　臨時人民委員会の組織と法令

(1)　組織

臨時人民委員会の組織等に関しては、一九四六年三月六日に制定された「北朝鮮臨時人民委員会構成に関する規定」(臨時人民委員会決定第三号の一[59])に定められている。この決定は、北朝鮮において初めての主権機関の権限、任務、組織等に関する法令であり、憲法の統治機構に関する部分に相当するものであった。

決定第三号の一によれば、北朝鮮の「最高行政主権機関」たる(同第一条)北朝鮮臨時人民委員会は、二三名の委員から構成され(同第五条および第六条第一項)、少なくとも毎月一回委員長により招集されることとなっていた(同第一三条)。臨時人民委員会委員のなかから委員長、副委員長および書記長が選定され、同じく臨時人民委員会委員のなかから選定された他の委員二名とともに計五名により常務委員会が組織された(同第六条第二項)。常務委員会は、臨時人民委員会の閉会期間中、最高行政機関となる(同第七条)。ただし、常務委員会は、「自己の事業を」臨時人民委員会に報告しなければならない(同第七条)。なお、二三名の委員自体は、当初、臨時人民委員会を創設した「北朝鮮各政党、社会団体、各行政局および各道、市、郡人民委員会代表拡大協議会」で選挙されたもののようであるが[60]、これら委員の新規選定および解任手続きに関しては、同決定中には規定されていない。

臨時人民委員会の下には、当初、産業、交通、農林、財政、逓信、商業（および買収）、教育、保健、司法および保安の一〇局と宣伝、企画および総務の三部が置かれ（同第六条第三項）、後に労働局、糧政部および幹部部が加わり、また、企画部が廃止され企画局が設置された[61]。各局は、臨時人民委員会の支配および指揮に服すものとされ、各局の長の選定、転任および解任は、臨時人民委員会がその委員のなかから行った（同第八条）[62]。

臨時人民委員会の委員長には金日成が、副委員長には金科奉が、そして書記長には康良煜が選出された[63]。また、各局部長については、当時の諸々の資料を総合するとおおむね次のような人物がそれぞれの局部長職にあったことはほぼ確実であったと思われる[64]。

産業局長	李文煥	交通局長	許南熙	農林局長	李舜根
財政局長	李鳳洙	逓信局長	趙永烈	商業局長	張時雨
教育局長	張鍾植	保健局長	尹基寧	司法局長	崔容達
保安局長	朴一禹	企画局長	朴聖奎	労働局長	呉淇燮
宣伝部長	李清源	総務部長	金永損	糧政部長	文会彪
幹部部長	金英損				

（2）法令の形態

臨時人民委員会の下における法制定の形態としては、臨時法令、決定、指示、布告および指令をあげることができる。

（イ）臨時法令

まず、臨時法令は、法律に相当するものと思われ、「臨時」の語が付されているのは、人民委員会に「臨時」の語が付されていたことと同様の理由によるものと推測される。この臨時法令を制定、発布するのは、臨時人民委員会（「臨時人民委員会構成に関する規定」第三条）、常務委員会（同第七条）およびソ連軍司令部（同第一〇条）であった。臨時人民委員会の法令は必ず委員長と書記長の連名で公布された。「北朝鮮臨時人民委員会構成に関する規定」第三条において、臨時人民委員会は、「北朝鮮における中央行政主権機関として」臨時法令を制定、発布する権限を有するとされたことから、このコロラリーとしては、常務委員会が臨時法令を制定、発布できるのは、同委員会が最高行政主権機関となる臨時人民委員会閉会期間中に限ると考えることも可能であるが、「構成に関する規定」の規定からだけでは、その点は必ずしも明確ではない。ただし、臨時法令の中には、その前文に「構成に関する規定」第七条が根拠条文としてあげられていることから、明らかに常務委員会が制定、発布したと思われるものが散見されるが、いずれも臨時人民委員会の決定として、臨時人民委員会自身による法令と同様に委員長および書記長の連名により公布されている。

決定については、直接の根拠規定があるわけではないが、「構成に関する規定」の第四条および第一〇条にそれぞれ各局、各道人民委員会および臨時人民委員会自身の決定に関する言及がある。このうち臨時人民委員会の決定については、臨時人民委員会の出す臨時法令がいずれも臨時人民委員会の決定という形式をとっていることからすれば、ここでいう決定は、臨時法令をも含む包括的な概念ということになる。なお、臨時人民委員会の決定のなかには、例えば「北朝鮮臨時人民委員会各民主主義政党および社会団体代表者連席会議の北朝鮮労働者および事務員に関する労働法令草案に関する決定書」（決定第二五号、一九四六年六月二〇日）、「北朝鮮男女平等権に関する法令草案に関する決定書」（決定第四三号、一九四六年七月一八日）等のように規範的意義が薄く、必ずしも臨時法令の範疇に入るとはいえないものも散見される。臨時人民委員会は、臨時人民委員会各局および各道人民委員会等の決定を是正、停止することができるとされていた（「北朝鮮臨時人民委員会構成に関する規定」第四条）。

（ロ）指示

指示は、一九四六年一〇月一二日に出された「北朝鮮行政職員処務税例中改正の件」（臨時人民委員会指示第一九六号）[65]の例がある。指示の例としては、この一例しか入手していないため、その実態につき正確なところは不明である。しかし、臨時人民委員会が創設されてから約八ヵ月後の一九四六年一〇月に出されたこの指示の号数が一九六号であることから、指示が出された数はかなり多かったものと思われる。同指示第一九六号は、書記長の名で各部所長、各道人民委員長および平壌市人民委員長を名宛人として出されている。なお、「構成に関する規定」には、指示につき言及した規定はない。

（ハ）布告および指令

布告および指令は、「構成に関する規定」第一二条に規定されており、臨時人民委員会各局長が臨時人民委員会あるいはソ連軍司令部の布告または法令に背馳しない限度内で「その担当部門の事業遂行に必要な」ものとして発することになっていた。同規定によれば、布告は、臨時人民委員会自身およびソ連軍司令部も発することが想定されていたようであり、事実、臨時人民委員会自身が発した布告の例としては、一九四六年四月二五日の「北朝鮮家畜伝染病予防令」[66]、四六年七月一日の「専売関係令中取締関係条項に限る臨時措置に関する件」[67]等があった。しかしながら、ソ連軍がこの時代に発した布告の例は、未入手である。

なお、各局が発する布告および指令については、臨時人民委員会委員長が批准をして公布するとの手続きが取られていた。

（3）日本法の地位

旧日本法は、行政一〇局の時代から引き続き、臨時人民委員会の時代においても、当初は適用されていた。すなわち、「北朝鮮臨時人民委員会の司法局、裁判所、検察所の構成と職務に関する基本原則」[68]第二〇条但書きは、判事は、「暫定的に日本の法律が施行される間」その適用に当たって「民主主義的意識と朝鮮人民の利益に立脚しなければならない」旨規定しており、旧日本法の暫定的施行を明確に定めていた。

しかしながら、この規定は、約四ヵ月後の一九四六年七月九日に「民事または刑事上暫定的に日本の法律を参考とするとき」[69]（傍点、引用者）と改正された。この改正により、日本法の地位は、「暫定的施行」から「暫定的参考」へと変わった。

この施行から参考への変化が一体いかなる意味を有していたかは、明確ではない。そもそも法律を参考とするとは、法的にいかなることを意味していたのかも不明である。これについて当時の司法局長であった崔容達は、一九四六年一一月の論文で、「日本帝国時代の法令は朝鮮人民を抑圧する手段であり、日本の敗亡とともにその効力を喪失することになるものである」が「願うと願わざるにかかわらず、強制的にしろ昨年八月一五日までその法令を使ってきたという既成事実をまったく無視することはできない」と前置きした上で、「それゆえ我々は、日本帝政時代の法令を原則的に否認しすべての悪法を廃止しつつ、ただし我々の民主主義原則に反しない限度内で真正の朝鮮的新法令が制定される時まで暫定的にこれを参酌するという問題を立てた」（傍点、引用者）といった説明を行っている。[70]また、同じく崔容達は、当時、政権機関内においてさえも「いまだに日本の法律をそのまま適用しているとか、甚だしきは、今は法がないといった等」法律秩序に対して正しい認識のない人々があまたいると嘆き、「法というものは、明文で規定された成文法のみを指称するものではなく、慣習法も法であり、また、一般原則より出てくる当然に遵守しなければならない不文法もやはり法に相違ない」と述べている。[71]

この説明によっても「日本の法律を参考とする」とはいかなる意味なのか依然として不明のままではあるが、他方で、この崔容達の論文からは、日本法を廃止すべしとの強い意見と日本法に代わる自らの法が制定できていないという実情との間の葛藤の中でとられたぎりぎりの選択肢が日本法の参考であったことを窺い知ることができる。そして、その参考の意味については、当時の北朝鮮の政権機関内においてさえも日本法の適用を意味するのか、あるいは、その全面廃止（自らの法令が制定されていない段階では必然的に法が無い状態になる）を意味するのかにつき議論があったことを知ることができる。

しかし、ここで重要なことは、行政一〇局の司法局布告第二号および一九四六年七月九日の改正以前の「北朝鮮臨時人民委員会司法局、裁判所、検察所の構成と職務に関する基本原則」第二〇条の規定では、日本法は適用されていないとの見解は論理的に維持し得ず、換言すれば、依然として日本法を適用しているのではないかとの批判には抗し得るものではなかった。これに対し、一九四六年七月九日の改正で日本法を「参考」として位置づけたことにより、法が存在しない状態ではないかとの意見を惹起した反面、初めて、日本法をそのまま適用しているとの批判に対抗し得る余地が出てきたことである。

「参考」は、新しい北朝鮮法が制定されていないものにつき、日本法を引用したり、それに従って具体的事案を処理する以上、やはり実質的には適用と何ら変わるところはないかもしれないが、形式的には、日本法はもはや適用されていないとの説明をも可能にするものであった。崔容達が、法が無い状態であるとの批判に対し、日本法を法源として挙げず、不文法の存在をもって答えることができたのも、この「参考」という用語ゆえであったのではなかろうか。その意味で、一九四六年七月九日の改正は、北朝鮮における旧日本法の地位に関して、廃止というよりもむしろ形式的な意味での適用を止めたという形で、一応の決着をつけたものであり、そこに同改正の意義があったものと考えられる。

二　臨時人民委員会における司法

北朝鮮における司法の組織および制度の整備は、前述のとおり、行政一〇局の司法局により諸布告の形で着手されたが、臨時人民委員会は、その創立後の最初の法制定事業の一つとしてこれをさらに体系的、総合的に整備した法令の制定を行った。すなわち、臨時人民委員会は、自らの組織法たる「北朝鮮臨時人民委員会の構成に関する規定」と同じ日の一九四六年三月六日に、決定第三号の二として「北朝鮮臨時人民委員会の司法局、裁判所、検察所の構成と職務に関する基本原則[72]」（以下「基本原則」と略称する）を制定し、続く四月一九日に「北朝鮮臨時人民委員会司法局、裁判所、検察所の構成と職務に関する基本原則増補[73]」（以下「基本原則増補」と略称する）を制定した。この基本原則および同増補により定められた臨時人民委員会当初の司法制度および組織は、基本的には行政一〇局時代のものを母体としつつ、これをより体系的かつ緻密にしたものであった。ただし、この司法制度等は、その後一九四六年七月と四七年一月の改正等を経て、基本的同一性はなお保ちつつも、さらに変遷をみせることとなった。

(1) 司法制度および組織の整備

(イ) 司法局

基本原則の下での司法制度は、司法局を中心に構成されていた。まず、人事面において司法局長は、道人民委員会の推薦によって道裁判所、人民裁判所および鉄道裁判所の判事を、また、検察所長の推薦によって各検察所の検事および予審員を任命し（基本原則第一条および第五四条）、各道の司法部長を各道の人民委員会が任命する際に承認を与え（同第四条）、各道司法部の推薦に基づき弁護士の認可を与え（同第五九条）、さらに北朝鮮最高裁判所長および判事ならびに北朝鮮最高検察所長を臨時人民委員会に推薦するものとされていた（同第三五条および「北朝鮮臨時人民委員会構成に関する規定」第九条）。これに加えて、検事の解任についても司法局長は、北朝鮮検察所長の打診を受けて地方検察所の検事を解任し、北朝鮮検察所長を臨時人民委員会が解任するに当たって内申を行った（同第三六条）。ただし、司法局長の判事の任命権については、後述する判事選挙制の導入に伴い廃止された。

指揮、命令関係では、司法局は、北朝鮮の裁判・検察機関ならびに弁護士および公証人を指揮、監督する権限が与えられており（同第一条および第五七条）、具体的には、各道の司法部を経由して各地方の裁判所および検察所を指揮、監督することとされていた（同第四条）。この各道司法部もそれが所属する各道人民委員会のみならず司法局にも服従するものとされていた（同第五条）。司法局は、こうした権限に基づいて命令および指示を発布することができ、この命令、指示には、裁判所、検察所のみならず「道、郡、面人民委員会および保安機関」も服従しなければならなかった（同第二条）。

司法局の組織は、局長以下副局長、裁判指揮監督部長、検察所指揮監督部長、法制部長、庶務部長および「その他相当数の職員」からなり（同第三条）、各道の司法部は、司法部長以下総務課長、裁判所および検察所指揮監督課長ならびに「その他相当数の職員」からなっていた（同第七条）。

（ロ）裁判所

臨時人民委員会の下での裁判所制度も、行政一〇局の時代と同様、人民裁判所、道裁判所および北朝鮮裁判所による三級二審制度が基本であったが、行政一〇局時代と比べてより詳細に組織および職務が定められるようになるとともに、いくつかの点で前時代と異なる特徴を有すようになった。

第一に、臨時人民委員会の下では、新たに鉄道裁判所という一種の特別裁判所が設置された。鉄道裁判所は、「鉄道に関する国家機関、運輸機関および社会団体の職員と従業員の職務懈怠《かいたい》、その他規律違反に関する犯罪」ならびに「鉄道の正常な輸送を妨害するすべての犯罪」を第一審裁判所として管轄する裁判所であった（基本原則第四八条）。その管轄区域については、司法局長が決定するものとされていたが（同第四九条）、同裁判所の判事は「当該道人民委員会の推薦により司法局長が任命する」（傍点、引用者）（同第五〇条）こととされていたこと、鉄道裁判所の裁判に対しては北朝鮮裁判所に抗告または控訴をすることができる（同第五三条）とされていたこと、および基本原則増補において道裁判所と鉄道裁判所が同じ条項に規定されていること等から、この鉄道裁判所は、道裁判所と同列に扱われるものであったと考えられる。

第二の特徴としては、非常上訴制度の導入があげられる。非常上訴制度とは、すでに確定した判決、決定に対して道および北朝鮮裁判所の裁判所長もしくは検察所長ならびに司法局長がそれぞれ道裁判所委員会および北朝鮮裁判所委員会に行う抗議制度であり、三級二審制度の例外を成すものであった。まず、人民裁判所の判決または決定により道裁判所で審理されずに確定したものに対しては、道裁判所長と道検察所長が非常上訴として抗議することができ（基本原則増補第三条）、それ以外の判決および決定ならびに道裁判所委員会の判決および決定に対しては、北朝鮮裁判所長、北朝鮮検察所長および司法局長が抗議できるものとされていた（基本原則増補第三条）。ここで裁判所委員会とは、裁判所長、副所長、判事全員、検察所長および司法局長（道の場合は司法部長）で構成される組織で（基本原則増補第三条）、これも臨時人民委員会になって初めて制度化されたものである。

なお、基本原則第二八条に「北朝鮮裁判所長と北朝鮮検察所長が、判決が確定した後でも、万一判決が民主主義原則に照らし公正ではないと認定するときには」、北朝鮮裁判所は、全員会議で「再審」を行うとの規定があるが、この「再審」と非常上訴制度との関係は明らかではない。通常再審といわれるものは、訴訟の当事者が求めるものであるのに対し、基本原則第二八条の「再審」は、北朝鮮裁判所長等司法当局が自ら行うものであったため、再審という用語にもかかわらず制度の趣旨としては、基本原則増補にいう非常上訴に近い。あるいは、基本原則と同増補との間の用語の不統一にすぎず、両者は同一の制度を指すものであった可能性もある。

裁判所の構成は、行政一〇局と同様、人民裁判所および道裁判所による第一審の場合は、判事一名と参審員二名により、道裁判所および北朝鮮裁判所による第二審の場合は、判事三名で構成された（基本原則第一五条および第一六条、同増補第二条）。なお、臨時人民委員会の下では、特定の重大犯罪については、北朝鮮裁判所が第一審となり（基本原則第一二条）、その場合には北朝鮮裁判所も判事と参審員により構成された。ただし、その人数については、基本原則によれば、判事三名と参審員四名以上とされているが（基本原則第一五条）、基本原則増補によれば判事一名と参審員二名により構成されるものとされていた（基本原則増補第二条）。両規定の関係については、不明である。

判事の任命は、人民裁判所、道裁判所および鉄道裁判所については、道人民委員会の推薦を受けて司法局長が行った（基本原則第一条）。北朝鮮裁判所の判事は、司法局長が推薦し、これを受けて臨時人民委員会の多数決により選任された（「北朝鮮臨時人民委員会構成に関する規定」第九条）。一方、参審員については、行政一〇局時代と同様、各裁判所の管轄区域内の人民委員会が選任するものとされた（基本原則第一七条）。

（八）検察所

検察所は、行政一〇局時代と同じく、各級裁判所に対応する形で北朝鮮検察所、道検察所および人民検察所が置かれた（基本原則第三四条）。これに加え、臨時人民委員会の下では、新しく鉄道裁判所が設立されたことにともない、それに対応するものとして鉄道検察所も新設された（同第三四条）。

行政一〇局時代の検事選任の方法については、前述したとおり布告第四号に規定がないことから明らかではないが、臨時人民委員会の下では、基本原則に規定があり、それによると北朝鮮検察所長は司法局長の内申により臨時人民委員会が任命および解任を行い（基本原則第三五条および第三六条）、他の検察所の検事は、北朝鮮検察所長の推薦により司法局長が任命および解任を行うとされていた（基本原則第三五条および第三六条）。

検察所は、当初司法局に属していたが、一九四七年一月二四日の臨時人民委員会決定第一六〇号によって臨時人民委員会に直属することとなった。[74]

（二）弁護士

弁護士については、行政一〇局時代には司法局布告第六号により、司法局が指揮・監督を行うとともに、その認可も司法局長が行うものとされていたが、臨時人民委員会の下では、指揮・監督は、司法局とともに各道の司法部も行い（基本原則第五八条）、また、認可は各道司法部長の推薦により司法局長が行うこととされるようになった（基本原則第五九条）。

弁護士の認可を申請する資格については、司法局布告第六号と異なり、基本原則には規定されていない。しかしながら、基本原則の公布から遅れること約一一ヵ月後の一九四七年二月七日に公布された「弁護士に関する規程」[75]（以下「弁護士規程」と略称する）では、①北朝鮮で一年以上判事、検事または予審員となっていた者、②臨時人民委員会が公認した法律学校を卒業した後、一年以上司法機関で服務した者、および③弁護士会に入会し弁護士補として一年までの期間事務を学んだ後、所定の考試に合格した者が弁護士になる資格を有するとされた（弁護士規程第二条）。このうち、臨時人民委員会が公認した法律学校についての詳細は不明ではあるが、一九四六年五月三日に開院されたといわれている法律学院[76]がこれに該当するものと思われる。この弁護士規程によれば、①親日分子、民族反逆者として規定され選挙権を有しない者、および②北朝鮮各級裁判所で有罪の判決を受けた者は、弁護士になる資格がないとされた（同第三条）。

（ホ）司法の担い手

基本原則第八条は、司法関係に従事する者の資格として、次のように規定している。まず、「親日分子」と「民族反逆者」は、裁判所、検察所、教化所等司法機関の職員になることができないとされ、また、「日本帝政時代に判事や検察であった者」は、司法局および道司法部の課長以上の職員または判事になることができないとされた。このうち、「親日分子」および「民族反逆者」については、司法機関職員のみをあげており、判事、検事等への言及がないが、これらの者が判事、検事等になり得たとは考えられない。弁護士については、前述した弁護士規程により「親日分子」および「民族反逆者」は、資格を有しないものとされた（弁護士規程第三条）。他方、「日本帝政時に判事や検察であった者」に対する資格制限がいつからとられたものかについては、前述のとおり行政一〇局時代の司法機関職員、判事等の資格が弁護士を除いては定かではないため、不明である。

この植民地時代の判事および検察に対する資格制限には、例外が定められていた。すなわち、基本原則第八条但書きによれば、「ただし、特別な場合には北朝鮮臨時人民委員会の決定による」とされていた。しかしながら、実はこの例外規定の文言は、一九四六年七月九日の臨時人民委員会決定第三二号[77]による改正の後の文言であり、当初の文言は、「しかしこうした者でも……」としかわかっていない。

法曹資格あるいは司法当局に携わる資格に関し、「親日分子」および「民族反逆者」を排除したのは、北朝鮮としてはごく当然のことであったと思われるが、「日本帝政時に判事や検察であった者」に対する法曹等司法関係への従事に関する制限は、法の脱日本化と並んで法曹の脱日本化が行われたか否かを知る上で重要である。この制限は、主として判事および司法局幹部についてのみであり、検事および弁護士になることについては、制限はなかった模様であるため、法曹の脱日本化といっても法曹全般に関するものではなかったが、当時の司法局が有していた強大な権限および裁判の中心がやはり判事であったことからすれば、決して軽視されるべき問題ではない。

しかしながら、前述のごとく現在のところ決定第三一号による改正後の基本原則第八条の文言しか入手されておらず、それ以前の該当条文、特に基本原則第八条の制定当初の原文がわからないため、この資格制限がいかなる変遷をたどってきたか明らかではない。この同じ改正で基本原則第二〇条後段の日本法の扱いに関する部分が前述したとおり「暫定的施行」から「暫定的参考」に変えられていることからすれば、基本原則第八条に関しても脱日本化の方向で改正されたと考えることは、必ずしも無理なことではないと思われるが、ここではあくまで問題点の指摘にとどめざるを得ない。

(2) 判事の選挙制導入

臨時人民委員会は、一九四七年一月一四日に「判事選挙に関する決定書」[78]を公布した。これは、一口で言えば北朝鮮各裁判所の判事および参審員を選挙により選出するようにしたものである。具体的には、司法局および各道の司法部が判事候補者を推薦し（同決定書第一項）、それを北朝鮮裁判所および鉄道裁判所の場合は臨時人民委員会で、道裁判所の判事の場合は道人民委員会で、ならびに市、郡人民裁判所の場合はその市、郡人民委員会で、それぞれ選挙することとされていた（同決定書第三項）。判事候補者は、選挙に参加した選挙者総数の半数の投票を得れば当選と認定され、半数に至らない場合は落選したものと認定された（同決定書第五項）。候補者が落選した場合は、落選した候補者数に限り別の候補者が推薦され、選挙されることになっていた（同決定書第六項）。なお、この決定書には、参審員の選挙に関しては、第一項で参審員も被選されたものでなければならないとの規定があるのみで、それ以外に推薦、投票等に関する規定はない。基本原則第一七条に参審員は人民委員会で選任する旨規定されていたことより、参審員に関しては、すでに選挙制が実施されていたということかもしれない。

判事の被選挙権は、「北朝鮮面、郡、市および道人民委員会委員の選挙に関する規程[79]」第一条により選挙権および被選挙権を有する一切の公民にあるとされた（同決定書第二項）。具体的には、この人民委員会の選挙に関する規程の第一条では、原則として満二〇歳に達した北朝鮮の公民は選挙権および被選挙権を有すると規定され、他方で、精神病者、裁判所の判決により選挙権を剥奪された者および「親日分子」は除外されていた（同第一条）。

この判事選挙制の目的は、決定書の前文にもあるように「司法機構、特に、裁判所の事業を人民的基礎の上に確立し、真正の民主主義的方向に推進せしめるため、勤労人民のなかから多くの責任活動家を選出することにより、人民の意思を正しく裁判事業に反映させる」ことであったとされていた。当時司法局長であった崔容達は、後に一九四八年三月に開かれた労働党第二回全党大会において[80]、判事の選挙制導入により「事業方式が民主主義的方式において多くの発展があった[81]」と述べ、その具体的証拠として判事の出身身分につき、下のような統計を発表している。

この統計からすれば、確かに判事の選挙制導入により労働者および農民出身の判事が増加し、事務員出身の判事が減少したことがわかるが、大きな変化は、判事の選挙制の導入をはさむ一九四六年一二月末から四七年三月の間ではなく、むしろ四七年三月から同年一二月の間に起きていることがわかる。はたして、この変化が何により起こされたものかは、不明である。

他方、ここで一つ指摘できるのは、判事の選挙制の導入により、それまで司法局長が有して

		労働者	農民	事務員	その他
1946年12月末	154名中	7.6%	3.5%	77.3%	2.6%
1947年　3月	188名中	22.9%	11.3%	64.8%	1.0%
1947年12月	191名中	26.0%	50.0%	19.0%	5.0%

いた判事任命に関する強大な権限のかなりの部分が失われたことである。この判事の選挙制導入とほぼ同じ時期に、前述したように検察所が司法局から臨時人民委員会の直属へと移された[82]こととあわせ考えれば、司法局の権限の削減という傾向があったことがわかる。

三　土地改革法令の制定

臨時人民委員会は、設立後その最初の大事業として土地改革に着手した。それに伴い法制定作業についても土地改革の実施のための法令の制定が最初の大事業となった。

土地改革は、すでに臨時人民委員会結成大会の報告[83]において掲げられた一〇項目にわたる当面の課題[84]に含まれており、また、同大会における決定書第二項[85]のなかにも盛られていたことからもわかるように、当初から臨時人民委員会の最優先課題の一つであった[86]。

臨時人民委員会は、設立後約一カ月後に当たる一九四六年三月五日に、まず、「北朝鮮土地改革に関する法令」[87]（以下「土地改革に関する法令」と略称する）および「土地改革実施に関する臨時措置法」[88]を、続く三月七日には、「北朝鮮土地改革に関する法令に関する決定」[89]を公布した。三月八日には、さらに、「土地改革法令に関する細則」[90]を制定し、土地改革の実施のための法的枠組を準備した。このうち中心となったのは、「土地改革に関する法令」であり、同法令は、土地改革の目的、没収される土地の範囲、土地分与の原則等土地改革の基本的事項を定め、これを「土地改革法令に関する細則」が詳細な規定により補充する形になっていた[91]。

他方、「土地改革実施に関する臨時措置法」は、土地改革の実施を確保するために、畜力、農機具ならびに住宅、倉庫およびその他建築物を売却、毀損《きそん》およびその他の処分を行った者等を処罰することを定めた。また、「北朝鮮土地改革に関する法令に関する決定」は、土地改革を即時実行に移すために、道、郡、面人民委員会に対し、拡大委員会を招集し、土地改革に関する法令についての討議を行うこと、および農村において土地改革を実施する実施委員会[92]を組織することを命じた。

これら一連の土地改革関係の法は、あくまでも一九四六年の土地改革という時限性を有する特定の政策を実施するために作られたものである。そのため、これらの法は、一般的に土地の所有関係、利用等を規律するものではなく、一九七七年四月に採択された「朝鮮民主主義人民共和国土地法[93]」のようないわゆる土地法とは、性格を異にする。しかしながら、他方で、土地改革実施以後の土地の所有関係、利用等は、まさしくこの土地改革の結果であり、換言すれば、土地改革の内容に依存するものであった。そのため、これら土地改革関係の法自体は、歴史的に一回限りである一九四六年土地改革の実施を内容としたものであるにもかかわらず、実質的には、北朝鮮における土地法の先駆的性格を有することとなった。

しかしながら、ここで注意を要するのは、この土地改革に関する法令および一九四六年の土地改革は、基本的には土地の個人所有を基本としたものである点である。日本人、地主等より没収した土地は、決して協同団体の所有あるいは国有（当時においては、臨時人民委員会の管理）に帰せしめるものではなく、農業雇用者、土地のない小作人等に分与するものであった。

一九四六年の土地改革において臨時人民委員会または地方の人民委員会の管理に委ねられることになったのは、①日本国家、日本人および日本人の団体ならびに五町歩以上の土地を所有する朝鮮人地主が所有する果樹園およびその他果木（土地改革に関する法令第一二条）、②農民が所有するわずかな山林および墓地に属する山林を除外した全山林（土地改革に関する法令第一三条および「土地改革法令に関する細則」第二二項）、③土地改革に関する法令により土地を没収された者が所有する灌漑施設（土地改革に関する法令第一四条）、ならびに④日本の飛行場、射撃場、倉庫およびその他日本軍隊の管轄に属していた非耕作地（「土地改革法令に関する細則」第四項）のみであった。したがって、「朝鮮民主主義人民共和国における土地は、国家または協同団体の所有である」とする一九七七年の「朝鮮民主主義人民共和国土地法」とは、その土地所有形態に関する根本理念においてまったく異なっていた。

四　刑事法の制定

行政一〇局においては、司法制度に関する法は制定されたが、その司法が適用する実体法および手続法に関しては、一部の行政罰的なものを除き、何らの立法も行われなかった。行政一〇局の時代においては、こうした実体法および手続法はもっぱら前述した司法局布告第二号により旧日本法に委ねられていた。

(1)　刑事訴訟法の制定

こうした状況の中、臨時人民委員会は、まず、一九四六年五月一四日に「北朝鮮司法機関の刑事裁判に関する規程」(臨時人民委員会決定第一三号)[94]を、また、同年六月二〇日に「北朝鮮の検察所、予審および保安機関の刑事審理に関する法令」(臨時人民委員会決定第二六号)[95]を公布し、初めて北朝鮮の刑事訴訟法に当たる法令を制定した。このうち「北朝鮮の司法機関の刑事裁判に関する規程」(以下「刑事裁判規程」と略称する)は、裁判所の管轄および構成、証拠、公判、判決言渡し、上訴、再審、非常上訴等、主として起訴後の手続きを内容としており、他方、「北朝鮮の検察所、予審および保安機関の刑事審理に関する法令」(以下「刑事審理法令」と略称する)は、捜査、予審、起訴等、主として起訴に至るまでの手続きを内容としていた。この両者を合わせると一九五〇年三月三日に制定された「北朝鮮民主主義人民共和国刑事訴訟法」に盛られている内容とほぼ同様のものとなり、北朝鮮の刑事訴訟法の基礎は、ここでできあがったといっても過言ではない。

なお、この刑事裁判規程および刑事審理法令の成立に伴い、臨時人民委員会は、前述した「北朝鮮臨時人民委員会の司法局、裁判所、検察所の構成と職務に関する基本原則」および同基本原則増補とともに、これら法令に対応する旧日本法、すなわち刑事訴訟法、犯罪即決例および裁判所構成法等を完全に廃止する措置をとった（一九四六年六月八日付け臨時人民委員会決定第二七号）[96]。

（2）刑法の制定

刑法に関しては、前述したように行政一〇局時代に「農産物買上げ不応等処罰に関する件」および「租税滞納処罰に関する件」といった行政罰的なものは存在したが、いわゆる刑法に該当するものはなく、臨時人民委員会の設立後も「土地改革実施に関する臨時措置法」のように処罰規定を含む法令もあったが、刑法に当たるものはしばらくの間作られなかった。北朝鮮において初めて後の刑法典の基になる法令が制定されたのは、臨時人民委員会も最後の方の時期に当たる一九四六年一二月二六日と一九四七年一月二四日のことであった。

臨時人民委員会は、まず、一九四六年一二月二六日に「北朝鮮の国家、社会団体、消費組合の財産の保護に関する法令」[97]および「北朝鮮の賂物およびその他職務怠慢の処罰に関する法令」[98]を公布した。この「北朝鮮の国家、社会団体、消費組合の財産の保護に関する法令」は、国家財産または人民委員会、社会団体および消費団体の財産等を掠取、放火する罪に対する処罰を規定しており、また、「北朝鮮の賂物およびその他職務怠慢の処罰に関する法令」は、公務員の越権行為、職務不執行、職務怠慢、秘密漏洩、贈収賄等瀆職の罪に対する処罰を規定している。一九五〇年三月三日に制定された「朝鮮民主主義人民共和国刑法」（以下「一九五〇年刑法」と略称する）では、第一五章（第一〇三～一一二条）に「国家所有、社会および協同団体の所有侵害に関する罪」が規定されており、この「北朝鮮の国家、社会団体、消費組合の財産の保護に関する法令」が原形となっている。また、瀆職の罪に関しては、一九五〇年刑法の第一九章（第一七八～九三条）に「公務上の罪」の章があり、「北朝鮮賂物およびその他職務怠慢の処罰に関する法令」に比べ、職権濫用罪が加わったこと、および若干の規定が詳細になったことを除けば、ほぼ同様の規定が取り入れられている。

続いて臨時人民委員会は、一九四七年一月二四日に「北朝鮮の人民の保健を侵害する罪に関する法令[99]」、「北朝鮮の封建遺習の残滓を退治する法令[100]」、「生命、健康、自由、名誉の保護に関する法令[101]」および「個人財産の保護に関する法令[102]」の四つの法令を公布した。

「北朝鮮の人民の保健を侵害する罪に関する法令」は、劇毒薬物等の製造、貯蔵、販売、譲渡等、無免許の医療行為、わいせつ文書の頒布等を処罰するもので、一九五〇年刑法の第二四章（第二五九～六四条）「社会的安全および人民保健の侵害に関する罪」にほぼ同様の規定がそのまま設けられた。ただし、わいせつ文書の頒布に関しては、一九五〇年刑法においては、第二一章（第二一八～五八条）の「管理、秩序の侵害に関する罪」の中に規定された（第二四五条）。

「北朝鮮の封建遺習の残滓を退治する法令」は、結婚に関する古い遺習から女性を保護することを目的としたもので、具体的には、男性が女性と結婚する対価として財物、労働等を当該女性の両親、親族等に提供すること、女性を強制して結婚させたり、結婚関係を継続させること、結婚年齢に達していない者を結婚させること、および重婚または一夫一妻制を遵守しないことを処罰する旨を定めている[103]。これらは、一九五〇年刑法の第二一章（第二一八～五八条）「管理、秩序の侵害に関する罪」の一部としてほぼそのままの形で取り入れられた（第二五三～五六条）。

「生命、健康、自由、名誉の保護に関する法令」は、殺人罪、過失致死、傷害罪、暴行罪、監禁罪、幼児誘拐罪、強姦罪、遺棄罪、名誉毀損罪、侮辱罪等を規定するもので、個人的法益に対する罪のうち財産に対する罪を除いたものが対象となっており、一般的に刑法各則において一つの中心をなす部分をカバーしている。一九五〇年刑法では、第一六章（第一二一～一四六条）の「人身の侵害に関する罪」がこれに相当し、その規定は、「生命、健康、自由、名誉の保護に関する法令」を基礎として、規定内容を詳細にした形になっている。「個人財産の保護に関する法令」は、窃盗罪、強盗罪、詐欺罪、器物損壊罪、放火罪等を対象としており、一九五〇年刑法の第一七章（第一四七～一六七条）「公民の財産の侵害に関する罪」の原形になっている。

一九五〇年刑法は、全体として二三章（三〇一条文）から構成されているが、そのうち前半の一二章（六一条文）は総則であり、各則は残りの一一章（二四〇条文）である。臨時人民委員会が一九四六年一二月および四七年一月に制定した六つの刑法関係の法令は、前述したように、この一九五〇年刑法の各則一一の章のうち、約半分に当たる五つの章（第一五章、一六章、一七章、一九章および二二章）と一つの章（第二一章「管理、秩序の侵害に関する罪」）の一部の原形となった。しかしながら、他方では、五〇年刑法にある内乱罪、外患罪（第一三章「国家主権敵対に関する罪」）、通貨等の偽造罪（第一四章「国家管理の侵害に関する罪」）等といった刑法各則の重要な部分でカバーされていないものも少なからずあり、また、何よりも刑法の総則に関する法令が何ら制定されていなかった。したがって、臨時人民委員会によるこれら刑法関係の立法は、確かに刑法の構成要素のうちかなり重要な部分の原形とはなったが、いまだ刑法の全体像を描き切るには至らなかったといえよう。

五　社会・経済に関する諸法令

(1) 転換期としての一九四六年六～八月

一九四六年六月末より、北朝鮮の法制定は、顕著な展開をみせる。臨時人民委員会の決定の数も五月の六件から六月には一挙に一二件、七月には一九件と急増し、しかも「北朝鮮労働者および事務員に関する労働法令」

（一九四六年六月二四日、臨時人民委員会決定第二九号）[104]、「工業許可令」（一九四六年七月二四日、臨時人民委員会決定第五二号）[105]、「北朝鮮男女平等権に関する法令」（一九四六年七月三〇日、臨時人民委員会決定第五四号）[106]、「北朝鮮臨時人民委員会の産業、交通、運輸、逓信、銀行等の国有化に関する法令」（一九四六年八月一〇日、臨時人民委員会決定第五八号）[107]等重要な法令が特にこの六月末から八月にかけて相次いで公布された。

これらは、「北朝鮮労働者および事務員に関する労働法令」および「北朝鮮男女平等権に関する法令」のように社会改革に関するもの、あるいは、「工業許可令」のように個人の経済活動と国家（正確には、国家ではなかったが）の関係の基本原則を規律するものであり、国家の基本的性格にかかわるものであった。その意味で、北朝鮮がそれまで主として制定してきた機構、裁判制度、訴訟法およびその時々の政策を実施するための法令とは、明らかに性格の異なる諸法令がこの時期に制定され始めたことがわかる。一九四六年六月以前でこれらの諸法令に類するものとして唯一挙げることができるとすれば、それは四六年三月の土地改革に関する諸法令である。しかしながら、この土地改革が前述したように臨時人民委員会結成大会の決定書において臨時人民委員会の目標として明確に掲げられていたのに対し[108]、労働者保護、男女平等、産業等の国有化等は、臨時人民委員会の政策目標というよりも、むしろ、一九四六年三月二三日に発表された二〇箇条政綱[109]においてモスクワ外相会談の決定に基づき将来結成されるであろう朝鮮全体の臨時政府の目標として、いずれも掲げられていたものであったことに注意する必要がある[110]。

以上に加え、この時期に公布された法令として特に注目に価するものとして一九四六年八月九日の「公民証に関する決定書」[111]および「北朝鮮内公民証交付実施に関する細則」[112]を挙げることができる。これらの法令は、「北朝鮮内に居住する全朝鮮民族に一定の公民証を交付する」（「公民証に関する決定書」第一項）ことを定めたもので、北朝鮮の公民の確定を意味するものであり、後の朝鮮民主主義人民共和国の国民の確定の先駆けとなるものであった。

（２）社会改革に関する法令

社会改革に関する法令としては、一九四六年六月二四日の「北朝鮮労働者および事務員に関する労働法令」（臨時人民委員会決定第二九号）および同年七月三〇日「北朝鮮男女平等権に関する法令」（臨時人民委員会決定第五四号）を挙げることができる。

（イ）労働法令

「北朝鮮労働者および事務員に関する労働法令」（以下、「一九四六年労働法令」と略称する）は、一九四六年六月二〇日に各政党および社会団体代表者連席のもと開催された第八次臨時人民委員会で草案の討議・採択が行われ[113]、これを受けて六月二四日の第九次臨時人民委員会で公布されたものである[114]。

この一九四六年労働法令は、労働時間、労働最低年齢、賃金、休日・休暇、社会保険制度、労働争議の解決手段等を内容としている。まず、労働時間は、一日八時間が大原則とされ（第一条）[115]、一四歳未満の労働は禁止された（第四条）。賃金に関しては、同一の労働で同一の技術を有する労働者に対しては、年齢、性別を問わず同一の賃金を与えるべしとの原則を打ち立て（第七条）、また、休日および休暇に関しては、日曜日および節句を休日とした（第一一条）他、出産、事故等による休暇制度（第一三条、第一四条等）も規定した。社会保険制度は義務制とされ、個人企業所および雇用主は支払う賃金の一〇％ないし一二％を、労働者および事務員は賃金の一％を納入することとされた（第一八条）。労働争議は、基本的には、雇用主と職業同盟の間で解決することとされたが、両者間で解決できない場合には、人民裁判所で終結することとされた（第二三条）。なお、社会保険制度に関しては、少し遅れて一九四六年一二月一九日に「社会保険法」が公布された[116]。

（ロ）男女平等法令

「北朝鮮男女平等権に関する法令」（以下「男女平等法令」と略称する）は、一九四六年七月二二日に各政党、社会団体代表の参加のもと開催された第一〇次臨時人民委員会において、その草案が討議された結果、同日満場一致で採択され、三〇日に臨時人民委員会決定第五四号として公布されたものである。[117] 同年九月一四日には、さらに、その細則に当たる「北朝鮮の男女平等権に関する法令施行規則」（臨時人民委員会決定第七八号、以下「男女平等細則」と略称する）も公布された。[118]

この男女平等法令および男女平等細則は、国家、経済、文化、社会、経済のすべての領域における男女平等を規定し（男女平等法令第一条）、女性が男性と同等に、選挙権および被選挙権（男女平等法令第二条および男女平等細則第一条）、教育・文化に関する権利（男女平等細則第二条）、労働の権利（男女平等法令第三条）、自由結婚および離婚の権利（男女平等法令第四条および第五条）、財産の所有権（男女平等細則第四条）、財産および土地の相続権、離婚時における財産および土地の分配を受ける権利（男女平等法令第八条、男女平等細則第五条、同第六条および同第七条）等を有することを規定した。また、男女平等法令は、一夫多妻制、公娼および私娼ならびに妓生を禁止し（男女平等法令第七条および男女平等細則第二八条）、特に妻の地位を保護する規定を設け、その他にも男尊女卑思想による女性に対する虐待、暴行その他一切の差別的待遇を禁止する（男女平等細則第三条）旨も規定した。

以上のように、男女平等法令および男女平等細則は、男女の権利の平等をうたうとともに結婚生活等において女性を保護することを目的として公布されたものである。しかしながら、この法令および細則では、婚姻に関する規定が詳細になっているため、確かに男女平等といった社会改革のための法令であることは疑いもない事実ではあるが、同時に、女性のみならず男性も含めた家族法、特に婚姻法としての側面もあわせ持つことになった。特に男女平等細則は、そうした側面が強く出ており、婚姻に関係する条文を整理すると次のようになる。[119]

①婚姻の成立
ⓐ婚姻の形式的要件＝結婚の当事者が結婚書を所管の市、面人民委員会に提出し、それが受理されることにより成立（男女平等細則第八条）。
ⓑ婚姻の実質的要件
（ⅰ）当事者の自由意思による婚姻意思の合致（男女平等法令第四条および男女平等細則第八条）。
（ⅱ）結婚年齢＝女性満一七歳、男性満一八歳（男女平等法令第六条および男女平等細則第九条）。
②婚姻の効力
夫婦財産制＝結婚生活中に夫婦が所得した財産は、夫婦の共同所有に属す（男女平等細則第七条）。
③婚姻の解消
ⓐ協議離婚＝当事者の協議による離婚書を所管の市、面人民委員会に提出し、それが受理されることにより成立（男女平等細則第一〇条）。
ⓑ裁判離婚
（ⅰ）当事者が所管の人民裁判所に離婚訴訟を提起（男女平等細則第一一条）。ただし、離婚が二回目以上の者の離婚訴訟の管轄は、道裁判所の管轄に属す（男女平等細則第一七条）。
（ⅱ）裁判所は、とうてい夫婦生活を継続することができないと認定したときは、即時に離婚判決をする（男女平等細則第一二条）。

（iii）裁判所は、離婚訴訟提起の原因が一時的感情に起因し、当事者をして慎重に考慮させることが適当と認定したときには、三ヵ月ないし六ヵ月以内で訴訟手続を中止する（男女平等細則第一三条）。手続中止期間経過後、裁判所の呼出しにより出頭した当事者の一方でも夫婦関係をこれ以上継続できないと陳述した場合には、裁判所は離婚判決をする（男女平等細則第一四条、第一五条および第一六条）。

ⓒ婚姻の解消の効果

（i）子の養育者＝当事者間の協議が成立しない場合には、所管の人民裁判所に訴訟を提起（男女平等細則第一八条）。裁判所は、男性あるいは女性をして子の全部または一部を養育せしめる（男女平等細則第一九条）。子を養育する当事者は、他方の当事者に対し、養育する子の人数に応じて相手の収入のうち一定の率を養育費として請求することができる（男女平等細則第二〇条[120]）。

（ii）財産分与請求＝女性は、離婚するとき前夫に対し、結婚中共同所有に属した財産の分配および土地改革法令により自己の分として分与された土地の分配を請求することができる（男女平等細則第二一条）。

（3）経済に関する法令

経済に関する法令には、大きく分けて、所有に関する法令と商業、工業等経済活動に関する法令があった。

（イ）所有に関する法令

所有に関する法令としては、まず、一九四六年八月一〇日に公布された「北朝鮮臨時人民委員会の産業、交通、運輸、逓信、銀行等の国有化に関する法令」（以下「国有化法令」と略称する）を挙げることができる。この法令は、「日本国家ならびに日本人の私人および法人等」が所有した、あるいは、「朝鮮人民の反逆者」の所有になっている「一切の企業所、鉱山、発電所、鉄道、運輸、通信、銀行、商業および文化機関等」をすべて無償で国有化することを内容とするものであった。ただし、ここで注意しなければならないのは、国有化法令は、あくまで日本に関係する諸財産および「朝鮮人民の反逆者」の所有物を対象にしているのみであり、北朝鮮における所有全般を規定したものではない点である。なお、国有化された企業等の管理に関しては、同年一一月三〇日に公布された「国営企業場管理令」[121]に規定された。

所有に関してより一般的な意味を持つものとしては、同年一〇月四日に出された「個人所有権を保護し、産業および商業においての個人の創発性を発揮させるための対策に関する決定書」[122]（以下「個人所有権の保護決定書」と略称する）および一一月二五日に公布された「北朝鮮産業および商業の発展に関する法令」[123]以下（「産業および商業の発展法令」と略称する）が挙げられる。これら決定書および法令は、朝鮮人民が所有する動産および不動産を没収することは、人民裁判所の決定または臨時人民委員会[124]の特別な決定によって当該所有者が民族の反逆者であると認定され、財産の没収が決定された場合以外は、不法行為であるとし（個人所有権の保護決定書第一項ならびに産業および商業の発展法令第八条）、また、朝鮮公民の個人所有に属する工場、製造所、企業所、炭鉱、倉庫、会社、商業機関等は、国有化に含めないことを規定することにより（同決定書第二項）、個人所有の保護を明確に定めた。同決定書および法令は、さらに、国有化法令により没収された住宅、倉庫、商店等を一定の条件のもと産業家に売却または賃貸することができる場合も規定している（個人所有権の保護決定書第四項ならびに産業および商業の発展法令第一六〜二六条）。

（ロ）経済活動に関する法令

経済活動のうち、まず、工業に関しては、一九四六年七月二四日に「工業許可令」が公布された。この工業許可令は、「産業の総合的運営および工業の民営を法的に確認し、その安定発展を保障する」ことを目的として掲げており（第一条）、別表に記載される工業を新設または拡張しようとする者に郡、市、道人民委員会または臨時人民委員会産業局の許可を受けることを義務づけたものであった（第二条）。別表には、人造肥料工業、軽金属工業、繊維工業等三〇業種が具体的に列挙されていたが、末尾には、「その他工業」との記載があったため、結局すべての工業に関し、許可制が導入された形になった。なお、工場は、その労働者数によって甲（五人以下）、乙（五〇人以下）および丙（五一人以上）の三つの範疇にわけられ、業種とこれら三つの範疇のどれに該当するかに応じて、許可の申請先が市、郡人民委員会か、道人民委員会か、あるいは産業局かが決められていた[125]。工業許可令は、同年一〇月二五日に改正され[126]、新たに製粉工業、酒類製造業、水産缶詰、林産物加工業等一一業種が別添に列挙された。この改正に伴い、これらの工業の中央レベルの所管局として産業局以外に財政局、農林局等が指定され、また、農林関係については、地方レベルの所管機関として山林署が指定されることとなった。

他方、商業については、すでに一九四六年四月一三日に臨時人民委員会商業局布告第二号「商業機関に関する命令」[127]が公布され、「商事会社および組合の設立は、道人民委員会を経由して、本局の認可を要する」（第三条）こととされていた。同年六月一五日には、同じく商業局の布告第三号として「商業機関に関する命令に関する施行細則」[128]が公布され、許可を得る手続き等が規定された（第六条および第七条）。なお、ここで言う「認可」と工業許可令における「許可」の異同については、少なくとも法令の文言からは、両者に決定的な違いがあったとは思われない。

ただし、「商業機関に関する命令」および「商業機関に関する命令に関する施行細則」の「認可」の基準については、一九四六年七月四日に商業局指令第四四九号「商事会社設立認可方針に関する件の内示」[129]が出されている。それによれば、「商事会社の設立は、会社を設立しようとする当該地区の経済的事情と北朝鮮全体の経済関係を考慮して、特にその設立を必要とする限度内でこれを認可する」（第一項）とされており、商事会社設立に対する消極的あるいは抑制的態度が基本にあったことが窺える。これに加えて、商事会社設立認可の基準としては、一定額以上の資本の払込（第二項）、会社の目的の健全性（第三項）等が挙げられていた。また、会社設立の発起人または代表者が「民族反逆者または親日分子として規定されたもの」である場合は、その設立は認可されず（第四項）、外国人が組織の主体となる会社も特別な場合を除き当分の間設立を許可しないこととされた（第五項）。

これら二つの商業局布告は、決して商業全般を「認可」にかからしめたものではなく、あくまで商事会社または商事組合といった形態で商業を営もうとする者を対象としたものであり、認可を受けない者は、その商号あるいは名称に会社、組合等の文字を使用することはできないが（商業機関に関する命令第四条および同施行細則第八条）、それ以外の形態で商業を営むこと自体を禁じたものではなかった。

北朝鮮において商業全般に許可制を導入したのは、臨時人民委員会の末期に当たる一九四七年二月三日に公布された「商店許可制実施に関する布告」（商業局布告第五号、財政局布告第二七号）[130]であった。この布告は、「会社または個人で商店を経営しようとする者」に特別市、市、郡人民委員会委員長の許可を受けることを義務づけたものであった（第二条）。同布告第一条によれば、こうした許可制を採用した目的は、「個人商業者の商業権を保障」するのと同時に「不正、不当な業者を排除」することにあるとされていた。

以上のように、北朝鮮では、工業および商業について許可制が導入されるようになった。当時は、許可制導入の関係法令については、私人の工業または商業の経営を確認する側面を強調して説明されており、また、許可制自身についても工業の「安定発展」（工業許可令第一条）あるいは「不正、不当な業者」の排除（商店許可制実施に関する布告第一条）を目的としたものと説明されていた。したがって、許可制が持つ国家統制的な側面については、必ずしも前面に出てこなかった模様である。このことは、「産業家および商業家の産業および商業発展に対する創発性を発揮させるために」（個人所有権の保護決定書前文）工場、会社等の私有を認め、保護し、さらに、特定の場合には、国有化された財産の民間への売却、賃貸をも規定した前述の個人所有権の保護決定書ならびに産業および商業の発展法令とあわせ読めば、当時としては、実情を表していたものと考えてもよいと思われる。すなわち、これら一連の法令を通じ臨時人民委員会は、北朝鮮における個人による経済活動につき、原則として奨励、保護という決断を下したものといえよう（ただし、商事会社の設立については、抑制的であった）。

しかしながら、当時の北朝鮮における意思にかかわらず、現実として政権の裁量にかからしめる許可制が導入されたことは事実であり、また、許可制の持つ統制的性格は否定し去ることのできるものではない。このことは、当時商事会社の設立認可に関し、その認可基準を定めた「商事会社設立認可方針に関する件の内示」をみれば、当時においても明らかであった。商工業の許可制全体に関して臨時人民委員会の立法者たちの真意が奈辺にあったかは定かではないが、許可制自体は、後には、主として資本主義的弊害を無くすために個人の経済活動を抑制するための手段としての側面が強調されるようになり[131]、事実、統制も強化されていった。そして、その統制の種は、実は、この時代にすでに播かれたものであり、その意味で、以上紹介した一連の法令は、北朝鮮の経済活動に関する法制史のなかで、二重の意義を有していたことになる。

（4）公民証の発行

臨時人民委員会は、一九四六年八月九日の「公民証に関する決定書」において北朝鮮内に居住する全朝鮮民族に一定の公民証を交付することを決定した（第一項）。公民証は、教化所に入っている者および精神喪失者を除く一八歳以上の男女に交付され（第二項）、ソ連軍司令部および「北朝鮮国家機関」に対し公民であることを表示する唯一の証明であるとされた（第七項）。公民証の公布の申請には、①戸籍証によって地方人民委員会が承認した証明、②企業所や機関の証明を行政機関で承認した証明、もしくは③市、面人民委員会の証明[132]を添付することとされ（第一〇項）、その交付は、保安局に委任された（第一二項）。公民証交付の実施は、一九四六年九月一日から始め（第一四項）、同年一二月三一日までに完了することとされていた（第一三項）。

この「公民証に関する決定書」により、初めて「北朝鮮の公民」が実体的にも形式的にも規定されることとなった。実体的には、北朝鮮の公民とは、北朝鮮に居住する一八歳以上の朝鮮民族で、教化所に入っていたり、もしくは精神を喪失していないものとされ、形式的には公民証を有する者ということとなった。この北朝鮮公民の規定により、同じ朝鮮民族の中でも北朝鮮の公民とそうでない者がわかれることになり、前者が後の朝鮮民主主義人民共和国の国民となったことはいうまでもない。一般に国際法上、国家の要件として領土、政府と並んで国民の存在が挙げられており、その意味で北朝鮮における国民の前身たる公民の確定を行ったこの「公民証に関する決定書」が北朝鮮の国家樹立史に占める意義は大きい。しかしながら、なぜこの時期に公民の確定を行ったのかは、明らかではない。将来の北朝鮮における国家の樹立を念頭に置いてのことだと考えられるが、これはあくまで推測の域を出るものではない。

なお、「公民証に関する決定書」の実施細則を定めたものとして同日に「北朝鮮内公民証交付実施に関する細則」が公布されたが、同細則の第六条および第七条において公民証交付事務所の準備に関し地方人民委員会が行うべき事項の実施期限が一九四六年七月二〇日と定められている。このことからすれば、「公民証交付に関する決定書」および同細則が公布されたのは一九四六年八月九日ではあるが、実際には、それ以前から公民証交付の準備が進められていたことがわかる。

六　地方および選挙制度の整備（人民会議設立の準備）

（1）地方人民委員会制度の整備

北朝鮮の地方の人民委員会は、解放後各地方ごとに徐々に成立してきたものといわれている。したがって、当初、それらの組織は必ずしも全国一様のものではなく、また、中央の政権機関も存在しなかった当時においては、道、郡、市、面の人民委員会は、相互に命令・指揮系統が体系的に位置づけられているものではなかった。地方の政権機関は、北朝鮮に行政一〇局あるいは臨時人民委員会といった中央機関ができる以前から、すでに事実として存在していたもので、その権限を裏づける法令、組織法等が存在したわけでもなかった。

しかしながら、一九四五年一一月に行政一〇局が発足し、初めて中央による統一的な行政の実施の途が開かれたことに伴い、いくつかの局は、自局と地方人民委員会の部局との間の関係につき布告で規定するようになった。そして、それに続く臨時人民委員会は、その「北朝鮮臨時人民委員会の構成に関する規定」において臨時人民委員会を北朝鮮における最高行政主権機関とした上で（第一条）、臨時人民委員会は、地方の人民委員会との関係において、まず、各道の人民委員会等の「正しくない決定を是正し、または、停止できる」こととし（第四条）、また、臨時人民委員会の各局が各道人民委員会の自己所属部の事業を直接指揮することとした（第一〇条）。この決定により、中央の政権機関と地方人民委員会の関係は、ある程度規律されるようになった。しかしながら、これらの規定は、いまだ地方人民委員会の地位および組織ならびにそれらと臨時人民委員会との関係を体系的、総合的に規律するものではなかった。

一九四六年九月五日、臨時人民委員会は、「北朝鮮道、市、郡、面、里人民委員会に関する規定」（臨時人民委員会決定第六九号[133]）を公布し（以下「地方人民委員会規定」と略称する）、初めて地方人民委員会の組織、職務、臨時人民委員会との関係、各レベルの人民委員会間の関係等を体系的、総合的に規定した。

　地方人民委員会規定は、まず、臨時人民委員会を改めて「北朝鮮の最高政権機関」とした上で（地方人民委員会規定第一条）、道、市、郡、面、里人民委員会をそれぞれの地方の人民政権機関として位置づけた（同第二条）。そして、道人民委員会は臨時人民委員会に、市、郡人民委員会は道人民委員会に、面人民委員会は郡人民委員会に、里人民委員会は面人民委員会に服従する旨を定めた（同第四条）。上級機関は、下級機関の決議、指示の取消権を有した（同第五条）。なお、平壌市については、臨時人民委員会に直接服従するものとされた（同第一五条）。

　道、市、郡人民委員会は、人口に応じた人数の人民委員からなり、[134] そのうち委員長、副委員長、書記長およびその他委員からなる常務委員が組織された（同第八条、九条および一〇条）。各人民委員会には、臨時人民委員会の各局部に当たる部（道人民委員会）または課（市および郡人民委員会[135]）が設置された（同第八条、九条および一〇条）。

　面人民委員会については、委員長、副委員長および書記長が置かれ（同第一三条）、事務上の都合により係が設置された（同第一一条）。ただし、面人民委員が人口に応じた人数であったのか、また、常務委員会が組織されたのかについての規定はない。里（洞）人民委員会は、人口に応じた人数の人民委員[136]から構成され（同第一二条）、委員長、副委員長および書記長が置かれた（同第一三条）。ただし、常務委員会が組織されたのか、また、臨時人民委員会の局部に当たるものが設置されたか否かについての規定はない。

　各地方人民委員会に設置された部長および課長は、それが所属する人民委員会の常務委員会ならびに委員長、副委員長および書記長に服従するとともに、同一名称の上級機関の局長または部長にも服従するものとされた（同第一四条）。なお、臨時人民委員会の各局長の指示と道人民委員会の指示との間に相違がある場合には、当該問題は臨時人民委員会に提出され、そこで解決されることとされた（同第一五条）。

各地方人民委員会の人民委員は、いずれも選挙により選ばれることとされ（同第八条、九条、一〇条および一二条）、部長および課長は、当該人民委員会の決定により任命されることとされた（同第一四条）。

（2）地方人民委員会の選挙に関する法令

地方人民委員会規定は、各人民委員会の委員を選挙により選抜する旨を定めた。前述のごとく、臨時人民委員会の委員自体についての選挙制に関する規定もなかったことから、これは少なくとも中央の法令レベルで初めて選挙制について言及したものといえるであろう。[137] この選挙制に関して、臨時人民委員会は、まず、一九四六年九月五日に「北朝鮮面、郡、市および道人民委員会委員の選挙に関する規定」（臨時人民委員会決定第七二号の二）[138]を（以下、「地方人民委員会選挙規定」と略称する）、続いて一九四七年一月七日に「北朝鮮面および里（洞）人民委員会委員選挙に関する規定の件」（臨時人民委員会決定第一四七号）[139]を公布した（以下、「面、里選挙規定」と略称する）。

地方人民委員会選挙規定は、全体で五章、五六条文からなり、内容は、選挙権、被選挙権等を定めた選挙の根本原則、選挙名簿の作成手続き、選挙区、選挙委員会、候補者の推薦手続き、選挙運動、選挙手続き、選挙結果の確定等から構成されていた。

まず、選挙権および被選挙権は、原則として満二〇歳に達した公民男女に平等に与えられた（地方人民委員会選挙規定第一条、二条および三条）。ただし、例外として、①精神病者、②裁判所の判決により選挙権を剥奪された者、および③親日分子[140]は、選挙権および被選挙権を有さないとされた（同第一条）。

選挙の実施のために、臨時人民委員会の中に中央選挙指導委員会が組織され、その下に道、市、郡および面の各レベルにそれぞれ選挙委員会が組織された（同第二一条）。選挙委員は、「諸民主主義政党および社会団体の代表者」の中から指定された（同第二一条）。

候補者を推薦する権利は、臨時人民委員会に登録された北朝鮮に存在する民主主義政党、社会団体および諸集団に与えられた（同第六条および二九条）。選挙は、直接および秘密選挙であり（同第四条および五条）、具体的には、推薦を受けて選挙委員会に登録された候補者ごとに白と黒の箱が投票場に置かれ、一つの選挙につき一枚の選挙票を受け取った選挙人がその候補に賛成のときは白い箱に、反対のときには黒い箱に選挙票を入れることとされた（同第三九条および四〇条）。

ただし、この選挙の手続きに関する規定は、若干わかりにくい。候補者が一人しかいない場合には、当該候補者に賛成するか否かによって白い箱あるいは黒い箱に選挙票を投じればよいが、候補者が複数の場合には、選挙票は一枚しかないので、自分が賛成する候補者の白い箱に選挙票を投じるだけで、いずれかの候補者の黒い箱に投じることは通常想定し難い。したがって、候補者が必ず一人である選挙のみを想定しているのならともかく、いずれかの候補者が過半数の賛成票を得られなかった場合の再投票が二名の新しい候補者の間で行われる旨定めている（同第五四条）ことから複数候補者の存在を前提としていると思われるこの規定において、なぜ候補者ごとに白い箱と黒い箱の両方を設置する必要があるのか疑問である。

選挙の結果、投票者の半数以上の票を獲得した最高得票者が当選者となる（同第五三条）。いずれの候補者も半数以上の票を獲得できなかった場合には、上位二名の候補者による再選挙が行われることとされた（同第五四条）[141]。面、里選挙規定は、すでに地方人民委員会選挙規定でも規定されている面人民委員会の選挙と地方人民委員会選挙規定では規定されていない里人民委員会の選挙を対象とした。このうち、面人民委員会の選挙については、選挙区等若干の差異[142]があるのみで、他は大体、地方人民委員会選挙規定と同様である。

しかしながら、里人民委員会[143]の選挙については、その実施方法が他の人民委員会の選挙とは大きく異なっている。すなわち、里人民委員会の選挙においては、まず初日に里選挙委員長により選挙人総会[144]が開かれる（面、里選挙規定第五三条第一節）。この選挙人総会は、選挙人の半数以上の参加をもって成立し、そこで候補者の推薦が行われる（同第五三条第三段）。候補者の推薦権は、各選挙人が有し、推薦される候補者の数には制限がないが、充分な数の候補者が推薦されたと思われたときには多数決で推薦を打ち切ることができるとされた（同第五三条第四段）。候補者の推薦が終了した後には、総会において各候補者ごとに候補者名簿への登録の可否につき討論および挙手による採決が行われ、そこで可決された候補者のみについて同日あるいは翌日に投票が行われる旨選挙委員長により公布される（同第五三条第五段、六段および七段）。投票に際しては、総会により最終的に推薦された各候補者ごとに白い箱と黒い箱が用意され、選挙人は、各候補ごとに一枚ずつの選挙票を順次渡され、賛成の場合には白い箱へ、反対の場合には黒い箱へ投票することとされた（同第五四条）。この投票の結果、賛成の票が多い候補者から順に人民委員の定員の数だけ当選者とされた（同第六四条）。

（3）人民会議設立の準備

以上のとおり、一九四六年九月五日に公布された地方人民委員会規定および地方人民委員会選挙規定は、北朝鮮の地方制度に関する最も初期の体系的かつ総合的な法令であり、その北朝鮮法の制定史における意義は重要である。しかしながら、この両規定は、同時に、北朝鮮の国家樹立という大きな流れの中では、単なる地方制度に関する最初の法令といった意味を超えてより重要な意味を有するものであった。北朝鮮は、この両規定の公布を第一歩として、以後、人民会議を経て朝鮮民主主義人民共和国の樹立への途を法的に着実に歩み始めることとなった。それは、後にも述べるように、法的な連続性を維持するためにあくまでも法令に根拠を置く、あるいは、法令に定める手続きに従う形を取りつつ、注意深く一つ一つの措置を積み上げていった過程であった。以下、一九四六年九月五日以降、具体的にどのようにして臨時人民委員会から次の人民会議への移行が法的に図られたか、その過程を検討してみることとする。

一九四六年九月五日、臨時人民委員会の第二次拡大委員会が開催された[145]。同拡大委員会は、そこで地方人民委員会規定および地方人民委員会選挙規定とともに、「面、郡、市、道人民委員選挙に関する北朝鮮臨時人民委員会第二次拡大委員会の決定書」（臨時人民委員会決定第七二号[146]）を公布し、面、郡、市、道人民委員の選挙を同年一一月三日に実施する旨決定した。決定書の順序からすれば、まず、地方人民委員会規定（臨時人民委員会決定第六九号）により選挙制も含め地方人民委員会制度の整備を行った上で、決定書（臨時人民委員会決定第七二号）により地方人民委員の選挙の実施を決定し、その選挙の実施のため地方人民委員会選挙規定（臨時人民委員会決定第七二号の二）を制定した形となった。そして、この選挙の実施の前提となったのは、前述した一九四六年八月九日の「公民証に関する決定書」等による北朝鮮公民の確定であった。

道、市および郡の人民委員会の選挙は、決定のとおり一九四六年一一月三日実施された[147]。その後一一月八日には、中央選挙指導委員会で各道人民委員当選者が発表され、臨時人民委員会により「民主選挙終結を承認する決定書」（臨時人民委員会決定第一〇五号[148]）が公布された。なお、臨時人民委員会第二次拡大委員会の決定書によれば、面人民委員会の選挙も一一月三日に行われることになっていたが、これについては、実施されなかった模様である。面人民委員会の選挙については、翌四七年一月七日に面、里選挙規則とともに「北朝鮮臨時人民委員会の面および里（洞）人民委員会の委員選挙に関する件[149]」が公布され、里（洞）人民委員会の選挙は、一九四七年二月二四日および二五日に、また、面人民委員会の選挙は、同年三月五日に実施することとされた。これらの選挙は、後の人民会議・人民委員会のもと予定通り行われた[150]。なぜ、道、市および郡人民委員会の選挙と切り離して行ったかは、不明である。

道、市および郡人民委員会選挙が行われてから約三ヵ月後の一九四七年二月四日、臨時人民委員会は、その決定第一七六号として「北朝鮮人民委員会代表大会招集に関する決定書」[151]を公布し、約二週間後の二月一七日に道、市および郡人民委員会大会を招集することを決定した。同決定書によれば、この人民委員会大会は、各道、市、郡人民委員会で委員三名に一名の比率で選挙された代表ならびに北朝鮮労働党、朝鮮民主党、天道教青友党、北朝鮮職業総同盟、北朝鮮農民同盟、北朝鮮民主女性同盟および北朝鮮民主青年同盟から各々五名が代表として参加することとされた。これら代表の選挙に関しては、同決定書と同日に「北朝鮮道、市、郡人民委員会大会代表選挙に関する規定」が制定された[152]。

この道、市、郡人民委員会大会招集の目的について、決定書においては、「各級人民委員会を強化し民主化して、また、過去一年間に実施した諸般民主改革を保障するため」とされていただけであった。しかし、後にみるようにこの委員会大会こそが人民会議の設立大会であった。そして、先に紹介した地方人民委員会規定も地方人民委員会選挙規定も、この委員会大会に法的な正当性を与えるために欠くことのできないものであった。

すなわち、臨時人民委員会の構成に関する規定（臨時人民委員会決定第三号の一）に基づき公布された地方人民委員会規定により、臨時人民委員会を頂点とするピラミッドの中に完全に組み込まれた地方人民委員会で、同じく臨時人民委員会の構成に関する規定に基づき公布された地方人民委員会選挙規定に従って実施された選挙により選ばれた委員たちおよび臨時人民委員会に登録されている各団体の構成員が、臨時人民委員会の構成に関する規定に基づき公布された委員会大会代表に関する規定に従って代表委員を選出し、それら代表委員が臨時人民委員会の構成に関する規定に基づいて公布された委員会大会招集に関する決定書に基づき招集される委員会大会に参加するといった形をとった。臨時人民委員会結成大会が、何らの法的根拠も持たないまま、行政一〇局、地方人民委員会、政党、社会団体という法的根拠なく事実として存在している組織を集めて行われたことと比べると極めて対照的である。

また、この委員会大会は、地方人民委員会の代表委員については、人民が選挙により選出した各地方人民委員会の人民委員が選挙により選出するといった間接選挙の形をとっており、政党等各団体については、その構成員が直接選挙することとされていたため、人民の代表といった正当性を付与されることになり、この点においても臨時人民委員会の結成大会とは大きく異なっている。地方人民委員会規定および地方人民委員会選挙規定が人民会議設立、ひいては朝鮮民主主義人民共和国樹立に向けて慎重に積み重ねられてきた重要な法的措置の一つであることは、以上のことからも明らかである。

第四節　人民会議・人民委員会の成立

一　道、市、郡人民委員会大会の招集

上述したごとく、慎重な法的措置の積み上げによって招集されることとなった道、市、郡人民委員会大会は、予定どおり一九四七年二月一七日に開催された。同委員会大会は、まず二日目の一八日に、それまでに臨時人民委員会が公布した法令のうち、土地改革法令、労働法令、国有化法令、男女平等法令、個人所有権保護決定書、地方人民委員会選挙規定および面、里選挙規定の七つの法令を承認した[153]。

続いて三日目の一九日には、崔庸健により「人民会議創立に関する報告」が行われ、これに対して「北朝鮮人民会議創立に関する北朝鮮人民委員会大会決定書[154]」が採択された。同決定書は、「朝鮮に民主主義臨時政府が樹立されるまで人民政権の最高機関」たる北朝鮮人民会議を創立すること、および人民会議の選挙をこの人民委員

会大会で実施することを決定した。同日には、人民会議規定および選挙に関する規定の草案作成委員会の選挙も行われた[155]。

人民会議規定および選挙に関する規定は、翌二〇日にそれぞれ「北朝鮮人民会議に関する規定[156]」および「北朝鮮人民会議代議員選挙手続に関する規定[157]」として成立した[158]。そして、この「北朝鮮人民会議代議員選挙手続に関する規定」に基づき同日、人民会議代議員の選挙が実施され[159]、ここに北朝鮮人民会議が成立した。

二　臨時人民委員会の解消と人民委員会の成立

人民会議は、成立した翌日の一九四七年二月二一日にさっそく第一次人民会議を開会した[160]。

同会議では、まず、人民会議常任議員会の選挙が行われ、議長に金枓奉、副議長に崔庸健および金達鉉、書記長に康良煜ならびに議員に金昌満、姜鎮乾、朴正愛、崔璟徳、李箕永、金済元および金尚哲を選出した[161]。続いて人民会議は、「北朝鮮臨時人民委員会の事業決算報告に関する北朝鮮人民会議の決定書[162]」を採択し、「臨時人民委員会が自己の前に現われた課題を成果的に履行したことを深い感激の意をもって満足しつつ、臨時人民委員会が人民会議を北朝鮮の最高政権機関として認証し、自己の主権を委譲することを」（同前文）「承認すること」（同第一項）を決定した。ここに人民会議は、北朝鮮における主権を正式に継承することになり、一九四六年九月の地方人民委員会規定以来一つ一つ積み上げてきた「合法性」の石段がひとまず完成することとなった。なお、同決定書にいう「臨時人民委員会が人民会議を北朝鮮の最高政権機関として認証し」たとは、臨時人民委員会が招集した人民委員会大会により採択された「北朝鮮人民会議に関する規定」第一条で「北朝鮮人民会議は、朝鮮に民主主義臨時政府が樹立されるまで、北朝鮮人民政権の最高機関である」とされたことを指すものと思われる。

この「北朝鮮臨時人民委員会の事業決算報告に関する北朝鮮人民会議の決定書」では、政権の委譲の承認とともに「北朝鮮最高執行政権機関たる北朝鮮人民委員会を結成すること」（同第二項）および「北朝鮮人民委員会の構成および全権に関する規定を作成するために準備委員会を組織すること」（同第三項）が決定された。これに基づき同日「北朝鮮人民委員会に関する規定」[163]が制定されるとともに、人民委員会委員長として金日成が選出され、翌二月二二日に人民委員会の結成を人民会議に報告した。[164]ここに北朝鮮の人民会議・人民委員会体制が成立した。この時の人民委員会の成員は、次のとおりであった。[165]

委員長	金日成	副委員長	金策、洪箕疇	事務長	韓炳玉
企画局長	鄭準沢	産業局長	李文煥	内務局長	朴一禹
外務局長	李康国	農林局長	李舜根	財政局長	李鳳洙
交通局長	許南熙	逓信局長	朱晃燮	商業局長	張時雨
保健局長	李東英	教育局長	韓雪野	労働局長	呉淇燮
司法局長	崔容達	人民検閲局長	崔昌益	総務部長	金廷柱
幹部部長	張鐘植	糧政部長	宋奉郁	宣伝部長	許貞淑

三　人民会議・人民委員会の組織と権限

（1）人民会議

人民会議の組織と権限については、前述した「北朝鮮人民会議に関する規定」（以下「人民会議規定」と略称する）に規定されている。

まず、人民会議は、「北朝鮮人民政権の最高機関」とされた上で（人民会議規定第一条）、北朝鮮の立法権を行使するものとされた（同第三条）。具体的には、次のような問題を解決する権限を持つものとされた（同第六条）。

①対外貿易、②国家の安全、③人民経済計画の採択、④国家の予算案、収入案等の承認、⑤土地、埋蔵物、森林および河川の利用に関する基本的方向の規定、⑥産業、運輸等経済部門の復旧および発展のための基本的方向の規定、⑦教育および保健部門での基本的方向の規定、⑧労働立法の基本的方向の規定、⑨裁判制度、訴訟手続、刑事法典および民事法典の制定、⑩大赦に関する決定の発布、⑪国家機関およびその責任者の事業活動に関する検閲の規定、⑫道、市および郡区域の変更の承認、⑬道、市、郡および面の新設、⑭人民会議常任議員会の選挙、⑮人民委員会の組織、⑯最高裁判所の選挙、ならびに⑰検察所長の任命。

人民会議は、北朝鮮道、市、郡人民委員会大会でその代表五名ごとに一名の比率で選挙される代議員で構成された（同第二条）。この代議員の選挙に関しては、前述した「北朝鮮人民会議代議員選挙手続に関する規定」（以下「人民会議選挙規定」と略称する）に定められている。同規定によれば、代議員選挙の候補者については、委員会大会の各代表および民主主義民族統一戦線中央委員会が推薦する権利を有し（代議員選挙規定第二条）、選挙は、推薦された候補者全員の氏名が記入された選挙票を各自が反対する候補者の氏名のところに線を引いた上で選挙箱に入れる方式で行われた（同第六条）。選挙は、秘密投票によるものとされた（同第三条）。

人民会議は、議長一名、副議長二名、書記長一名およびその他七名の議員から構成される常任議員会を選挙した（人民会議規定第七条）。常任議員会は、その事業活動において人民会議に対して責任を負うこととされ、具体的には、次のような任務を有するものとされた（同第八条および第九条）。

①人民会議を定期的に招集して、その議事進行を指導すること、②人民会議休会中に人民委員会委員長の提議により同委員会の局長および直属部の部長を任免すること（ただし、これに関しては、次期の人民会議の承認を要するものとされた）、③特赦を決定、実施すること、④外国との条約を批准すること、ならびに⑤人民会議で採択された法律の執行を監督すること。

（2）人民委員会

人民委員会の組織と権限については、前述した「北朝鮮人民委員会に関する規定」（以下「人民委員会規定」と略称する）に規定されている。

まず、人民委員会は、「北朝鮮人民政権の最高執行機関」であるとされ（人民委員会規定第一条）、その事業活動にあって人民会議に服従することとされた（同第二条）。人民委員会は、具体的には、次のような任務を有した（同第三条）。

①人民委員会の各局および各直属部、ならびに各道人民委員会および平壌特別市人民委員会を指導すること、②国家の産業、商業および農業、ならびに企業所および事務機関を管理すること、③国家の運輸および逓信機関を管理すること、④財政および金融体系を指導すること、⑤国家の一切の銀行を管理すること、⑥国家保険機関を組織すること、⑦人民経済統計制度を樹立すること、⑧社会秩序の維持、国家利益の擁護および公民の権益の保障に関する対策を樹立すること、ならびに⑨外交に関する一切の活動を掌握指導すること。

また、人民委員会は、決定および指示を出す権限、ならびに人民会議休会中に法律を制定する権限を有した（同第四条）。ただし、法律の制定に関しては、次期の人民会議の承認を要するものとされた（同第四条）。

人民委員会は、委員長一名、副委員長二名、事務長一名および一八の各局部長により構成された。[166] 委員長は、人民会議によりその代議員中から選挙され、人民委員会の組織を委任された（人民会議規定第一一条）。委員長は、人民委員会を組織した後、それを人民会議に提出し、承認を得るものとされた（同第一一条）。

各局部長は、人民委員会の提議により人民会議で（ただし、休会中においては、常任議員会で）決定された（人民委員会規定第一一条）。各局部長は、人民委員会に服従し、他方で道人民委員会および平壌特別市人民委員会の同種の部、または自己の直属機関の代表を通じて国家管理の所管部門を指導することとされた（同第一三条）。各局部長は、その権限内で命令または規則を発布することができた（同第一〇条）。

人民委員会は、各局部に対しては、一般的な指導権限（同第三条一号）および局部長の任免（同第一一条）以外に、局部長が発布した命令および規則を中止または変更させる権限を有した（同第五条）。また、道人民委員会および平壌特別市人民委員会に対しても一般的な指導権限（同第三条一号）、ならびに決定および指示の中止、および変更の権限を有した。

（3）人民会議と人民委員会の関係

北朝鮮において最初の政権機関たる臨時人民委員会は、前にも述べたように「最高行政主権機関」（北朝鮮臨時人民委員会構成に関する決定第一条）として、立法および行政の両者の担い手であった。しかしながら、こうしたいわば立法・行政未分化の状態は、人民会議および人民委員会の時代に終焉を迎えることになった。すなわち、人民会議・人民委員会の体制の下では、北朝鮮の主権機関は、最高機関として（人民会議規定第一条）立法権を行使する（同第三条）人民会議と、最高執行機関たる（人民委員会規定第一条）人民委員会の二つにわけられることになった。この体制が北朝鮮において、一九四八年憲法下での最高人民会議（最高主権機関であり、立法権を行使する）[167]・内閣（最高執行機関）[168]体制の原形をなしていることはいうまでもない。

人民会議と人民委員会の関係については、当時の法令上は、前者が後者に対して優位に置かれていた。まず、人民委員会の委員長は、必ず人民会議の代議員中から人民会議の選挙により選ばれ（人民会議規定第一一条）、人民委員会の組織は、同委員長に委任されたものの最終的には人民会議の承認を得ることが必要であった（人民会議規定第一一条）。また、人民委員会は、人民会議に服従することが明文の規定に定められており（人民委員会規定第二条)、さらに、人民会議には一種国政調査権にも似た人民委員会またはその各局部長に対する質疑の提出が認められ、人民委員会または各局部長はこれに対して三日以内に口頭あるいは書面で回答することが義務づけられていた(人民委員会規定第八条)。

しかしながら、実際には、人民会議の権限は、前述したように立法権の行使および国家財政に関する承認事項を除けば、各分野の政策の基本的方向の規定といった極めて抽象的なものであったのに対して、人民委員会の任務は、国家機関あるいはその活動の管理・指導または施策の樹立といった具体的なものであり、両者の権限は、同一事項についてであってもそもそも扱う次元が異なっていた。

人民委員会は、その権限の行使において人民会議が設定した基本的枠組による制約は受け得るも、その基本的枠組の抽象性の程度によっては、極めて広範な裁量の余地を有し得るものであった。また、人民委員会は、決定および指示を出す権限を有し(人民委員会規定第四条)、各局部長は命令および規則を発布する権限を有していた(同第一〇条)。加えて、法律の制定に関しても人民会議休会中は、人民会議の常任議員会ではなく人民委員会が立法権を行使することとされていた(人民委員会規定第四条)。

人民会議には、三カ月に一次以上招集される定期会議および代議員の三分の一以上の発議により招集される特別会議が制度上は存在したが(人民会議規定第一〇条)、実際には一度だけ招集された特別会議を含め人民会議が三カ月に一次以上頻繁に招集されることはなかった[169]。その間は、人民委員会が執行権とともに立法権をも独占的に行使するいわば臨時人民委員会と同様の権限を享受したことになる。

(4)人民会議・人民委員会の下での法令

人民会議・人民委員会の下での法令の形態としては、次のようなものがある。

（一）法律＝人民会議が制定する（人民会議規定第三条）。ただし、人民会議休会中は、人民委員会が制定する（人民委員会規定第四条）。実際には、人民会議が制定した法律は、人民委員会規定、「北朝鮮の裁判所および検察所に関する規定」[170]等、数が少ない。多くは人民委員会が制定し、それに人民会議が承認を与えている。例としては、「北朝鮮税金制度改革に関する決定書」（人民委員会法令第二号）[171]等多数ある。

（二）決定＝人民委員会が発布するものと（人民委員会規定第四条）道および平壌特別市人民委員会が発布するものがあった（人民委員会規定第四条）。人民委員会が発布した例としては、「労働紹介所設置に関する決定書」（人民委員会決定第一号）[172]をはじめ一六四にものぼる[173]。

（三）指示＝決定と同様、人民委員会が行うものと（人民委員会規定第四条）道および平壌特別市人民委員会が行うものがあった（人民委員会規定第四条）。決定と指示の差異は不明である。

（四）命令＝人民委員会各局部長が自己の権限内で法律により、または、法律を実行するために発布した（人民委員会規定第一〇条）。例としては、「北朝鮮牛籍令」（農林局命令第七号）[174]等がある。命令は、公布される際には人民委員会委員長の批准がなされた。

（五）規則＝命令と同様、人民委員会各局部長が自己の権限内で法律により、または、法律を実行するために発布した（人民委員会規定第一〇条）。例としては、「農業現物税改正に関する決定書に関する細則」（農林局規則第八号）[175]等がある。規則の公布に際しても人民委員会委員長の批准がなされた。ただし、命令との差異は不明である。

人民委員会・人民委員会における法源として問題になるのは、臨時人民委員会が公布した諸法令の扱いである。人民会議を創立した道、市、郡人民委員会大会は、土地改革法令等七つの法令だけを承認したが、承認されたもの以外の法令が人民会議・人民委員会の下でも効力を継続したか否かが明確ではない。しかしながら、例えば、臨時人民委員会決定第五七号の「公民証に関する決定書」は、人民委員会決定第二二号「公民証に関する決定書中改正に関する決定書」[176]により改正されており、また、臨時人民委員会決定第七五号「灌漑施設国家運営決定書」は、人民委員会決定第七八号「北朝鮮臨時人民委員会決定第七五号中一部改正に関する決定書」[177]により改正されている。このことからすれば、道、市、郡人民委員会大会で承認されたもの以外の臨時人民委員会の法令も原則としてその効力を存続したものと思われる。なお、その際、臨時人民委員会の決定は、原則として人民委員会の決定により、また、各局部の布告は、人民委員会各局部の規則等により改正された。[178]

四　人民会議・人民委員会における裁判制度

人民会議は、成立の翌日から開催された第一次会議において、「北朝鮮の裁判所および検察所に関する規定」(以下「人民会議裁判所法」と略称する)[179]を採択した。同法令は、裁判所、検察所および司法局の基本的任務、判事の選挙制、人民会議による北朝鮮検察所長の任命、裁判の公開原則、弁護権の保障等裁判制度の基本的事項のみを定めたものである。したがって、それ以外の各級裁判所の管轄範囲、適用される法に関する規定等詳細については、臨時人民委員会が公布した「北朝鮮臨時人民委員会の司法局、裁判所、検察所の構成と職務に関する基本原則」等が矛盾しない範囲で適用されたものと思われる。

まず、裁判は、北朝鮮最高裁判所、道裁判所、鉄道裁判所および市、郡裁判所で行われるものとされた(人民会議裁判所法第二条)。臨時人民委員会時代と比べ、名称が若干異なっているだけである。

各級裁判所の判事は、いずれも選挙によって選出されることとされた(同第八条)。選挙権を有する一切の公民は、参審員になる資格が与えられた(同第九条)。ただし、一九四五年八月一五日以降有罪判決を受けた者は、判事になることはできず、また、「日本帝国主義」統治下で判事または検事として勤務した者は、一九四五年八月一五日以降「北朝鮮民主建設に熱誠的に参加、活躍した」場合を除き、裁判所あるいは検察機関に参画することができなかった（同第九条）。判事は、法律にのみ服従するものとされた（同第五条）。判事および参審員の解任は、原則としてそれを選挙した各級人民委員会の召喚によってのみ行われることとされたが（同第一〇条）、ただし、判事に対して刑事事件が提起され、そのために判事を現職から罷免する必要がある場合には、司法局長の承認により解任できることとされていた（同第一一条）。

この裁判所判事の選挙制に関しては、すでに臨時人民委員会の時代に導入されており、人民会議裁判所法の下での判事選挙制も基本的には同様のものと思われる。ただし、判事の被選挙権に関する制限が人民会議裁判所法では、若干厳しくなっているようにもみえる。すなわち、臨時人民委員会の下での判事選挙制における制限に加え、人民会議裁判所法では、有罪判決を受けた者一般をも排除しており、有罪判決は受けたが選挙権は剥奪されていない者も判事になれないことになっている。また、日本による植民地時代に判事、検事であった者に対する制限も、臨時人民委員会の時代には、司法局および道司法部の課長以上の職員または判事になることができないとされていたが、人民会議裁判所法では、およそ裁判所に参画すること自体を原則として禁じ、さらに、検察への参画も禁じた。

なお、日本による植民地支配時代に判事、検事であった者に対する資格制限の例外としては、臨時人民委員会では、同委員会の決定によるとされていたが、人民会議裁判所法においては、解放以後「北朝鮮の民主建設に熱誠的に参加、活躍した」ことを条件としている。ただし、どちらの条件がより厳しいかは、一概には断定できない。なお、判事の解任については、「北朝鮮臨時人民委員会の司法局、裁判所、検察所の構成と職務に関する基本原則」等臨時人民委員会の時代の法令には、規定がなかった。

検察官の任命については、まず、北朝鮮検察所長は、人民会議が任命し（同第一六条）、鉄道検察所検事および道検察所検事は、北朝鮮検察所長が任命し、市、郡検察所検事は、道検察所長の推薦により北朝鮮検察所長が任命することとされた（同第一七条）。臨時人民委員会の下では、北朝鮮検察所長については司法局長の内申により臨時人民委員会が、また、他の検察所の検事については北朝鮮検察所長の推薦に基づき司法局長が任命したことと比較すると、人民会議裁判所法では、検事の任命に関する司法局長の権限がまったく無くなっていることが顕著な特徴となっている。なお、検事の解任については、人民会議裁判所法には、規定がなかった。

その他、人民会議裁判所法では、裁判を朝鮮語で行うこと（同第六条）、裁判は原則として公開とし弁護権を保障すること（同第七条）等裁判の原則に関する規定も定められていたが、これらはいずれも「北朝鮮臨時人民委員会の司法局、裁判所、検察所の構成と職務に関する基本原則」にも定められていたものであった（同基本原則第一九条、第二一条および第二二条）。

人民会議は、この人民会議裁判所法に基づき第一次人民会議中の一九四七年二月二二日に北朝鮮裁判所判事の選挙および北朝鮮検察所長の任命を行った。[180]

おわりに

北朝鮮人民会議が創設されてから約九カ月後の一九四七年一一月一九日、前日から開催されていた第三次人民会議は、朝鮮臨時憲法制定委員会および朝鮮法典草案作成委員会を組織した。[181] それからさらに三カ月後の一九四八年二月六日から開催された第四次人民会議では、朝鮮臨時憲法制定委員会から憲法草案が提出され、これを受け人民会議は、草案を全人民的討議に付す旨の決定を行った。[182] 憲法草案は、一九四八年二月から約二カ月余りの間全人民的討議に付され、一九四八年四月二八日から三〇日まで開催された特別人民会議において二九日に採択された[183]。

一九四八年七月九日から開催された第五次人民会議は、一〇日に、憲法を実施しそれに基づいて最高人民会議代議員選挙を実施する旨の決定を行った[184]。同年八月二五日には、総選挙が実施され[185]、九月二日から一〇日まで最高人民会議第一期第一回大会が開催され、そこで憲法が採択され、朝鮮民主主義人民共和国が樹立された[186]。

他方、他の法典に関しては、やや遅れて一九五〇年三月に刑法、刑事訴訟法および裁判所構成法が制定され、北朝鮮の法制定過程は取りあえず一段落を迎えることとなった。以後、これから三ヵ月余りの後に勃発した朝鮮戦争を経て、北朝鮮の法制定過程は、さらに新たな局面を迎えることとなった。

一九四五年八月一五日に日本の植民地支配からの解放を迎えた北朝鮮は、本論で主として扱った四七年二月までのわずか約一年半の間にさまざまな法令を制定してきた。しかし、この間の法制定過程、特に主要法令の制定過程をみると、これらさまざまな法令がまったく脈絡もなく制定されてきたわけではなく、実は、日本法の適用、裁判の脱日本化、社会・経済の体制作り、そして国家樹立の準備という大きな流れに沿って展開してきたことがわかる。

すなわち、一九四五年一一月一六日の司法局布告第二号により自らの法令を制定するまでの間、基本的に日本法を使っていくことを選択してから後、司法局の精力は、行政一〇局時代および臨時人民委員会時代の初期を通じ、もっぱら自分たちの裁判所制度および訴訟制度を創り上げること、すなわち裁判の脱日本化に費やされたといえよう。その一応の完成が一九四六年六月二〇日付けの「北朝鮮の検察所、予審および保安機関の刑事審理に関する法令」であり、そのことを臨時人民委員会は、決定第二七号の中で「日本帝政時代の裁判所構成法、刑事訴訟法、犯罪即決例等、これに関する一切の法令は、完全に廃止する」という文言により高らかに宣言したものと思われる。そして、続く七月九日の臨時人民委員会決定第三一号「北朝鮮臨時人民委員会司法局、裁判所、検察所の構成と職務に関する基本原則中改正の件」において、同基本原則第二〇条にあった日本法の「施行」を「参考」に切り換えることにより、日本法の適用問題に関し一応の決着をつけた。

他方、すでに土地改革という一大事業を実施した臨時人民委員会は、一九四六年六月末以降、次第に社会・経済に関する諸法令を制定し始め、そして、八月の「公民証に関する決定書」等による北朝鮮公民の確定を経て、同年九月からは、人民会議・人民委員会設立への途を着々と歩み始めることとなった。

これらは、いずれも後の一九四八年憲法の基礎となるものであり、特に裁判の脱日本化の部分は、同時に一九五〇年三月の諸法典の成立へと結実した。しかしながら、その一方では、民事関係の法令のようにほとんど法制定作業が行われなかった分野も決して少なくなかったことも指摘しておかなければならない[187]。

法制定史は、同時にそれ自体政権機関の歴史でもある。行政一〇局、臨時人民委員会、人民会議・人民委員会、そして朝鮮民主主義人民共和国と展開する中で、北朝鮮の政権機関は、自らの組織を変えていくとともに、また、地方の政権機関との関係および人民との関係についても変革してきた。行政一〇局の時代には、それを統括する機関はなかったが、臨時人民委員会になり、立法・行政未分化の状態とはいえ、ようやく中央の統一政権機関が誕生した。そして、人民会議・人民委員会においては、立法権を行使する人民会議と執行権を行使する人民委員会に法令上分化することにより、一九四八年憲法における最高人民会議・内閣の制度の原形が創られるに至ることとなった。地方の人民委員会との関係についても四六年九月の地方人民委員会規定等により中央と地方の体系化は一応の完成をみ、さらに、人民との関係についても一九四六年八月の「公民証に関する決定書」等により北朝鮮公民を確定した後、同年九月の地方人民委員会選挙規定の制定以後の過程を通じ、人民会議は、間接の、また間接選挙という形にしろ、初めて人民により選挙された政権機関という形態をとることとなった。

これらの法制定の流れおよび政権機関の展開の流れは、やがて一九四八年憲法の成立および朝鮮民主主義人民共和国の樹立へと結集されていくことになるわけであるが、これが一体いつの時点で当時の政権担当者により意識されたのかは難しい問題である。少なくとも一九四六年九月五日に地方人民委員会の選挙の実施が決定された時点までは遡ることができよう。さらに、法制定の動向からみれば、同年六月末から八月にかけて転換点があることはすでに指摘したとおりである。朝鮮民主主義人民共和国の樹立、すなわちまず北朝鮮のみで憲法を施行し国家を樹立するとの決断は、この時期のいずれかの時点で行われたのではないだろうか。[188]

注

1 金圭昇『朝鮮民主主義人民共和国の法と司法制度』東京、日本評論社、一九八五年、六頁。

2 ソ・チャンソップ『法建設経験』平壌、社会科学出版社、一九八四年、四七頁。

3 金圭昇、前掲書、一九八頁。

4 同上書、一九八頁；ソ・チャンソップ、前掲書、四七頁参照。

5 柳文華『解放後四年間ノ国内外重要日誌』平壌、民主朝鮮社、一九四九年五月、七～一〇頁参照（以下、同日誌については『重要日誌』と略記）。また、平岩俊司「朝鮮労働党創党をめぐる諸問題」（『歴史と未来』第一四号、一九八七年）一一九頁参照。

6 北朝鮮人民委員会司法局編纂『北朝鮮法令集』平壌、一九四七年一一月、二六〇～六三頁（以下、この法令集については『北朝鮮法令集』と記す）。
「判事は、法律により独立して裁判をする。ただし、民事または刑事上暫定的に日本法令を参考するとき（一九四六・七・九北臨人委決定第三一号で改正）判事は、その民主主義的意識と朝鮮人民の利益に立脚して裁判しなければならない」

本規定の意義については後述する。

7 梁台元「民主主義ト人民裁判」（『人民』第二巻第一号、一九四七年一月一〇日）六八頁以下参照。特に同論文七二頁には、次のような記述がある。

「新しい法令の担当者である我が人民裁判は、法律の適用において、廃止された『日本統治時に使用され、その影響を有する一切の法律』の適用を拒否することと同時に、その法律自体の分析と社会的根拠を暴露しつつ、民主建国精神に土台を置き民族利益に立脚するように、民主主義的法律意識に関する創発力を発揮しなければならない」
8　金圭昇、前掲書、一九八頁。
9　一九四五年一一月二〇日から二五日までソウルで開催された「全国人民委員会代表者大会」での李康国委員による国内情勢報告を参照。『全国人民委員会代表者大会議事録』五二頁（金南植、李庭植、韓洪九編『韓国現代史資料叢書一二（一九四五〜一九四八）』ソウル、一九八六年七月、四八〇頁）。
10　『重要日誌』一〇頁参照。
11　産業局、交通局、農林局、商業局、逓信局、財政局、教育局、保健局、司法局、保安局の一〇局（同上資料一五頁参照）。このうち、同上資料一五頁によれば、「財政局」ではなく、「行政局」とされているが、次の理由から本論では「財政局」の方を採用した。
①一九四六年二月八日に開催された臨時人民委員会結成大会において行われた報告では、行政一〇局として「行政局」ではなく、「財政局」が掲げられている。「目前ノ北朝鮮政治形勢ト北朝鮮臨時人民委員会ノ組織問題ニ関スル報告」（北朝鮮人民委員会宣伝部『重要報告集、朝鮮民主主義人民共和国樹立ノ道』一九四七年一一月）八頁参照。
②後の臨時人民委員会の中に組み込まれた一〇局の名称も「行政局」ではなく、「財政局」であった。
③『重要日誌』一五頁においても「行政局」という用語は、一〇局を総称するものとして使われており、同時に行政局のうちの一つをも「行政局」とするのは、用語の使用法からもおかしい。
なお、各局長のうち当時の資料から名前がわかっている者をあげれば、農林局長李舜根、逓信局長趙永烈および司法局長趙松坡がある。
12　『重要日誌』一五頁参照。
13　当時、行政各局を指導する中央主権機関が存在しなかったこと、およびそこから生じた問題に関しては、一九四六年二月八日の臨時人民委員会結成大会で行われた報告において明確な指摘がなされている（前掲「目前ノ朝鮮政治形勢ト……」参照）。

14　一〇局の名称が臨時人民委員会の下の各局の名称と同じであるだけではなく、各局が出す布告の番号も一九四六年二月八日の臨時人民委員会設立の前後で続き番号になっている。例えば、司法局の場合、行政局時代の一九四六年一月二六日に布告第一一号が出されており、その後臨時人民委員会になった一九四六年三月一一日の布告は第一三号となっている（いずれも司法局編集『法令公報』臨時増刊第六輯、平壌、一九四七年六月一〇日参照。以下、この公報については、『法令公報』と記す）。その他、商業局は布告第一号（一九四五年一二月二九日）、第二号（一九四六年四月一三日）と、農林局は布告第三号（一九四六年二月五日）、布告第四号（同年二月一〇日）と続き番号になっている（いずれも『法令公報』臨時増刊第六輯参照）。以上のことからすると、行政一〇局は、基本的に組織としての同一性を保持しつつ臨時人民委員会に組み込まれていったものと考えられる。

15　一九四六年三月六日付け北朝鮮臨時人民委員会決定第三号の一「北朝鮮臨時人民委員会構成ニ関スル規定」（『北朝鮮法令集』七〜九頁）参照。

16　一九四五年一二月八日付け産業局指令「産業局臨時措置施政要綱」（『法令公報』臨時増刊第六輯、一九四七年六月一〇日、七頁）。

17　一九四六年一月一三日付け「交通局布告第四号」（『法令公報』臨時増刊第八輯、一九四七年六月二四日、二〇頁）。

18　一九四五年一二月一九日付け「通信局布告第一号」（『法令公報』臨時増刊第八輯、一九四七年六月二四日、四頁）。なお、『法令公報』四頁によれば、この「通信局布告第一号」は、一九四六年一二月一九日付けとなっているが、同布告は行政一〇局の通信局布告として出されており、また、同公報同頁掲載の布告第二号の日付が一九四六年四月一六日になっていることから、これは一九四五年の誤りと思われる。

19　一九四五年一二月二九日付け商業局布告第一号「商業局臨時行政措置要綱」（『法令公報』臨時増刊第六輯、一九四七年六月一〇日、八頁）参照。

20　『重要日誌』一五頁によれば、行政局が組織されたのは、一一月一九日となっているにもかかわらず、その三日前の一六日にすでに司法局布告の第一号から第三号までが公布されたことになっている。このうち司法局布告第二号については、同じく『法令公報』臨時増刊第六輯の一頁に掲載されており、その日付が一一月一六日となっていることから、司法局がすでに一六日に布告を出していたことは事実であったと思われる。とすれば、『重要日誌』の行政一〇局創立の日付が不正解であるか、あるいは、行政一〇局が組織される以前から司法局が存在して布告を出していたかの二通りの可能性が考えられる。

21 『重要日誌』一五頁。ただし、『法令公報』臨時増刊第六輯には掲載されていないため、内容は不明。

22 一九四五年一一月一六日付け司法局布告第二号「北朝鮮ニ施行スル法令ニ関スル件」(『法令公報』臨時増刊第六輯、一九四七年六月一〇日、一頁)。

23 原文は、「喪失할」(傍点、引用者)となっており、布告第二号が出された一九四六年一一月一六日からみれば過去に当たる一九四五年八月一五日に言及しながら「할」という未来形を用いている。これは、「할」ではなく「한」という過去形の誤りであったと考えることも可能であるが、他方で、一九四六年一一月一六日という「談話当時」を基準とせず、文中の一九四五年八月一五日を基準として未来形を使ったいわゆる「相対時制未来」の用法と考えることも可能である。その場合、日本法の効力喪失は、一九四五年八月一五日より未来ではあるが、必ずしも八月一五日に喪失するとは限らないことになり、布告第二号の後半部分にある「効力を存続する」との部分と矛盾しないことになる。なお、「相対時制未来」については、例えば南基心『国語文法ノ時制問題ニ関スル研究』ソウル、塔出版社、一九八一年、四九~五四頁参照。

24 ただし、論理的には日本の統治が終わりを告げた以上、日本法がそれ自身として効力を存続させたとは考えず、この布告第二号により日本法の内容が司法局の法令に転化して効力を存続することとなったと考えることは可能である。なお、一九四六年八月に出版された『朝鮮解放年報』は、日本法は「軍政法令の内容に転化され、その効力を存続する」としている(民主主義民族戦線編『朝鮮解放年報』ソウル、文友印書館、一九四六年八月)。

25 ソ・チャンソップ、前掲書、四五頁。

26 金圭昇、前掲書、五頁も同旨。なお、大内憲昭「朝鮮社会主義法」(社会主義法研究会編『アジアの社会主義法』法律文化社、一九八九年三月)四三頁は、司法局布告第二号により植民地法が存続したとしている。

27 ソ・チャンソップ、前掲書、四七頁参照。

28　一九四五年一一月二三日付け司法局布告第四号「裁判所組織ニ関スル件」(『法令公報』臨時増刊第六輯、一九四七年六月一〇日、一頁)；一九四五年一一月二七日付け司法局布告第五号「検察所組織及ビ設置ニ関スル件」(『法令公報』臨時増刊第六輯、一九四七年六月一〇日、二頁)。

29　一九四五年一一月二八日付け司法局布告第六号「弁護士ノ資格監督及ビ登録ニ関スル件」(『法令公報』臨時増刊第六輯、一九四七年六月一〇日、二頁)。

30　『北朝鮮法令集』二六〇頁以下参照。

31　この基本原則第二〇条は、同年七月九日に改正されており、三月の制定当時の条文は、未入手である。しかしながら、基本原則を改正する臨時人民委員会決定第三一号のなかの「第二〇条後段の『ただし暫定的に日本の法律が施行される間その適用にあって』を『ただし民事または刑事上暫定的に日本の法律を参考にするとき』に……改正する」との文言から当初の第二〇条を知ることができる(『法令公報』臨時増刊第二輯、一九四七年一月一五日、一五頁)。なお、大内憲昭の前掲書四三頁は、この改正後の条文をとらえて、日本法存続の証拠としているが、より正確には改正前の「日本の法律が施行される間」との条文を証拠とすべきであろう。一九四六年七月九日の改正は、後述するようにむしろ実体的にはともかく形式的には日本法の適用をやめるため「参考」という不可思議な地位を日本法に与えたのではないかと思われる。この基本原則の改正については、後に詳述する。

32　一九四六年六月八日付け臨時人民委員会決定第二七号「北朝鮮臨時人民委員会決定書」(『法令公報』臨時増刊第二輯、一九四七年一月一五日、六頁；『北朝鮮法令集』二八二頁)。

33　一九四六年五月一四日付け臨時人民委員会決定第一三号「北朝鮮司法機関ノ刑事裁判ニ関スル規程」(『北朝鮮法令集』二七四～八二頁)。

34　一九四六年六月二〇日付け臨時人民委員会決定第二六号「北朝鮮ノ検察所、予審及ビ保安機関ノ刑事事件審理ニ関スル法令」(『法令公報』臨時増刊第二輯、一九四七年一月一五日、一～六頁；『北朝鮮法令集』二六九～七四頁)。

35　前掲『朝鮮解放年報』一一七頁。

36　崔容達「司法機構ノ確立ノ為ニ」(『人民』創刊号、一九四六年一一月二八日)三八頁参照。

37 同上。
38 藤田勇『概説ソビエト法』東京大学出版会、一九八六年、一七頁参照。
39 注28および29参照。ちなみに司法局布告第三号は、判事、検事および主事の任命に関するもので、布告第一号および第二号と同じく一一月一六日に発布されている（『重要日誌』一五頁参照）。ただし、その原文は未入手。
40 各裁判所の設置および管轄区域は、布告第四号の別紙に定められることになっているが（同布告、第六項）、この別紙が法令公報臨時増刊号第六輯に掲載されていないため、人民裁判所が地方のどのレベルに置かれたものかは、必ずしも定かではない。しかしながら、人民裁判所および道裁判所にはそれぞれ参審員が置かれることになっており、布告第四号第四項によれば「参審員は、各裁判所所在地の道または郡人民委員会でこれを選任する」（傍点、引用者）こととなっているため、人民裁判所が郡レベルのものであったことが推測できる。
41 道裁判所から北朝鮮裁判所に上訴される場合も「上告」ではなく、「控訴」という用語が使われている。
42 ただし、布告第四号の第一項の柱書では、「三審制」としている。
43 崔容達「司法機構ノ確立……」三五頁。
44 金圭昇、前掲書、二〇二頁参照。
45 藤木英雄等編『法学小辞典』有斐閣、一九七二年、七九七頁参照。
46 注33参照。
47 金圭昇、前掲書、二〇二頁参照。
48 藤木等編、前掲書、三六三～六四頁参照。
49 例えば、車淳鵬「参審制度ト参審員ノ任務」（『人民』第二巻第四号、一九四七年五月二八日）一三二頁以下参照。
50 藤田、前掲書、九二～九三頁参照。
51 金圭昇、前掲書、二〇〇頁によれば、司法局布告第三号により、判事は司法局長が任命することとなったとされている。
52 一九四六年一月一日付け司法局布告第七号「罰金額改正ニ関スル件」（『法令公報』臨時増刊第六輯、一九四七年六月一〇日、二二頁）；一九四六年一月一日付け司法局布告第八号「体刑ト罰金併科ニ関スル件」（『法令公報』臨時増刊第六輯、一九四七年六月一〇日、二頁)。

53 一九四六年一月二六日付け司法局布告第九号「農産物買上ゲ不応等処罰ニ関スル件」(『法令公報』臨時増刊第六輯、一九四七年六月一〇日、二頁);一九四六年一月二六日付け司法局布告第一〇号「決定、指令、命令等違反ニ関スル件」(『法令公報』臨時増刊第六輯、一九四七年六月一〇日、二頁);一九四六年一月二六日付け司法局布告第一一号「租税滞納処罰ニ関スル件」(『法令公報』臨時増刊第六輯、一九四七年六月一〇日、二〜三頁)。

54 司法局布告第一二号は、未入手のため不明。

55 一九四五年一二月二九日付け商業局布告第一号「商業局臨時行政措処要綱」(『法令公報』臨時増刊第六輯、一九四七年六月一〇日、八頁)。

56 一九四五年一二月八日付け「産業局臨時措置施政要綱」(『法令公報』臨時増刊第六輯、一九四七年六月一〇日、七頁)。

57 『重要日誌』二七〜三〇頁。臨時人民委員会設立の経緯については、前掲「目前ノ朝鮮政治形勢ト……」参照のこと。なお、臨時人民委員会決定第三号の一「北朝鮮臨時人民委員会構成に関する規定」(一九四六年三月六日)の第一条にも臨時人民委員会は、「北朝鮮にある各人民委員会、民主主義諸政党、各社会団体の代表者により組織された拡大委員会の決定によって北朝鮮の最高行政主権機関として」組織された旨の規定がある(『北朝鮮法令集』七頁)。

58 同上「目前ノ朝鮮政治形勢ト……」九頁参照。

59 一九四六年三月六日付け臨時人民委員会決定第三号の一「北朝鮮臨時人民委員会構成ニ関スル規定」(『北朝鮮法令集』七〜九頁)。

60 『重要日誌』二八頁。

61 ①労働局は、一九四六年九月一四日付け臨時人民委員会決定第七九号「労働部設置ニ関スル決定書」(前掲「北朝鮮人民会議重要日誌」一二八頁参照)により、当初労働部として設置され、その後一九四七年一月二四日付け臨時人民委員会決定第一六一号「北朝鮮臨時人民委員会労働局設置ニ関スル決定書」(『法令公報』第一六号、一九四七年一月二七日、一頁)により労働局に昇格した。労働部長および労働局長は、いずれも呉淇燮であった。
②企画局は、一九四六年一二月二三日付け臨時人民委員会決定第一三六号「北朝鮮臨時人民委員会企画局設置ニ関スル件」

(『法令公報』第一二号、一九四六年一二月三〇日、一頁)により設置された。局長は、朴聖奎であった。
③糧政部は、一九四六年六月二七日付け「農業現物税ニ関スル決定書」(『法令公報』臨時増刊第二輯、一九四七年一月一五日、六~七頁)の第七条により設置が規定され、同年七月一〇日付けの臨時人民委員会決定第四五号「糧政部機関ニ関スル決定書」(『法令公報』第二輯、一九四七年一月一五日、二二~二三頁)により組織された。部長は、文会彪であった(『法令公報』臨時増刊第八輯、一九四七年六月二四日、八頁参照)。
④幹部部は、一九四六年七月一〇日付け臨時人民委員会決定第三七号「北朝鮮臨時人民委員会幹部部新設ニ関スル決定書」(『法令公報』臨時増刊第二輯、一九四七年一月一五日、一八頁)により設置された。局長は、当時の総務部長であった金永損が臨時に兼務することとされた。

62 なお、臨時人民委員会の一〇局と行政一〇局との関係については、注14参照。

63 『重要日誌』二八頁参照。

64 農業局長、商業局長、交通局長、保安局長および宣伝部長については、例えば、一九四六年一二月一六日付け臨時人民委員会決定第一四〇号「糧穀収買事業ニ関スル件」(『法令公報』第一二号、一九四六年一二月三〇日、三~四頁)の条文中に局長名があげられている。財政局長および司法局長については『法令公報』臨時増刊第六輯(一九四七年六月一〇日)に、逓信局長および保健局長については同臨時増刊第八輯(一九四七年六月二四日)にならびに農林局長については同臨時増刊第七輯(一九四七年六月二〇日)にそれぞれ所収されている各局布告等に局長名が掲載されている。教育局長については、金策「北朝鮮人民委員会新発足ニツイテ」(『人民』第二巻第三号、一九四七年四月二八日)二二頁に掲載されている張鍾植の経歴によった。その他の局部長については、注61を参照。ただし、これらの局長が臨時人民委員会の最初の時期から最後の時期まで同職にあったとは限らず、その前任者または後任者がいた可能性を排除するものではない。ちなみに、『朝鮮中央年鑑―一九五〇年版』一九七頁によれば、臨時人民委員会の局部長は、次のとおりとなっている(同年鑑は、ハングル表記で書かれているため、人名の漢字が他の資料等で明らかでないものについては、ハングル表記のままとした)が、保安局長として朴一禹、宣伝部長として李清源の名が記されていない等必ずしも正確なものとはいえない。
産業局長　李文煥/交通局長　한희진(後に許南熙)/農林局長　李舜根/財政局長　李鳳洙/逓信局長(印刷不鮮明)

／商業局長　한동삼（後に張時雨）／教育局長　張鍾植／保健局長　尹基寧／司法局長　崔容達／保安局長　崔庸健／企画局長　정진태（後に朴聖奎）／宣伝部長　呉淇燮／労働部長　呉淇燮／総務部長　李周淵

65　一九四六年一〇月一二日付け臨時人民委員会指示「北朝鮮行政職員処務税例中改正ノ件」（『法令公報』第八号、一九四六年一二月三日、一頁）。

66　一九四六年四月二五日付け北朝鮮臨時人民委員会布告第三号「北朝鮮家畜伝染病予防令」（『北朝鮮法令集』八三頁）。

67　一九四六年七月一日付け臨時人民委員会布告第一一号「専売関係法令中団束関係条項ニ限ル臨時措置ニ関スル件」（『北朝鮮法令集』五六頁）。

68　一九四六年三月六日付け臨時人民委員会決定第三号の二「北朝鮮臨時人民委員会司法局、裁判所、検察所ノ構成ト職務ニ関スル基本原則」（『北朝鮮法令集』二六〇～六三頁）。

69　一九四六年七月九日付け臨時人民委員会決定第三一号「北朝鮮臨時人民委員会司法局、裁判所、検察所ノ構成ト職務ニ関スル基本原則中改正ノ件」（『法令公報』臨時増刊第二輯、一九四七年一月一五日、一五頁）。

70　崔容達「司法機構ノ……」三七～三八頁。

71　同上。

72　一九四六年三月六日付け臨時人民委員会決定第三号の二「北朝鮮臨時人民委員会司法局、裁判所、検察所ノ構成ト職務ニ関スル基本原則」（『北朝鮮法令集』二六〇～六三頁）。

73　一九四六年四月一九日付け「北朝鮮臨時人民委員会司法局、裁判所、検察所ノ構成ト職務ニ関スル基本原則増補」（『北朝鮮法令集』二六三～六四頁）。

74　一九四七年一月二四日付け臨時人民委員会決定第一六〇号「北朝鮮検察所ヲ北朝鮮臨時人民委員会ニ直属サセルコトニ関スル決定書」（『法令公報』第一六号、一九四七年一月二七日、一頁）。

75　一九四七年二月七日付け臨時人民委員会決定第一七九号「弁護士ニ関スル規程」（『法令公報』二五八～六〇頁；『北朝鮮法令集』二五八～六〇頁）。

76　『重要日誌』四九頁参照。なお、金圭晃の前掲書、二一一頁の注九によれば、この法律学院は、一九四五年一二月二八日に組織された法律講習所を前身としているとされている。
77　注69参照。
78　一九四七年一月一四日付け臨時人民委員会決定第一五七号「判事選挙ニ関スル決定書」（『法令公報』第一五号、一九四七年一月一六日、一～二頁；『北朝鮮法令集』二五八頁）。
79　一九四六年九月五日付け臨時人民委員会決定第七二号の二「北朝鮮面、郡、市及ビ道人民委員会委員ノ選挙ニ関スル規定」（『北朝鮮法令集』二六～三〇頁）。
80　北朝鮮労働党中央委員会『北朝鮮労働党第二回全党大会会議録』（発行所、出版年不明）。
81　同上、一四四～四五頁。
82　注74参照。
83　前掲「目前ノ北朝鮮政治形勢ト……」一一～一四頁参照。
84　ちなみに、同報告で掲げられた当面の課題一〇項目は、以下のとおりであった。
①地方政治機関の強化ならびに同機関からの親日派および反民主主義的分子の粛清。
②土地改革。
③生産企業所の回復および発展。
④鉄道および水路運輸業の回復。
⑤金融・銀行体系および商業の整理。
⑥企業家および商業家の私有資本の発展ならびに中小企業の奨励および発展。
⑦労働運動の幇助。
⑧教育制度の改造。
⑨文化啓蒙事業の展開。
⑩モスクワ外相会議の決定の正しい解釈。
85　『重要日誌』一一九頁。

86　土地改革問題に関しては、臨時人民委員会の結成大会以後、一九四六年二月二八日から平壌で開催された全国農組北朝鮮連盟代表大会で討議され、同大会は、同年三月三日に臨時人民委員会に対し、土地改革に関する法令を制定する際に考慮すべき要望事項につき要請を行っている。「全国農民組合北朝鮮農民連盟代表者大会ノ決定書」（北朝鮮人民委員会編『土地改革問題』東京、解放新聞社出版部、一九四六年九月二五日）六二～六四頁参照。

87　一九四六年三月五日付け臨時人民委員会決定「北朝鮮土地改革ニ関スル法令」（『北朝鮮法令集』五九頁）。「北朝鮮人民会議重要日誌」（『人民』第三巻第四号、一九四八年九月二〇日）一二三頁によれば、同法令は、臨時人民委員会決定第二号とされているが、『北朝鮮法令集』一一七頁によれば、「北朝鮮臨時人民委員会の食料対策に関する決定書」（一九四六年二月二七日）が臨時人民委員会決定第二号となっている。この間の事情は、不明である。

88　一九四六年三月五日付け「土地改革実施ニ関スル臨時措置法」（『北朝鮮法令集』六二頁）。この措置法が決定の形で出されたのか、あるいは、他の形で出されたのかは不明。

89　一九四六年三月七日付け臨時人民委員会決定第四号「北朝鮮土地改革ニ関スル法令ニ関スル決定書」（『北朝鮮法令集』六二～六三頁）。

90　一九四六年三月八日付け「土地改革法令ニ関する細則」（『法令公報』臨時増刊第七輯、一九四七年六月二〇日、三～六頁；『北朝鮮法令集』五九～六二頁）。同細則は、農林局長名（李舜根）で出されており、臨時人民委員会委員長（金日成）の批准となっていることより、農林局布告もしくは指令の形で出されたものと推測される。

91　土地改革の内容の詳細については、本論のテーマから若干はずれるため、あえて本文には記さないこととしたが、参考までにその概略を示せば以下のとおりとなる（以下、「土地改革に関する法令」を「法令」と、「土地改革に関する細則」を「細則」と略称する）。

（イ）没収される土地の範囲

①日本国家、日本人および日本人の団体の所有地（法令第二条ア）。

②朝鮮民衆の反逆者（朝鮮民衆の利益に損害を与え、日本の政権機関に積極的に協力した者）の所有地（法令第二条イ前段）。

③朝鮮が日本から解放された時に自分の地方から脱走した者の所有地（法令第二条イ後段）。

④一農戸当たり五町歩以上の土地を所有する朝鮮人地主の所有地（法令第三条ㄴ）。ただし、自力で耕作している部分は、没収しない（細則第五項）。
⑤全所有地を小作させている地主の土地（法令第三条ㄷ）。
⑥面積にかかわらず継続的に小作させている土地（法令第三条ㄷ）。
⑦五町歩以上の土地を所有している聖堂、僧院その他宗教団体の所有地（法令第三条ㄹ）。ただし、自力で耕作している部分は没収しない（細則第七項）。
（ロ）没収されない土地の範囲
①学校、科学研究会および病院の土地（法令第四条ㄱ）。
②朝鮮独立または朝鮮民族の文化発展の功労者の土地。ただし、臨時人民委員会の特別な決定を要する（法令第四条ㄴ）。
（ハ）土地分与対象者（法令第六条ㄱ）
①農業雇用者
②土地のない農民
③土地の少ない農民
（ニ）土地分与の方式
分配面積は、家族数および当該家族内での労働能力を有する者の数を基準に決定する（細則第一五項）。具体的な分与案は、各農村の農村委員会（各農村の農業雇用者、土地のない小作人および土地の少ない小作人の総会で挙手による多数で選出された農村委員により構成される委員会。委員の人数は、当該農村の人口に応じ五〜九人とされた〔細則第一項〕）が作成し、面人民委員会の承認を求めることとされた（細則第二項）。
（ホ）土地売買等の禁止
分与された土地の売買および抵当権設定は禁止された（法令第一〇条）。
（ヘ）実施体制
臨時人民委員会の指導の下、各道、郡、面人民委員会が実施責任を負う。具体的実施は、各農村の農村委員会が行う（法令第一五条）。

（ト）実施期限

一九四六年三月末までに完了する（法令第一七条）。

92 「土地改革に関する法令」および「土地改革に関する細則」では、農村委員会とされているが、「北朝鮮土地改革に関する法令に関する決定」では、実施委員会とされている。

93 朝鮮中央通信社『朝鮮中央年鑑―一九八三年版』平壌、一九八三年、一二二～三一頁参照。

94 一九四六年五月一四日付け臨時人民委員会決定第一三号「北朝鮮司法機関ノ刑事裁判ニ関スル規程」（『北朝鮮法令集』二七四～八二頁）。

95 一九四六年六月二〇日付け臨時人民委員会決定第二六号「北朝鮮ノ検察所、予審及ビ保安機関ノ刑事事件審理ニ関スル法令」（『法令公報』臨時増刊第二輯、一九四七年一月一五日、一～六頁；『北朝鮮法令集』二六九～七四頁）。

96 一九四六年六月八日付け臨時人民委員会決定第二七号「北朝鮮臨時人民委員会決定書」（『法令公報』臨時増刊第二輯、一九四七年一月一五日、六頁；『北朝鮮法令集』二八二頁）。

この決定は、公布の日付と決定の号数との間の平仄《ひょうそく》がとれていない。すなわち、公布は、一九四六年六月八日となっており、同年六月二〇日に公布された刑事審理法令より前になっているが、決定の号数は、第二七号となっており第二六号である刑事審理法令の後になっている。加えて、本決定は、公布の日付けが後になっている刑事審理法令を引用しており、この点でも本決定と刑事審理法令の先後関係につき矛盾がある。

97 一九四六年一二月二六日付け臨時人民委員会決定第一四二号「北朝鮮ノ国家、社会団体、消費組合ノ財産ノ保護ニ関スル法令」（『法令公報』第一二号、一九四六年一二月三〇日、六頁；『北朝鮮法令集』二六六頁）。

98 一九四六年一二月二六日付け臨時人民委員会決定第一四三号「北朝鮮ノ賂物及ビ其ノ他職務怠慢処罰ニ関スル法令」（『法令公報』第一二号、一九四六年一二月三〇日、七～八頁；『北朝鮮法令集』二六四～六六頁）。

99 一九四七年一月二四日付け臨時人民委員会決定第一六二号「北朝鮮ノ人民保健ヲ侵害スル罪ニ関スル法令」（『法令公報』第一六号、一九四七年一月二七日、一～二頁；『北朝鮮法令集』二六九頁）。

100　一九四七年付け臨時人民委員会決定第一六三号「北朝鮮ノ封建遺習残滓ヲ退治スル法令」（『法令公報』第一六号、一九四七年一月二七日、二頁；『北朝鮮法令集』二六九頁）。

101　一九四七年一月二四日付け臨時人民委員会決定第一六四号「生命、健康、自由、名誉保護ニ関スル法令」（『法令公報』第一六号、一九四七年一月二七日、二～四頁；『北朝鮮法令集』二六六～六八頁）。

102　一九四七年一月二四日付け臨時人民委員会決定第一六五号「個人財産保護ニ関スル法令」（『法令公報』第一六号、一九四七年一月二七日、四頁；『北朝鮮法令集』二六八～六九頁）。

103　本法令の一夫一妻制を遵守しないものというのは、一九五〇年刑法第二五六条では、「妾を囲った者は」となっていること、および本法令がもっぱら女性の保護を目的としていると思われることから、主として男性を処罰対象としたものと思われる。

104　一九四六年六月二四日付け臨時人民委員会決定第二九号「北朝鮮労働者及ビ事務員ニ関スル労働法令」（『法令公報』臨時増刊第二輯、一九四七年一月一五日、七～九頁；『北朝鮮法令集』二二九～三〇頁）。

105　一九四六年七月二四日付け臨時人民委員会決定第五二号「工業許可令」（『法令公報』臨時増刊第二輯、一九四七年一月一五日、二六～二七頁；『北朝鮮法令集』四九～五一頁）。

106　一九四六年七月三〇日付け臨時人民委員会決定第五四号「北朝鮮ノ男女平等権ニ関スル法令」（『法令公報』臨時増刊第二輯、一九四七年一月一五日、二七～二八頁；『北朝鮮法令集』三〇一頁）。

107　一九四六年八月一〇日付け臨時人民委員会決定第五八号「北朝鮮臨時人民委員会ノ産業、交通、運輸、逓信、銀行等ノ国有化ニ関スル法令」（『北朝鮮法令集』四三頁）。

108　『重要日誌』二七～三〇頁。

109　「朝鮮臨時政府樹立ヲ前ニシテ二〇箇条政綱発表」（『重要報告集、朝鮮民主主義人民共和国樹立ノ道』）二〇～二二頁参照。「京城市で事業を始めたソ・米共同委員会は、朝鮮に民主主義的臨時政府を結成する問題を解決することでしょう。朝鮮臨時政府は、全体人民の利益と希望を実現する能力を有する真実の民主主義的政府にならなければなりません。我々は、以上に述べたような真実の民主主義的政府は、以下のような政綱の上でのみ結成されることができることを指摘します」「（５）全体公民に性別、信仰および資産の多少にかかわらず、政治、経済、生活の諸条件での同等な権利を保障すること」

「(9) 大企業所、運輸機関、銀行、鉱山、森林を国有化すること」

「(14) 労働者と事務員に八時間労働制を実施し、最低賃金を規定すること。一三歳以下の少年の労働を禁止し、一三歳から一六歳までの少年に六時間労働制を実施すること」

110 ただし、個人の経済活動の奨励については、臨時人民委員会の目標として掲げられていた。

111 一九四六年八月九日付け臨時人民委員会決定第五七号「公民証ニ関スル決定書」(『北朝鮮法令集』二八五頁)。

112 一九四六年八月九日付け「北朝鮮内公民証交付実施ニ関スル細則」(『北朝鮮法令集』二八五~八八頁)。

113 『重要日誌』五六頁。

114 一九四六年労働法令の前文参照。

115 有害な条件下にある生産部門および地下労働は、一日七時間労働とされ(第二条)、また、一四歳から一六歳までの者の労働時間は、一日六時間とされた(第三条)。なお、有害な条件下にある職種については、産業局と職業総同盟が規定することとされた(第二条)。

116 一九四六年一二月一九日付け臨時人民委員会決定第一三五号「社会保険法」(『北朝鮮法令集』二三一~四五頁)。

117 『重要日誌』六五~六六頁。

118 一九四六年九月一四日付け臨時人民委員会決定第七八号「北朝鮮ノ男女平等権ニ関スル法令施行細則」(『北朝鮮法令集』三〇一~〇三頁)。

119 男女平等法令および男女平等細則が婚姻・家族法としての役割を果たしたことについては、大内憲昭の前掲論文六四~六五頁の注二九および崔達坤(本渡諒一・木ノ宮圭造訳)『北朝鮮婚姻法』東京、日本加除出版、一九八二年、二一頁も指摘している。

120 男女平等細則第二〇条は、若干わかりにくい条文である。同条によれば、子の養育者は、養育する子が一人の場合は、相手方の収入の二〇%、二人の場合は三五%、五人以上の場合は五〇%を請求できるとされているが、離婚当事者の片方がすべての子の養育を行う場合は別として、双方が何人かずつ養育する場合は、より多くの子を養育する者が多い人数分に応じて請求できるのか、あるいは、双方がそれぞれの養育する子の人数に応じて請求しあうのか、条文からは必ずしも明確ではない。同条中段によれば、「夫婦が同数の子女を養育するときには、互いに養育費を請求できない」とされており、これから判断すれば、上記解釈のうち前者を想定しているようにもみえるが、確たる証拠はない。また、養育する子が三人または四人の場合は、相手の収入の何%を請求できるかも条文上には、明記されていない。おそらくは、二人の場合と同様三五%とされるものと思われるが、いずれにせよこの点も条文上明らかにはなっていない。

121　一九四六年一一月三〇日付け臨時人民委員会決定第一二四号「国営企業場管理令」(『北朝鮮法令集』四六頁)。

122　一九四六年一〇月四日付け臨時人民委員会決定第九一号「個人所有権ヲ保護シ、産業及ビ商業活動ニオイテノ個人ノ創性ヲ発揮サセル為ノ対策ニ関スル決定書」(『北朝鮮法令集』四三～四四頁)。

123　一九四六年一一月二五日付け臨時人民委員会決定第一一二号「北朝鮮産業及ビ商業発展ニ関スル法令」(『北朝鮮法令集』四四～四六頁)。

124　『北朝鮮法令集』四三頁では、個人所有権保護決定書のタイトルの部分および第一項の中で、「北朝鮮臨時人民委員会」ではなく、「北朝鮮人民委員会」の語が用いられている。しかしながら、この決定書が出された一九四六年八月一〇日には、いまだ北朝鮮人民委員会は設立されておらず北朝鮮臨時人民委員会の時代であり、また、同決定書が一九四七年八月一〇日(北朝鮮人民委員会の時代)ではなく、一九四六年に出されていることは、前掲「北朝鮮人民会議重要日誌」および『重要日誌』も等しく記しているところである。加えて、より決定的な証拠としては、産業および商業の発展法令は、『北朝鮮法令集』四四頁に一九四六年一一月二五日に臨時人民委員会の決定として公布された旨記録されており、同法令の第一条で個人所有保護決定書が引用されているため、同決定書が一九四七年に出されたとは考えられない。したがって、『北朝鮮法令集』四三頁にある「北朝鮮人民委員会」なる語は、いずれも「北朝鮮臨時人民委員会」の誤りであると思われる。

125　別表の一部を抜粋すると次のとおりとなる。

工業名	市、郡許可	道許可	産業局許可
油脂工業	甲	乙	丙
炭素工業	甲		乙、丙
軽金属工業		甲	乙、丙
人造ゴム工業			甲、乙、丙
繊維工業		甲、乙	丙
印刷製本業	甲	乙、丙	

126　一九四六年一〇月二五日付け臨時人民委員会決定第一〇二号「工業許可令改正」。決定第一〇二号自身のテキストは、未入手であるが、同決定により改正された後の工業許可令のテキストは、『北朝鮮法令集』四九～五一頁に掲載されており、『法令公報』臨時増刊第二集（一九四七年一月一五日）七～九頁に掲載されている改正前のテキストとの比較で同改正の内容を知ることができる。

127　一九四六年四月一三日付け臨時人民委員会商業局布告第二号「商業機関ニ関スル命令」（『法令公報』臨時増刊第六輯、一九四七年六月一〇日、八～九頁；『北朝鮮法令集』五一頁）。

128　一九四六年六月一五日付け臨時人民委員会商業局布告第三号「商業機関ニ関スル命令ニ関スル施行細則」（『法令公報』臨時増刊第六輯、一九四七年六月一〇日、九頁；『北朝鮮法令集』五一～五二頁）。

129　一九四六年七月四日付け商業局指令第四四九号「商事会社設立認可方針ニ関スル件ノ内示」（『法令公報』臨時増刊第六輯、一九四七年六月一〇日、九～一〇頁）。

130　一九四七年二月三日付け臨時人民委員会商業局布告第五号および財政局布告第二七号「商店許可制実施ニ関スル布告」（『北朝鮮法令集』五二～五三頁）。

131　例えば、ソ・チャンソップの前掲書八〇頁には、次のような記述がある（金圭昇、前掲書、三九頁にも同旨の記述がある）。「個人商人のなかで農村に行き農産物を安い価格で買っては、高く売る現象が生じ、富農およびずるい商人、企業家のなかには、高利貸しをして農民を搾取する者もいた。

これは、生産関係の社会主義的改造を妨害する害毒行為であるのみならず、経済建設および人民生活向上に支障を与える犯罪的行為であった。古い経済の社会主義的改造を促進するためには、資本主義経理のこうした否定的側面が大きくなれないようにあらゆる方面で抑制しなければならない。

こうして我が国は、社会主義的改造を実現する革命発展の要求に合わせ、資本主義的商工業に対する統制を一層強化するための法規を新しく制定、実施した。

『個人商工業許可に関する規定』（内閣批准一九五五年八月二三日、商業省令第九号）を通じて、個人商工業に関する登録制をなくし、許可制を実施した。この法規により、個人商工業の経営は、定められた手続きによる許可を受けてのみ行うことができるようになり、その業種および品種が徹底して生活必需品の生産および商品流通に局限されるようになった。個人商工業者には、化学製品の生産、非鉄金属の加工、人参販売、糧穀商をはじめ一連の業種が禁止された。こうした規制は、企業家および商人がみだりに活動範囲を広げ、巨額の利潤を揚げることをなくすように抑制する作用をした」

なお、上記引用部分によれば、商工業における許可制の導入は、一九五五年の「個人商工業に関する規定」によるもので、それ以前は、登録制が採用されていたことになるが、本論本文にあるように許可制の導入は、一九四六年まで遡ることができ、その記述には疑問がある。

132 「公民証に関する決定書」第一〇項では、「人民委員会の証明」となっているだけで、この「人民委員会」が臨時人民委員会自身を指すのか、地方人民委員会を指すのか明確ではない。しかしながら、「北朝鮮内公民証交付実施に関する細則」第一七条第二号に「戸籍になかったり、個人生産機関、小社会団体で働く者、あるいは無職者は、市、面人民委員長の証明を受けなければならない」との規定があることより、同決定書第一〇項の「人民委員会」は、臨時人民委員会ではなく、市、面人民委員会を指すものと思われる。

133 一九四六年九月五日付け臨時人民委員会決定第六九号「北朝鮮道、市、郡、面、里人民委員会ニ関スル規定」（『北朝鮮法令集』九〜一二頁）。なお、前掲「北朝鮮人民会議重要日誌」一二八頁および『重要日誌』七六頁によれば、同年九月七日に「里人民委員会構成および面里人民委員会選挙に関する決定書」（臨時人民委員会決定第七四号）が、また、同上『重要日誌』八六頁によれば、同年一〇月二六日に「北朝鮮道、市、郡、面、里人民委員会に関する規定の実施要綱」が公布されたとされている。しかしながら、これら決定書および要綱の内容は、原文未入手のため不明である。

134 人民委員の人数については、具体的には次のとおりとなっていた。

道人民委員会：人口二万名に一名の比率。

市人民委員会：①人口一万～五万名の市は、人口二千名に一名の比率。②人口五万～一〇万名の市は、人口三千名に一名の比率。③人口一〇万～二〇万名の市は、人口五千名に一名の比率。④人口二〇万名以上の市は、人口八千名に一名の比率。

郡人民委員会：人口三千名に一名の比率。

里人民委員会：①人口千名未満の里は、委員五名。②人口千名以上の里は、委員七名。

135 道、市および郡人民委員会に設置された部・課は、次のとおり。

道人民委員会：総務部、産業部、財政部、農業部、商業部、教育部、保健部、施設部、保安部、司法部、労働部、糧政部

市人民委員会：総務課、産業課、財政課、商業課、農産課、教育課、保健課、施設課、労働課

郡人民委員会：総務課、農産課、財政課、教育課、保健課、施設課、糧政課

136 里人民委員会については、①人口千名未満の里は、委員五名、②人口千名以上の里は、委員七名とされた（地方人民委員会規定第一二条）。なお、同規定は、当初、委員の数を三～五名と定めていたが、一九四七年一月七日に公布された「北朝鮮臨時人民委員会の面および里（洞）人民委員会の委員選挙に関する件」（臨時人民委員会決定第一四六号）第五項により人口に応じ五～七名との規定に修正された。『法令公報』第一三号（一九四七年一月一一日）一頁参照。

137 一九四六年九月一五日の地方人民委員会選挙規定以前に北朝鮮において選挙制が存在したか否かは、定かではない。しかしながら、一九四五年一一月にソウルで開催された全国人民委員会代表者大会の第一回拡大執行委員会（一九四五年一一月二四日）において、咸南道代表の金炳候が選挙権者の年齢は「三八度線以北と同じく二〇歳にしたらいいかが」と発言していること、および江原道北部代表の崔公集が「江原道では、民族反逆者の財産は没収し、家族全部からも被選挙権を剥奪した」と発言していることから、すでに道レベルの選挙が実施されていた可能性がある（『全国人民委員会代表者大会議事録』ソウル、全国人民委員会、一九四六年四月一八日、一一七および一一九頁参照）。

138 一九四六年九月五日付け臨時人民委員会決定第七二号の二「北朝鮮面、郡、市及ビ道人民委員会委員ノ選挙ニ関スル規定」

（『北朝鮮法令集』二六〜三〇頁）。ただし、同規定は、同年九月一四日の臨時人民委員会決定第七七号で一部改正されている。なお、この規定の決定号数については、前掲「北朝鮮人民会議重要日誌」一二七頁によった。

139 一九四七年一月七日付け臨時人民委員会決定第一四七号「北朝鮮面及ビ里（洞）人民委員会委員選挙ニ関スル規定ノ件」（『北朝鮮法令集』三〇〜三六頁）。ただし、同規定は、一九四七年一月一一日付け臨時人民委員会決定第一五五号により一部改正されている。

140 同規定は、さらに、「親日分子」として具体的に次の者を列挙している（第一条一〜六号）。
①朝鮮総督府の中枢院の参議、顧問全部
②道会議員、府会議員の朝鮮人全部
③日帝時代の朝鮮総督府および道の責任者として勤務した朝鮮人全部
④日帝時代の警察、検事局、裁判所の責任者として勤務した朝鮮人全部
⑤自発的意思により日本を幇助する目的で日本の主権に軍需品生産その他の経済資源を提供した者
⑥親日団体の指導者として熱誠的に日本帝国主義の幇助《ほうじょ》をした者

141 候補者が一人のみであった場合には、当該候補者を除外し、まったく新たな候補者からなる選挙を改めて行うこととされた（第五四条）。

142 地方人民委員会選挙規定によれば、面の選挙区は、人口千名につき一つとされたが（同第一七条）、面、里選挙規定によれば、①人口三千〜五千名の面では、三〇〇人に一選挙区、②人口五千〜一万名の面では、五〇〇名に一選挙区、③人口一万名以上の面では、七〇〇名に一選挙区、および④人口二万名以上の面では、千名に一選挙区が組織された（同第一六条）。

143 面、里選挙規定において、里人民委員会に言及した部分は、「里（洞）人民委員会」との文言になっている。したがって、本節で以下「里人民委員会」とするのは、原則として「里（洞）人民委員会」の意味である。

144 選挙人総会は、民主主義政党、社会団体および諸集団とともに、面人民委員会の候補者を推薦することが認められた（面、里選挙規定第二六条）。

145 『重要日誌』七五頁。

146 一九四六年九月五日付け臨時人民委員会決定第七二号「面、郡、市、道人民委員選挙ニ関スル北朝鮮臨時人民委員会第二次拡大委員会ノ決定書」(『北朝鮮法令集』二六頁)。

147 『重要日誌』八七頁。

148 同上八八頁。なお、前掲「北朝鮮人民会議重要日誌」一五〇頁では、決定一〇五号の公布日が一〇月八日になっているが、これは、一一月八日の誤りと思われる。

149 一九四七年一月七日付け臨時人民委員会決定第一四六号「北朝鮮臨時人民委員会面及ビ里(道)人民委員会ノ委員選挙ニ関スル件」(『法令公報』第一三号、一九四七年一月一一日、一～二頁)。

150 『重要日誌』一〇三頁および一〇六頁。

151 一九四七年二月四日付け臨時人民委員会決定第一七六号「北朝鮮道、市、郡人民委員会大会招集ニ関スル決定書」(『北朝鮮法令集』二頁)。

152 一九四七年二月四日付け臨時人民委員会決定第一七七号「北朝鮮道、市、郡人民委員会大会代表選挙ニ関スル規定」(同上二頁)。

153 北朝鮮人民会議常任議員会『北朝鮮人民会議常任議員会公報』第一輯、平壌、一九四七年六月、一～二八頁。

154 「北朝鮮人民会議創立ニ関スル北朝鮮人民委員会大会決定書」(『北朝鮮法令集』二～三頁；『法令公報』第二〇号、一九四七年二月二五日、五頁)。

155 『重要日誌』一〇一頁。

156 「北朝鮮人民会議ニ関スル規定」(『法令公報』第二〇号、一九四七年二月二五日、五頁；『北朝鮮法令集』一頁；前掲『北朝鮮人民会議常任議員会公報』三七頁)。

157 「北朝鮮人民会議代議員選挙手続ニ関スル規定」(『法令公報』第二〇号、一九四七年二月二五日、六頁；『北朝鮮法令集』三頁)。

158 『重要日誌』一〇一頁。

159 同上、一〇一～〇二頁。

160 同上、一〇二頁。

161　同上、一〇二頁；前掲『北朝鮮人民会議常任議員会公報』三九頁。
162　「北朝鮮臨時人民委員会ノ事業決算報告ニ関スル北朝鮮人民会議ノ決定書」（『法令公報』第二〇号、一九四七年二月二五日、七頁；『北朝鮮法令集』七頁）。
163　「北朝鮮人民委員会ニ関スル規定」（『法令公報』第二〇号、一九四七年二月二五日、九～一〇頁；『北朝鮮法令集』三～四頁；前掲『北朝鮮人民会議常任議員会公報』四一～四二頁）。
164　『重要日誌』一〇二頁。なお、人民委員会の結成の手続きに関しては、「北朝鮮人民委員会に関する規定」の中には規定がなく、もっぱら「北朝鮮人民会議に関する規定」第一一条に規定されている。同条によれば、人民会議が人民委員会の委員長を選挙し、同委員長に人民委員会の組織を委任し、その結果を承認することとされていた。
165　前掲『北朝鮮人民会議常任議員会公報』四三頁。
166　人民委員会に設置された局および部は、次のとおり。
企画局、産業局、内務局、外務局、農林局、財政局、交通局、逓信局、商業局、保健局、教育局、労働局、司法局、糧政部、宣伝部、幹部部、総務部、人民検閲局
167　一九四八年憲法第三二条および第三三条。
168　一九四八年憲法第五二条。
169　人民会議が開催されたのは、以下の六回であった。前掲「北朝鮮人民会議重要日誌」一一九～一二一頁。
第一次人民会議、一九四七年二月二一～二二日
第二次人民会議、一九四七年五月一五～一六日
第三次人民会議、一九四七年一一月一八～一九日
第四次人民会議、一九四八年二月六～七日
特別人民会議、一九四八年四月二八～三〇日
第五次人民会議、一九四八年七月九～一〇日
170　一九四七年二月二二日付け「北朝鮮ノ裁判所及ビ検察所ニ関スル規定」（『法令公報』第二〇号、一九四七年二月二五日、

一〇～一一頁；『北朝鮮法令集』二五七～五八頁；前掲『人民会議常任議員会公報』四五頁）。
171　一九四七年二月二七日付け人民委員会法令第二号「北朝鮮税金制度改革に関スル決定書」（『法令公報』第二一号、一九四七年三月五日、三～一一頁；『北朝鮮法令集』一二八頁）。
172　一九四七年三月四日付け人民委員会決定第一号「労働紹介所設置ニ関スル決定書」（『法令公報』第二三号、一九四七年三月二五日、一頁）。
173　前掲「北朝鮮人民会議重要日誌」一三四～四四頁による。
174　一九四七年六月一三日付け農林局命令第七号「北朝鮮牛籍令」（『法令公報』第三〇号、一九四七年七月一日、一～三頁；『北朝鮮法令集』七八頁）。
175　一九四七年六月一一日付け農林局規則第八号「農業現物税改正ニ関スル決定書ニ関スル細則」（『法令公報』第二九号、一九四七年六月三〇日、三～四頁；『北朝鮮法令集』九四～九六頁）。
176　一九四七年三月三一日付け人民委員会決定第二二号「公民証に関スル決定書中改正ニ関スル決定書」（『法令公報』第二五号、一九四七年四月一五日、六頁）。
177　一九四七年一〇月二一日付け人民委員会決定第七八号「北朝鮮臨時人民委員会決定第七五号中一部改正ニ関スル決定書」（この決定書の原文は、未入手。決定書自身の存在は、前掲「北朝鮮人民会議重要日誌」一三九頁によった）。
178　例えば、臨時人民委員会財政局布告第二〇号「各行政機関、国営企業所および公利団体所要人員定数録に関する件」は、人民委員会財政局規則第一号により改正されている（『法令公報』第三〇号、一九四七年七月一日、一～二頁参照）。
179　一九四七年二月二二日付け「北朝鮮ノ裁判所及ビ検察所ニ関スル規定」（『法令公報』第二〇号、一九四七年二月二五日、一〇～一一頁；『北朝鮮法令集』二五七～五八頁；前掲『人民会議常任議員会公報』四三～四四頁）。
180　前掲『人民会議常任議員会公報』四八～四九頁参照。北朝鮮最高裁判所長として崔允玉および李東건が、裁判員として정鎮泰、李在도、宋国항、李星熙、金신배が選出され、また、北朝鮮検察所長として張海友が任命された。
181　『法令公報』第三八号、一九四七年一二月二二日、二～四頁。
182　『重要日誌』一四九頁。ソ・チャンソップ、前掲書一五頁によれば、第四次人民会議の決定に従い全人民討議に付された憲法草案に対し、一九四八年二月一二日から四月二五日までの間討議が行われた。

183 『重要日誌』一六一頁。

184 同上、一八二頁。

185 同上、一九一頁。

186 同上、一九三頁。

187 北朝鮮の民事法の初期の制定過程については、拙論「一九四八年の北朝鮮契約法」（『外交時報』No.一二五九、一九八九年六月号、東京、外交時報社〔本書第4章に収録〕）二六〜三九頁参照。

188 本書〔『解放と革命』〕第2章鐸木昌之論文〔「北朝鮮における党建設」〕参照。

＊本論は、筆者〔藤井〕が純然たる個人の立場で一般に閲覧可能な資料のみを利用して作成したものである。したがって、本論に書かれている見解は、筆者が勤務する外務省の見解とは何らの関係もない。

〔初出〕

北朝鮮における法制度及び統治機構の形成（桜井浩編『解放と革命――朝鮮民主主義人民共和国の成立過程』アジア経済研究所、一九九〇年）

第6章 計画経済の基礎

——初期北朝鮮における経済に関する法の制定過程

〔解題〕

本論の狙いは、「一九四五年八月の解放から四八年九月の朝鮮民主主義人民共和国成立までの時期」において、「北朝鮮において計画経済の基礎がどのように、また、どの程度作られてきたのか（逆に言えば、どの程度作られなかったのか）という点を探究する」ことである。著者は、それを「経済に関する法令を概観することを通じて」行うと述べているが、その叙述は、単なる法令の条文紹介にとどまる平板なものではなく、入手可能なさまざまな資料を駆使した実証的かつ綿密な考証に基づくものである。

具体的な構成は、まず「解放直後」（一九四五年、四六年）における予算、税制の概要を踏まえたうえで、当時の北朝鮮経済の主な産業分野、すなわち、「土地改革」によって農民の自作農化が進められた農業分野、日本人と「朝鮮人民の反逆者」が所有した資産の接収によって基本的に「国有化」が進められた工業分野、および民営が大半を占めていた商業分野それぞれにおける概況と社会主義化に向けた取り組みを整理し、次に、当時、当局が経済を主導するうえで喫緊であったと思われるいくつかの課題、すなわち、食糧の調達と配給、「予定数字」と称された経済計画の策定、予算・税制の策定・整備、および通貨・物価の統制などについて、それぞれに係る制度ないし機関の創設・運営状況、具体的な政策などを検討するものとなっている。

本論は、以上のような考察を通じて、当時の北朝鮮が「個人による所有および経済活動が相当程度存在したまま」の状況下にあって、社会主義経済の建設という目標の実現に向け、粒粒辛苦してさまざまな制度造りなどの「基礎」建設を進めた様相を浮き彫りにしている。

本論末尾にも記述されているように、北朝鮮は、そのような「基礎」建設の後、本格的な社会主義経済の段階へと進むことになる。しかし、周知のとおり、そのような中央集権的な指令型社会主義経済制度は、一九九〇年代における経済混乱を通じて事実上、機能不全に陥り、その後、二〇〇二年のいわゆる「経済管理改善措置」、〇九年の電撃的な通貨交換（デノミ実施）などのさまざまな試みにもかかわらず、完全に修復されることのないまま今日に至っている。そこでは、食糧配給や物価の統制、さらには通貨の信認維持が経済当局にとって依然重要な課題となっている。

このような北朝鮮の現況は、まさに本論が考察の対象とした時期を彷彿とさせるものである。そのような符合は、決して偶然ではなく、当局が経済に係るすべての要素を指令によってだけでは左右できず、「市場的要素」が作用することを一定程度認容せざるをえないという、当時と同様の客観的状況が存在するからである。

そうであるとするならば、本論が明らかにした社会主義経済の「基礎」建設におけるさまざまな取り組みは、今日のあるいは今後の北朝鮮における社会主義経済の「再建」（北朝鮮は「強盛大国建設」と呼称）に向けた取り組みを分析するうえで格好の先例ないし比較対照のモデルとなりうるものである。そのような意味で、本論には、「過去の歴史」の発掘・整理という本来の狙いに基づく成果に加え、より今日的な意義も存すると言えよう。

（坂井隆）

はじめに

本論は、初期の北朝鮮における経済に関する法令を概観するものである。具体的には、一九四五年八月の解放から四八年九月の朝鮮民主主義人民共和国の成立までの時期を対象としている。この時期は、解放直後の混沌たる状態から、急速に法制度および統治機構が作られていき、朝鮮民主主義人民共和国建国の準備が進められた時代であった。[1] 経済の分野もその例外ではなく、この時代の北朝鮮における経済関係法令の制定史は、朝鮮民主主義人民共和国の建国過程の重要な一側面を構成している。

ただし本論は、単なる法令の羅列および紹介ではない。北朝鮮の経済体制については、一九七二年に採択され、一九九二年四月に修正された現行憲法たる「朝鮮民主主義人民共和国社会主義憲法」第三四条[2]において、「朝鮮民主主義人民共和国の人民経済は、計画経済である」と明確に規定されているが、この規定は、一九四八年四月に採択された「朝鮮民主主義人民共和国憲法」（以下、四八年憲法と略称する）には無い。四八年憲法が採択された段階では、北朝鮮の経済体制は、いまだ計画経済であると言いきれるまでには至っていなかったことを意味している。金日成自身、一九六一年九月の労働党第四次大会で行った報告[3]において、「（朝鮮）戦争前は、必要な社会、経済的および物質的条件が十分に成熟していなかった関係で、社会主義的改造は、部分的に実施され、主としてその準備事業が進行し」、「我が国では、農業、手工業および資本主義的商工業の社会主義的改造事業はすべてみな戦後（朝鮮戦争後）の時期に全面的に展開され」（括弧内は、引用者加筆）たと述べている。

すなわち、本論が扱う時期は、計画経済に向けての措置はとられていったものの、いまだ部分的なものであり、せいぜい「準備事業が進行し」たと言われる時代であった。したがって、この時期の経済関係の法令の制定史は、北朝鮮の建国の過程という観点からは、一つの完結した時代を扱うものではあるが、北朝鮮の経済体制の形成史という観点からは過渡的な時代に過ぎず、決して完結した時代を記述するものではない。このような過渡期としての性格を明らかにすることなく、この時期の経済関係の法令の制定史を理解することはできない。

それゆえ、本論では、その中心課題として、初期の北朝鮮における経済に関する法令を概観することを通じて、この時期に北朝鮮において計画経済の基礎がどのように、また、どの程度作られてきたのか（逆に言えば、どの程度作られなかったか）という点を探究する。

注

1　拙論「北朝鮮における法制度及び統治機構の形成」（桜井浩編『解放と革命』東京、アジア経済研究所、一九九〇年四月）参照［本書第5章に収録］。

2　修正以前の憲法では、第三一条。

3　金日成「朝鮮労働党第四次大会で行った中央委員会事業総化報告」（『金日成著作集』第一五巻、平壌、一九八一年一〇月、一五七頁〜三一六頁）

一　解放直後

解放後北朝鮮においては、次第に各地方に人民委員会が設立されていったが、中央の行政機関は、一九四五年一一月の行政一〇局[1]の設置まで待たなければならなかった。もっとも、この行政一〇局にしても、司法、財政等一〇種類にわたる行政の各分野ごとに局が置かれたに過ぎず、行政全体を統括するいわゆる中央政権機関の登場は、さらに一九四六年二月の臨時人民委員会の設立を待たなければならなかった。したがって、この時期の北朝鮮においては、財政等の経済運営も地方中心とならざるを得なかった。

とはいえ、この時期に中央による経済運営が全く行われなかったわけではない。一九四五年度の予算も存在したし、行政一〇局の一つである財政局により税制の改革も行われている。また、行政一〇局の各局が出す布告、指令の中には、地方の産業、商業等に中央の局が関与することを規定したものがいくつかある。

例えば、産業の部府では、一九四五年一一月八日付けの産業局の指令[2]において、「各道人民政治委員会産業部、管理局、国有企業場等」が産業局の命令に服することとされ（同指令第一〇項）、「各道国有企業場の運営方針」、「各道国有企業場の管理者選定」等が産業局の許可事項となり（同第一項および第二項）、さらに、この指令が出された時点の企業場の現況調査書を一九四五年一二月末までに産業局に提出することが義務づけられた（同第九項）。また、商業、流通の分野では、一九四五年一二月二九日付けの商業局布告第一号「商業局臨時行政措処要項[3]」により、各道間の物資の交易および物価が商業局の承認事項とされた（同要項第三項および第五項）。ただし、この物価自体は、各道の人民委員会が査定することとされていた。

（1）一九四五年度と四六年度の予算

一九四五年度の予算がいつ、どのように成立したかは定かではないが、予算が存在したとの記録は散見される。中央および地方の予算を含む全体の予算規模は、約二・三七億ウォンであった。[4] また、予算の実施期間は、中央の予算が一九四五年一一月から四六年三月までで、地方の予算が四五年九月から四六年三月までであった。[5]

この一九四五年度予算がどのように編成されたのかは、わかっていない。一九四五年度予算のうち、地方予算の実施の始期とされる四五年九月は、いまだ中央レベルの機関たる行政一〇局が設置される以前であり、四五年度の地方予算とは、結局、各地方の人民委員会がそれぞれ作り上げた予算を合算したものに過ぎないことになる。そして、一九四五年一一月に設置された行政一〇局が作り上げた中央の予算を合わせたものが四五年度予算と呼ばれるものの全体像ということになる。もちろん、行政一〇局の財政局が設置される以前に、例えば五道の人民委員会の会議が開かれ、中央および地方を含む統一的な予算が編成された可能性は完全には否定しきれない。しかしながら、記録上確認される限り、五道人民委員会連合会議が開かれ、その議題の一つとして財政問題が取り上げられ、財政に関する分科会が設置されたのは一九四五年一〇月八日のことであり、[6] 各道の予算の始期よりは遅い。また、一九四六年一〇月にソウルで発行された『朝鮮解放年報』[7] には、朝鮮における最初の統一的な予算案の編成は、四六年二月に成立した臨時人民委員会によるものとの記述がある。加えて、一九四五年度予算の具体的中身を四七年一月の『人民』の中に掲げられた表[8]を基に見てみると、歳入および歳出の約六二％は、各道のものであり、中央の歳出は、その約八八・五％が政務費という使途の明確でない項目であり、具体的な各行政分野のための支出は、教育費が約二・四％、建設費が約〇・五％を占めているに過ぎず、保健・厚生費、産業費の支出に至ってはゼロになっている。このことからも一九四五年度予算が極めて地方中心のものであったことを窺い知ることができる。同時に、中央の支出項目が余りに粗雑であるため、果たしてあらかじめ編成された予算であるかも疑問にならざるを得ない。さらに、一九四九年に北朝鮮で書かれた論文の中には、「解放直後、各地に人民政権たる人民委員会が樹立された当時は、財政・金融は、実に混乱状態にあり、全体的に統一されておらず、地方分散的であった」[9]との記述がある。この記述は、当時の実態を率直に表現しているものと考えられる。

しかしながら、一九四六年度予算になると状況は変わってくる。一九四六年度予算については、四六年三月に開催された各道財政部長会議を経て[10]、臨時人民委員会により編成され[11]、一九四六年四月から一二月までを対象としていたことがわかっている[12]。予算編成の手続きとしては、まず、三月に各道財政部長会議が招集され、そこで予算編成のための「準備工作[13]」が行われ、その後、四月一日の臨時人民委員会第五回会議で審議された[14]。ただし、この予算の採択がどのような形式で行われたのかは不明である。一九四六年三月に公布された「臨時人民委員会構成に関する規定の実施要綱[15]」第七条によれば、予算は、臨時人民委員会または常務委員会が決定することとなっていたが、臨時人民委員会の公布した決定の中には四六年度予算に関するものは見当たらない。

一九四六年度予算は、総額九億二八七五万六千ウォンで、そのうち中央の予算が六億二四一三万六千ウォンと全体の約六七・二%を占めている[16]。一九四五年度予算と比べると大幅に中央予算の方に比重がシフトしてきたことがわかる。また、この予算は、各道財政部長会議および臨時人民委員会の審議を経て、成立したものであり、その内訳を見ても一九四五年度予算と比べると予算らしい形になっている。先に紹介した『朝鮮解放年報』の記述にあるように、中央および地方を含め全体の予算として初めて編成されたものであったと考えられる。

しかしながら、このことは、予算編成過程が中央集権的であったことを必ずしも意味せず、むしろかなり地方分権的な編成過程であったことが推測できる。一九四六年度予算の編成過程の分権的性格を窺わせるものとしては、この予算の成立から約四ヵ月後に臨時人民委員会が制定した「北朝鮮会計規程[17]」に定められている予算編成手続を挙げることができる。この会計規程は、各級人民委員会（その所属機関を含む）および国営（道、市、面営を含む）事業体の会計を対象として（同規程第一条）、それぞれの予算編成の手続き、経理、決算、会計検査等について規定したものである。同規程によれば、臨時人民委員会の一般会計予算および事業体特別会計予算は、財政局長が編成して、臨時人民委員会が決定し（同第八条）、各級の人民委員会の一般会計予算および事業体特別会計予算は、それぞれの人民委員会が編成して、その上級人民委員会が認可することとされていた（同第九条）。各級人民委員会の予算は、あくまでそれぞれの人民委員会が編成した。中央たる臨時人民委員会の権限は、自己の予算を決定する以外は、道の人民委員会の予算を認可するに過ぎなかった。このように会計規程が定める予算編成手続が分権的であったことからすれば、それ以前の一九四六年度予算において臨時人民委員会が各級人民委員会も含む全体の予算を集権的に編成、決定したとは考えにくい。事実、一九四七年五月の人民会議第二次会議で李鳳洙財務局長が行った報告においては、一九四七年度予算より前の予算は「中央、道、市、面の予算が互いに分立的になっている」[18]と述べられている。

なお、この会計規程は、一九四六年八月一二日から施行されたが、続く四七年度予算は、後述するように、「中央、各道、各市（平壌特別市を含む）、各郡、各面の全体人民委員会の予算と社会保険に関する予算を含」[19]む総合予算として、北朝鮮人民委員会が決定した。これは、会計規程が定めている手続きとは、異なる手続きである。したがって、会計規程のうち経理、決算、会計検査等に関する規程については、一九四七年度予算およびそれ以降も適用された部分があったことは考えられるが[20]、予算の編成手続きを含め会計規程が完全な形で施行された期間は結局無かったことになる。とはいえ、北朝鮮で制定された中央および地方の予算に関する法令としては、この会計規程が最初のものであり、とくに、認可という形で中央による道の予算に対するある程度の統制が法令の形で規定されていた点は、注目に価する。

1945年度予算[21]

（単位：千ウォン）

歳入

科目	中央	各道	計
租税	72,951	21,004	93,955
財産及び企業収入	12,700	6,865	19,565
営造物収入	3,874	5,304	9,178
雑収入	—	56,404	46,404
道債	—	57,549	57,549
計	89,525	147,126	236,651

歳出

科目	中央	各道	計
政務費	79,267	21,138	100,405
教育費	3,800	11,478	15,278
保健・厚生費	—	11,896	11,896
産業費	—	21,173	21,173
建設費	440	10,517	10,957
雑支出	6,018	67,383	73,401
道債	—	3,541	3,541
計	89,525	147,126	236,651

1946年度予算[22]

（単位：千ウォン）

歳入

科目	中央	各道	計
租税	471,601	113,580	585,181
財産及び企業収入	89,000	103,642	192,642
営造物収入		11,653	11,653
雑収入	63,535	75,743	139,280
計	624,136	304,620	928,756

歳出

科目	中央	各道	計
政務費	166,456	73,811	240,267
教育費	118,557	39,540	158,097
保健・厚生費	41,178	14,252	55,430
産業費	196,345	96,360	292,705
建設費	36,986	11,779	48,756
雑支出	64,614	68,878	133,492
計	624,136	304,620	928,756

（2）解放直後の税制と税制改革

解放直後の北朝鮮では、しばらくの間、日本による植民地時代の税制が使われていた。この植民地時代の税制については、当時、過酷さとともに複雑さが問題とされるようになった。[23]この複雑さの主な原因は、税目の多さにあるとされ、論者により若干数え方は異なるも、だいたい国税と地方税を合わせて五〇種目程度あったと言われている。[24]

そこで、一九四五年一一月に行政一〇局の一つとして設置された財政局は、同年一二月一四日付けの布告第二号[25]において、税目の整理および統廃合を実施した。[26]具体的には、従来の所得税を収益税と改称し、これを税の基本とした上で、国税を個人収益税、法人収益税、地税、営業税、相続税、酒税、清涼飲料税、骨牌税および登録税の九種目とし、道税を個人収益税附加税（戸別税）、地税附加税、営業税附加税、家屋税、漁業税、林野税、遊興飲食税、物品税、馬券税、不動産取得税、車輌税および屠畜税の一二種目とした。[27] しかしながら、この財政局の税制改革は、いまだ植民地時代の税制を払拭するには至らず、その後の税制も「日帝時代の面貌を完全に脱皮できないもの」と言われた。[28] また、国税については思い切った整理、統廃合が行われたが、道税についてはあまり手がつけられなかったのも特徴である。なお、一九四六年一月二六日には、司法局が布告第一一号として「租税滞納処罰に関する件」を公布し、「人民委員会または北朝鮮各局で決定した租税を悪質に滞納した者は二年以下の禁固または一万ウォン以下の罰金に処す」旨定めた。[29]

その後、臨時人民委員会の時代になると、一九四六年度の財政規模は、全体で九億二八七五万六千ウォンとなり、名目で前年度の約四倍（一九四五年度予算と四六年度予算の対象期間の違いを計算に入れたとしても、一九四六年度予算は名目で四五年度予算の二倍以上の規模となっている）になった。とくに、中央の予算規模は、一九四五年度が八九五二万五千ウォンであったのに対し、六四年度には六億二四一二万六千ウォンと名目で七倍弱（対象期間の違いを計算に入れても四倍弱となっている）と著しく膨張した。そのため、既存の税制のままでは十分な歳入を確保し得ないことが認識されるようになり、何らかの税収増を図る必要性および税金をより頻繁に徴収する必要性が指摘されるようになった。[30] そこで、臨時人民委員会は、まず、一九四六年度予算の執行の初日に当たる四六年四月一日に、「一九四六年第二期（四〜六月）税金徴収に関する件」[31] を公布し、個人収益税と営業税の徴収方法を変更する措置をとった。具体的には、これらの税は、従来、年に二回または三回徴収されていたが、これを給料については、その源泉で月毎に、また、その他の収益税および営業税については四半期毎に徴収するようにした。[32] さらに、一〇月八日には、物品税法を公布し、[33] 一〇月一五日には、営業税の課税種目を追加する措置をとった[34]。ただし、これらの法令および措置の原文は、入手されておらず、その内容は不明である。したがって、営業税については、課税種目を追加したことから判断して、税収増を目的としたものであると推測できるも、物品税法については、税収増を目的としたものか否かは定かではない。

注

1　拙論、前出「北朝鮮における法制度および統治機構の形成」一〇五〜〇六頁参照。

2　一九四五年一二月八日付け産業局指令「産業局臨時措置施政要綱」（司法局編集『法令公報』臨時増刊第六集、平壌、一九四七年六月一〇日、七頁。以下、この公報については、『法令公報』と記す）。

3　一九四五年一二月二九日付け商業局布告第一号「商業局臨時行政措処要綱」（『法令公報』臨時増刊第六集、一九四七年六月一〇日、八頁）。

4　一九四五年度の予算規模については、約二・三七億ウォンであったとする文献と、一億ウォンまたはそれ以下であったとする文献がある。約二・三七億ウォンであったとするものとしては、李長春「北朝鮮税金制度改革解説」（『人民』第二巻第三号、一九四七年四月）一四五頁および李弘根「民主主義建設と財政政策」（『人民』第二巻第一号、一九四七年一月）九一頁がある。これに対して、一億ウォンまたは一億ウォン未満とするものとしては、李長春「朝鮮民主主義人民共和国の財政発展に関して」（財政省『朝鮮民主主義人民共和国国家総合予算に関する文献集』平壌、一九四九年六月）五九頁（一億ウォン）および『朝鮮中央年鑑―一九四九年版』一一七頁（一億ウォン未満）がある。同じ李長春が一九四七年の論文において二・三七億ウォンとしながら、四九年の論文において一億ウォンとするのはいかにもおかしい。李弘根、同論文、九一頁によれば、全体予算のうち中央の予算が八九五二万五千ウォンであったことより、あるいは、李長春の一九四九年の論文および中央年鑑四九年版は、中央の予算のみを記述した可能性もある。また、一九四七年五月の人民会議第二次会議においては、四七年度の総合予算の審議に先立ち当時の李鳳洙財政局長が「一九四七年度総合予算に関する報告」を行い、そこで解放以後の予算の歴史に触れているが、その中では、四五年度の予算は、中央が八九五〇余万ウォン、各道の合計が一億四〇五〇余万ウォンであったとされている。両者を合計すると、二・三億ウォンとなり、数字としては、二・三七億ウォン説に近いと言えよう（北朝鮮人民会議常任議員会『北朝鮮人民会議第二次会議会議録』平壌、一九四七年九月、三七頁）。これらのことからすれば、中央および地方の予算を含めた一九四五年度の予算全体の規模は、約二・三七億ウォンとする記述の方が信憑性があると考えられる。

5　予算の実施期間についても文献によって若干記述が異なっている。李長春、前掲「北朝鮮税金制度改革解説」一四五頁は、中央の予算が一九四五年一一月から一九四六年三月までで、地方の予算が四五年九月から四六年三月までであったとする。また、前出の李鳳洙財政局長の人民会議第二次会議における報告の中では、一九四五年度予算は、「各道は七ヵ月間、中央は五ヵ月間の予算」であったとされており、李長春の説と平仄《ひょうそく》があっている。これに対して、李弘根、前掲「民主主義建設と財政政策」は、中央および地方を区別せず、一九四五年一〇月から一二月までが実施期間であったとし、李長春、前掲「朝鮮民主主義人民共和国の財政発展に関して」五九頁は、一九四五年九月から三月までとし、『朝鮮中央年鑑―一九四〇年版』一一七頁は、実施期間は半年であったと記述している。北朝鮮における政権のできかた、すなわち一九四五年一一月に行政一〇局が設置され、また、それ以前に、四五年九月までには当時の五道の人民委員会のうち咸境北道の人民委員会を除く全てが成立したことと、四五年度予算の実施期間の始期を中央一一月、地方九月とすることは、よく対応している。加えて、実施の終期についても一九四六年三月とする場合には、後述する四六年度予算の始期が同年四月であることとの整合性もとれている。

6　柳文華『解放後四年間の国内外重要日誌』平壌、民主朝鮮社、一九四九年五月、一〇頁（以下、同日誌については、『重要日誌』と記す）。

7　民主主義民族戦線編集『朝鮮解放年報』ソウル。文友印書館、一九四六年一〇月、四一九頁。

8　李弘根、前掲「民主主義建設と財政政策」九一頁。この表を掲載している李弘根の論文自体は、一九四五年度予算の実施時期を四五年一〇月から同年末までとする等記述に疑わしい点もあるが、表の数字については、四七年の李長春、前掲「北朝鮮税金制度改革解説」に記述されている歳入に占める税収入の比率の数字と整合性がとれていることから、信憑性はあるのではないかと思われる。具体的には、この表では歳入総額二億三六六五・一万ウォンのうち租税収入が九三九五・五万ウォンと三九・七%を占めており、また、中央の歳入総額八九二五・五万ウォンのうち中央の租税収入は七二九一・二万ウォンと八一・五%を占めており、一九四七年の李長春論文における「歳入予算の四〇%が税金収入であり、さらに、中央予算にあっては税金歳入が八一%を占めていた」との記述とほぼ一致している（李長春、前掲「北朝鮮税金制度改革解説」一四五頁）。

9 李長春、前掲「朝鮮民主主義人民共和国の財政発展に関して」六〇頁。

10 李弘根、前掲「民主主義建設と財政政策」九〇頁。

11 前掲『朝鮮解放年報』四一九～二〇頁。

12 同上および李弘根、前掲「民主主義建設と財政政策」九〇頁。

13 李弘根、同上論文、九〇頁。

14 金日成「国家財政の運営を正しく行い農業銀行を創立するために」（『社会主義における財政管理事業』、東京、チュチェ思想国際研究所、一九八三年五月）九頁。

15 一九四六年三月六日付け「臨時人民委員会構成に関する規定の実施要綱」（鄭敬謨等編集『北韓法令集』第一巻、ソウル、大陸研究所、一九九〇年九月、二四一～四二頁。以下、この法令集については、『北韓法令集』と記す）。

16 李弘根、前掲「民主主義建設と財政政策」九一頁参照。

17 一九四六年八月一二日付け臨時人民委員会決定第六〇号「北朝鮮会計規程」（北朝鮮人民委員会司法局編纂『北朝鮮法令集』平壌、一九四七年一一月、一六一頁。以下、この法令編については、『北朝鮮法令集』と記す）。

18 北朝鮮人民会議常任議員会『北朝鮮人民会議第二次会議会議録』（平壌、一九四七年九月）三九頁。

19 一九四七年二月二七日付け人民委員会法令第一号「一九四七年度北朝鮮総合予算に関する決定書」（『北朝鮮法令集』一二七～二八頁）第二条。

20 「北朝鮮会計規程」は、一九四七年一一月に発行された『北朝鮮法令集』に掲載されている。同法令集では、原則として当時すでに失効している法令は、掲載されず、「北朝鮮臨時人民委員会構成に関する規定」のように当時すでに失効しているにもかかわらず掲載されたものについては、その旨の注が施されている。しかしながら、「北朝鮮会計規程」にはそのような注も施されていず、したがって、当時「北朝鮮会計規定」が依然として効力を有しているものと考えられていた可能性がある。

21 李弘根、前掲「民主主義建設と財政政策」九一頁掲載の表による。

22 同上。ただし、一九四六年度予算の表については、計算が合わない部分が数ヵ所ある。上下左右の数字等から判断し誤りが明らかなものについては、引用者が修正を施したが、残余のものについては、同表の数字をそのまま記した。

23 李鳳洙「完全独立と自立財政」(『人民』創刊号、一九四六年一一月)四二頁。李長春、前掲「北朝鮮税金制度改革解説」一四五頁。

24 李鳳洙、同上論文四二頁は、四一種目とし、李弘根、前掲「民主主義建設と財政政策」九五頁は、国税三四種目、道税一六種目の計五〇種目とし、また、李長春、同上論文一四五頁は、国税三二種目、道税一三種目および市、面税一三種目の計五八種目としている。ちなみに筆者が確認しているところでは、少なくとも以下の四八税目があった。

(国税)地税、所得税、臨時利得税、法人資本税、特別法人税、資本利子税、利益配当税、公債および社債利子税、外貨債特別税、事業税、登録税、相続税、建築税、酒税、清涼飲料税、印紙税、取引所特別税、関税、とん税、出港税、砂糖消費税、織物税、骨牌特別税、揮発油税、物品税、遊興飲食税、通行税、入場税、電気瓦斯税、広告税、馬券税、特別行為税、鉱区税、朝鮮銀行券発行税(計三四種目)

(道税)地税附加税、営業税附加税、取引所税附加税、鉱税附加税、特別地税、免税地特別地税、林野税、戸別税、家屋税、屠場税、屠畜税、漁業税、車輌税、不動産取得税(計一四種目)

25 李長春、前掲「北朝鮮税金制度改革開発」一四五頁。なお、この布告の原文は未入手である。

26 同上。

27 同上。

28 前掲『朝鮮解放年報』四二〇頁。

29　一九四六年一月二六日付け司法局布告第一一号「租税滞納処罰に関する件」(『法令公報』臨時増刊第六集、一九四七年六月一〇日、二～三頁)

30　李長春、前掲「北朝鮮税金制度改革解説」一四六頁。

31　一九四六年四月一日付け臨時人民委員会決定第八号「一九四六年第二期(四―六月)税金徴収に関する件」。ただし、李長春、同上論文は、臨時人民委員会決定第七号とする。ここでは、『人民』第三巻第四号(一九四八年九月)に掲載されている「北朝鮮人民委員会重要日誌」にとりあえず従った。ちなみに、同日誌によれば、臨時人民委員会決定第七号は、一九四六年三月一五日付けの「春季播種準備に関する決定書」となっている。

32　李長春、同上論文、一四七頁。

33　一九四六年一〇月五日付け臨時人民委員会決定第九六号「物品税法」。この法令の存在は『人民』第三巻第四号(一九四八年九月)に掲載されている「北朝鮮人民委員会重要日誌」によった。

34　一九四六年一〇月一五日付け臨時人民委員会決定第九七号「営業税課税種目追加に関する決定書」。この法令の存在も、同上「北朝鮮人民委員会重要日誌」によった。

二　土地改革

(1) 土地改革の基本理念

土地改革は、四六年二月に組織された臨時人民委員会の最初の大事業として同年三月に着手された。臨時人民委員会は、土地改革の実施のために、「北朝鮮土地改革に関する法令」[1]、「土地改革実施に関する臨時措置法」[2]、「北朝鮮土地改革に関する法令に関する決定書」[3]および「土地改革法令に関する細則」[4]といった法令を相次いで公布した。[5]この土地改革により、①日本、日本人および日本人の団体の所有地、②「朝鮮民衆の反逆者」の所有地、③朝鮮の解放時に自己の地方から脱走した者の所有地、④一農戸当たり五町歩以上の土地を所有する朝鮮人地主等の所有地（自力で耕作している部分を除く）、⑤全所有地を小作させている地主の土地、ならびに⑥面積にかかわらず継続的に小作させている土地が没収され、農業労働者および土地が無いまたは少ない農民に無償で与えられた。また、日本、日本人および日本人の団体、ならびに一農家当たり五町歩以上の土地を所有する朝鮮人地主の果樹園その他果木は、道人民委員会が保留することとされ、山林（ただし、農民が所有するわずかな山林は除外された）および土地改革により土地を没収される者が所有する灌漑施設は、臨時人民委員会にその処理が委任された。その他にも、日本の飛行場、射撃場、倉庫およびその他日本の軍隊の管轄に属していた非耕作地が、臨時人民委員会の公有地とされた。

土地改革の基本理念は、「北朝鮮土地改革に関する法令」第一条に明記されているように、「日本人の土地所有と朝鮮人地主の土地所有および小作制を撤廃し、土地利用権は耕作する者に」というところにあった。没収された果樹園、山林、灌漑施設等公有化されたものもあったが、土地改革の主眼は、あくまでも土地を小作農、雇農等に分配することであった。土地改革によって、北朝鮮は、農業における最も重要な生産手段である土地について個人所有を中心とすることを選択したことになる。そのため、同法令第一条が「北朝鮮における農業制度は、地主に隷属しない農民の個人所有である農民経理に依拠する」と規定したことは、その当然の帰結であった。こうした農業部門における土地の個人所有は、次に論じる工業分野において、国有化法令により国有化が進んだこととは、対照的である。そのため、国家の管理・統制は、農業においては比較的弱く、また、間接的なものとならざるを得なかった。[6]

(2) 土地改革と経済計画

もっとも、こうした土地改革の実施は、他方においては、国家による農業の管理・統制、とくにその後の経済計画の実施に寄与したと考えられる点もある。その例としては、灌漑施設の国家による管理・統制、農村における活動家の組織および農業に関する統計の収集を挙げることができる。

(イ) 灌漑施設の国家による管理・統制

土地改革に関する法令は、同法により土地を没収された者が所有していた灌漑施設の全部を無償で臨時人民委員会の処理に委任する旨規定した（同法令第一四条）。これを受けて臨時人民委員会は、九月に「北朝鮮臨時人民委員会灌漑施設国家経営決定書」[7] および「北朝鮮灌漑施設管理令」[8] を公布し、これらの灌漑施設を国家が管理すること、その管理のため農林局に灌漑管理部を設置すること等を規定した。この農林局灌漑管理部の下、各道に灌漑管理所が設置され、日本による植民地時代に存在した「朝鮮水利組合令」[9] に基づく水利組合は、灌漑管理支所として（同決定書第二条）、灌漑管理部の下に組み込まれることとなった。これにより、過去水利組合が管理していた灌漑施設も、国家の直接の管理下に置かれることになった（同第三条）。さらに、「北朝鮮灌漑施設管理令」においては、「自己の耕作地に限り必要な個人の灌漑施設」を除くその他の灌漑施設を個人または団体が所有することが農林局長の許可に服せしめられ（同令第四条）、土地改革に関する法令の対象範囲（日本人、朝鮮人の地主等土地を没収される者が所有した灌漑施設）を超えて灌漑施設の国家による独占的管理が進められた。

灌漑施設の国営化により、国家は、灌漑施設という投資の対象を獲得し、灌漑施設への投資を増大させることにより農業生産の増加を図ることが可能になった。この点で、灌漑施設の国有化は、経済計画の実施に少なからぬ寄与をしたと考えられる。換言すれば、土地その他の生産手段が個人により所有されている場合には、国家は、農業部門の生産の増大を補助金等を通じ農民のインセンティヴを高めるといったような間接的な手段によらざるを得ない。しかしながら、灌漑施設という農業生産に大きな影響を持つものを国家の管理下に置くことにより、この灌漑施設を通じて農業生産の増加を国家としてコントロールするよすがを得ることになった。実際、後述する一九四七年の経済復興の予定数字において農業生産増加のための施策の中心であり、かつ、国家財政支出の対象の中心となっているものが灌漑施設の整備であったことからしても、灌漑施設の国営化の持つ意義を窺い知ることができる。

（ロ）農村における活動家の組織

土地改革の実施を担ったのは、雇農、土地の無い小作人および土地の少ない小作人から成る農村委員会であった（土地改革法令第一五条および「土地改革法令に関する細則」第一章）。この農村委員会は、各農村の雇農、土地の無い小作人および土地の少ない小作人の総会において選挙された者により構成され、その成員については、面人民委員会が承認することとされていた。農村委員会は、面人民委員会の指導の下、没収される土地、建物、果樹園等の調査、土地の分与案の作成、同案の実施等を行った。

このように農村委員会は、面人民委員会を介して中央が推し進める政策たる土地改革の農村における具体的な実施者であった。そして、さらに、土地改革終了後は、農民組合に統合され、農村委員の中で「点検された優れた活動家」が農民組合の幹部を占めることとなった。[10] このことは、一九四六年四月の「朝鮮共産党北朝鮮組織委員会第六次拡大執行委員会」で行った報告のなかで、金日成が農村委員会を通じて土地改革を実施したことにより「党は、すでに農村に革命の種を播」き、「この革命の種を育成する」ために、今後、「農村委員会を農民組合と統合し」、「農村委員会に加わっていた貧農、雇農のなかですでに検閲された熱誠分子を選び、農村組合の指導的地位に配置」しなければならない旨明確に述べたところであった。[11] また、農村委員のうち「最も優秀な分子」は、土地改革の過程においてすでに「党に受け入れ」られており、前述の金日成の報告によれば、平安北道で三三七二名、咸境南道、平安南道、黄海道および江原道において九〇五八名が新たに党員となり、その三分の一が貧農の出身であったと言われている。[12] こうした農村委員会出身の農民組合幹部および党員は、以後経済計画をはじめとした党および中央政府の政策を農村において実施および推進する主要な担い手になったと考えられる。

（八）農業に関する統計の収集

農村における耕作地の面積、所有関係等の調査については、すでに日本による植民地時代に当時の朝鮮総督府によって実施されていたが、一九四六年の土地改革の実施に際しても、土地、建物、農器具、果樹園、畜力、灌漑施設等の調査が行われた。経済計画を立てるためには、その対象分野に関する統計が不可欠であり、その意味で、この土地改革のために得られた統計も、後の経済計画を立てる前提になったと考えられる。

注

1 一九四六年三月五日付け臨時人民委員会決定「北朝鮮土地改革に関する法令」（『北朝鮮法令集』五九頁）。土地改革の目的、没収される土地の範囲、土地分与の原則等土地改革の基本的事項を定めたもの。

2 一九四六年三月五日付け「土地改革実施に関する臨時措置法」（『北朝鮮法令集』六二頁）。土地改革の実施を確保するために、畜力、農器具、住宅、倉庫その他建築物を売却、毀損その他処分を行った者等を処罰することを定めたもの。

3 一九四六年三月七日付け臨時人民委員会決定第四号「北朝鮮土地改革に関する法令に関する決定書」（『北朝鮮法令集』六二～六三頁）。土地改革を実行に移すために、道、郡および面人民委員会に対し、拡大委員会を招集し、土地改革に関する法令についての討議を行うこと、ならびに農村において土地改革を実施する実施委員会を組織することを命じたもの。

4 一九四六年三月八日付け「土地改革法令に関する細則」（『法令公報』臨時増刊第七集、一九四七年六月二〇日、三～六頁／『北朝鮮法令集』五九～六二頁）。「北朝鮮土地改革に関する法令」についての詳細な規定を定めたもの。

5 前掲拙稿、一二七～一二九頁参照。

6 土地改革の構想の段階では、国有化を基礎とする案もあった模様である。このことについては、桜井浩「経済の改革と計画化」（前掲『解放と革命』所収）一八八～九〇頁参照。

7 一九四六年九月九日付け臨時人民委員会決定第七五号「北朝鮮臨時人民委員会感慨施設国家経営決定書」（『北朝鮮法令集』六五～六六頁）。

8 同上付録一。

9 大正六年七月一七日付け制令第二号。この水利組合は、その設置について朝鮮総督の認可を必要とする（第三条）等朝鮮総督の管理下に置かれていたが、法的には関係する個人の発意に基づく独立した法人であり、農林局感慨管理部およびその下の灌漑管理支所のごとく国家機構に組み込まれたものではなかった点に注意する必要がある。なお、この水利組合に対する北朝鮮における評価については、『我が国における土地改革の歴史的経験』平壌、一九七四年、一三～一四頁を参照。同書によれば、水利組合は、日本による北朝鮮の「搾取」の一方途であり、水利組合の歴史は、朝鮮の「農民の大衆的破産と零落の歴史であり、それは農民の苦役と血で綴られた受難の記録であった」とされている。
10 前掲『我が国における土地改革の歴史的経緯』一三六頁。
11 『金日成著作集』第一巻（平壌、一九六七年）四五頁。この報告が行われた会議の名称も同書によった。
12 同上、三七頁。

三　国有化と個人所有の保護

(1) 国時化法令の意義

国時化法令は、一九四六年八月一〇日に臨時人民委員会の決定第五八号として公布された。正式には、「北朝鮮臨時人民委員会の産業、交通、運輸、逓信、銀行等の国有化に関する法令」[1]という。この法令は、条項だてになっておらず、主として日本の植民地政策を非難する前文的なものが二段落続いた後、「日本国家と日本人の私人および法人等の所有または朝鮮人民の反逆者の所有になっている一切の企業所、鉱山、発電所、鉄道、運輸、逓信、銀行、商業および文化機関等は、全部無償で没収し、これを朝鮮人民の所有すなわち国有化する」との一段落が続くのみである。また、同日に公布された臨時人民委員会決定第五九号[2]は、国有化法令の実施について規定しているが、これも極めて簡単に「(国有化) 法令を成果があるように遂行するために、左記のように接収委員五人を選定し、接収委員会は、各分科委員会を組織して、一九四六年八月二一日までにこの事業を完了することを決定する」と定めているだけである。[3]

この変わった形の短い法令は、前述した土地改革が細則、実施体制、罰則等詳細な法令を有していたことと比べると対照的である。このことは、当時の北朝鮮においても奇妙に思われたらしく、一九四七年二月に開催された北朝鮮道、市、郡人民委員会大会で国有化法令の承認が討議された際に、同大会の代表の一人が、他の法令にはすべて条項があるのに国有化法令になんら条項がないのはどういうわけかとの質問を行ったほどである。[4]

この国有化法令の後、北朝鮮においては、全産業の九〇%が国有化されたと言われており[5]、経済計画を導入、実施していく上で重要な転機となった。金日成は、一九四七年二月の北朝鮮道、市、郡人民委員会大会（人民会議を創設し、また、北朝鮮における最初の経済計画を採択した大会）における「一九四七年度北朝鮮人民経済発展に関する報告」の中で、解放後の北朝鮮において人民の政権が諸民主主義改革を実施し、土地改革を行い、「過去日本人および民族の反逆者達が持っていた企業所、運輸、銀行等を国有化し、我々の人民経済を計画的に管理することができる条件を創設した」と述べ、また、「産業の重要な部門と運輸および銀行を我々の手中に掌握していることが人民経済を唯一の計画によって管理しなければならない必要を喚起した」と述べた。[6] さらに、一九四八年九月の第一次最高人民会議においては、金策が、国有化法令が実施されなかったならば、計画的に経済を運営、指導することができなかった旨述べている。[7]

ただし、国有化法令に関しては、次の二点に注意する必要がある。まず第一点目としては、日本人、「朝鮮人民の反逆者」等が所有する企業所、鉱山等は、一九四六年八月をもっていっせいに没収され、国有化されたわけではなく、これらの没収、国有化は、それ以前からすでに進められてきたことである。例えば、北朝鮮で出版された『解放後四年間の国内外重要日誌』では、一九四五年八月一九日に日本人所有の各機関の接収が開始され、また、同年九月五日に水豊発電所が接収された等の記述が見られる。[8] このことからすれば、国有化法令は、すでに実態として行われてきたことを事後に法的に追認するといった宣言的な意義および性格を有することになる。とはいえ、国有化法令の後、国有化が実際にあまり行われなかったことを必ずしも意味するわけではない。とくに、「朝鮮人民の反逆者」の企業所等の没収および国有化は、国有化法令以後も推進されていったことは想像に難くない。後述する「個人所有権を保護し、産業および商業においての個人の創発性を発揮させるための対策に関する決定書」[9] および「北朝鮮産業および商業の発展に関する法令」[10] において、朝鮮人民が所有する動産および不動産を没収することは、人民裁判所の決定または臨時人民委員会の特別な決定によって当該所有者が民族の反逆者であると認定され、財産の没収が決定された場合以外は、不法行為である旨の規定が置かれたことは、国有化法令に基づく没収の行き過ぎの面を是正するためのものであったと指摘されている[11]。

国有化法令に関して注意を要する二番目の点は、国有化法令はおよそすべてのものを国有化するものではなかったことである。産業、交通、運輸、逓信、銀行、商業、文化機関等が国有化の対象となっているが、農業部門については前述した土地改革法令が適用されており、国有化法令の対象とはなっていなかった。また、国有化法令は、「日本国家と日本人の私人および法人の所有または朝鮮人民の反逆者の所有になっている」ものを対象としたものであり、農業以外の部門においても、実態上その比率は小さかったとはいえ、国有化されなかったものが存在し、依然として個人所有が存続することとなった。

(2) 農民銀行と中央銀行

国有化法令においては、銀行もそれが日本人等および「朝鮮人民の反逆者」が所有するものであれば、没収および国有化の対象となっていたが、実際には、北朝鮮における銀行制度は、国有化法令とは別に独自の展開を見せ、一九四六年一一月一日に金融機関が国営の北朝鮮中央銀行と北朝鮮農民銀行のみに限定されることにより、他の部門に比し早い時期に国家による独占が確立した部門となった。

北朝鮮農民銀行は、土地改革の直後の一九四六年四月一日の臨時人民委員会布告第三号「北朝鮮農民銀行設立に関する法令」[12]によって設立され、同年五月一日には営業を開始した（同法令第八条）。農民銀行は、農民に対する農業を営むための融資を目的とし（同第三条）、「北朝鮮に居住する農民は、各自必ず銀行に応分の出資を」することとされた（同第四条）。また、「北朝鮮にある各金融組合および金融組合連合会の各道支部は、その所有に属する建物、什器、備品等の一切の所有を適正価格で評価し、これに残余現金を合わせてこの銀行に出資する」

こととされるとともに（同第五条）、これら金融組合および金融組合連合会の各道支部の貸借は、原則として農民銀行に引き継がれることとなった（同第六条）。こうして、かつての金融組合および金融組合連合会は、農民銀行に吸収されることとなった。[13] その後、一九四六年八月二日には「特殊金融機関の整理に関する決定書」[14]が公布され、朝鮮無じん株式会社、朝鮮信託株式会社および東洋拓殖株式会社の支店、出張所の事業が閉鎖され、その一切の財産と貸借関係が農民銀行に引き継がれた（同決定書第一条）。これに伴い、農民銀行は、これらの特殊金融機関の役割の一つであった中小の商、工、水産業者に対する金融を可能な限度で取り扱うこととされ（同第五条）、北朝鮮における金融機関の統合および国家による独占化が進展した。

北朝鮮中央銀行は、元来一九四六年一月一五日にソ連軍司令部において組織されたもので、その後ソ連政府の決定により一九四六年一月一六日付けの貸借対照表によりその一切の債権債務が北朝鮮に移管された。臨時人民委員会は、同年一〇月二九日に「北朝鮮中央銀行に関する決定書」を公布し、同決定書において「北朝鮮中央銀行規定」を承認した。[15] 中央銀行は、ソウルに本店を置いていた朝鮮銀行、朝鮮殖産銀行、朝鮮商業銀行、朝興銀行および朝鮮貯蓄銀行ならびに日本に本店を置いていた安田銀行等の北朝鮮内の支店五八ヵ所をソ連軍から引き継ぎ、この五八ヵ所の支店を中央銀行の支店に改編した（同決定書三）。

同決定書および「北朝鮮中央銀行規定」は、中央銀行を臨時人民委員会に直属させ（同規定第四条）、農民銀行についても事業の総指揮は財政局が、金融統制および資金調節上必要な業務に関しては中央銀行が、指導・監督する旨規定した（「朝鮮中央銀行に関する決定書」十）。そして、「北朝鮮には、北朝鮮中央銀行と北朝鮮農民銀行の本店、支店および出張所のみが存在」し、「一九四六年一一月一日よりその他の金融機関は解散する」こととされた（同決定書九）。ここに北朝鮮の金融機関は、国営の中央銀行および農民銀行の二つにより独占されることとなった。

（3）個人所有の保護

前述したとおり、国有化法令は、すべてのものを国有化するものではなかったため、その後も個人所有は存続し続けることとなった。そして、臨時人民委員会は、一九四六年一〇月に「個人所有権を保護し、産業および商業活動における個人の創発性を発揮させるための対策に関する決定書」（以下「個人所有権の保護決定書」と略称する）を、また、同年一一月に「北朝鮮産業および商業発展に関する法令」（以下「産業および商業の発展法令」と略称する）を公布することにより、個人所有を法令でもって保護する措置をとった。

まず、個人所有権の保護決定書は、朝鮮人民が個人で所有する動産および不動産の没収は、人民裁判の決定または人民委員会の特別な決定によるものを除くほか不法行為であるとした（個人所有権の保護決定書一）。そして、朝鮮公民が個人で所有する工場、製造所、企業所、炭鉱、倉庫、会社、商業機関等は国有化に含まれないことを明確にし、これら企業所等が不法に没収された事件の調査およびその没収物の所有者への返還を各道の人民委員会に委任した（同二）。産業および商業の発展法令は、個人が所有する動産および不動産が没収される特別な場合を、具体的に①臨時人民委員会がその所有者を民族の反逆者と認定して、財産の没収を決定したときおよび②所管道裁判所の判決によりその所有者を民族の反逆者と確定して、財産没収を宣言する場合に原則として限定した（同法令第八条）。そして、それ以外の場合に地方行政機関または社会団体が個人の所有する動産および不動産を没収した事件については、各道の人民委員会が速やかに調査する旨定めるとともに（同第九条）、その調査、没収物の返還の手続き等を規定した。

また、個人所有権の保護決定書ならびに産業および商業の発展法令は、労働者五〇名以下の国有の工場、製造所、炭鉱、林業および漁業ならびに人民委員会の管理下にある旧日本人所有の住宅、倉庫、店舗等を一定の条件の下、個人に売却または賃貸することができる旨を定めた（個人所有権の保護決定書四ならびに産業および商業の発展法令第一六～二六条）。

こうした個人所有の保護の主目的は、「個人所有権を保護し、産業および商業活動における個人の創発性を発揮させるための対策に関する決定書」といった名称が示しているとおり、個人の所有権を保護することにより、産業家および商業家が産業および商業の発展に関し「創発性」を発揮することができるようにすることにあった。換言すれば、産業および商業の発展を図るために、その手段として個人の経済活動を奨励するものであった。同決定書は、個人の経済活動を奨励するために、個人所有権保護以外の施策として、「北朝鮮各銀行は、個人産業家および商業家に対し、短期で普通貸借条件によって貸し付けなければならない」（同決定書五）旨を定め、また、「貯金の秘密を遵守するために、各道人民委員会およびその他地方行政機関が銀行の業務に干渉したり、または、その事業を検査することを禁止」（同決定書七）した。加えて、先に述べた国有の工場等の産業家への売却および貸借も、「朝鮮人民の個人資本により、住民の広範な需要に貢献する製品および商品を増産する」ことを目的としていた（同決定書三後段）。

注

1 『北朝鮮法令集』四三頁。
2 一九四六年八月一〇日付け臨時人民委員会決定第五九号「第一二次臨時人民委員会決定書」（『北韓法令集』第三巻、一五七頁）。
3 接収委員として選定されたのは、金鎔範、李文煥、李鳳洙、朴炳燮および安義根であった。

4 北朝鮮人民委員会宣伝部『北朝鮮道、市、郡人民委員会大会会議録』（平壌、一九四七年四月）第二日、七九頁。なお、この問いに対し、議長を務めた金日成は、「この法令は、これだけで充分であるため、ここに何らかの条文を置く必要がない」と答弁している。

5 桜井浩、前掲「経済の改革と計画化」一九四頁。

6 金日成「一九四七年度北朝鮮人民経済発展に関する報告」（前掲『北朝鮮道、市、郡人民委員会大会会議録』第三日、六〜四一頁）六頁。

7 朝鮮民主主義人民共和国最高人民会議常任委員会『朝鮮民主主義人民共和国最高人民会議第一次会議会議録』（平壌、一九四八年一二月）七八〜七九頁。

8 『重要日誌』八頁および九頁参照。

9 一九四六年一〇月四日付け臨時人民委員会決定第九一号「個人所有権を保護し、産業および商業活動における個人の創発性を発揮させるための対策に関する決定書」（『北朝鮮法令集』四三〜四四頁）。

10 一九四六年一一月二五日付け臨時人民委員会決定第一一二号「北朝鮮産業および商業発展に関する法令」（『北朝鮮法令集』四四〜四六頁）。なお、以上の二法令については、前掲拙稿一三七〜一三八頁も参照ありたい。

11 桜井浩、前掲論文、一九四頁。

12 『北朝鮮法令集』一六八〜一六九頁。

13 ただし、一九四六年五月一日現在凍結されていた貸借および損失を随伴するおそれがある貸借は、引継ぎの対象から除外された。

14 一九四六年八月二日付け臨時人民委員会決定第二二号「特殊金融機関の整理に関する決定書」（『北朝鮮法令集』一六九頁）。

15 一九四六年一〇月二九日付け臨時人民委員会決定第一〇三号「北朝鮮中央銀行に関する決定書」（『北朝鮮法令集』一六六〜九八頁）。

四　商業

二「土地改革」および三「国有化と個人所有の保護」においてそれぞれ農業および主として工業の分野における当時の所有形態につき論じたが、これら二つの分野の間の物資の交易を司るのは、商業の役割である。もちろん商業は、単に分野間の物資の交易のみを司るわけではなく、各分野の内部での物資の交易も司るものであるが、当時の北朝鮮においては、「人民の生活必需品と食料品の要求を充足させるために、都市の工業生産品と農村の農産物を円滑に交易し、商品が消費者の手中に容易に到達されるようにする」ことが商業の「根本的課業」であるとされていた。[1]

当初の北朝鮮の商業は、私営の商業が中心であった。[2] 四八年三月の北朝鮮労働党第二次全党大会における金日成の報告によれば、一九四七年度の総商業販売高のうち私営の商業の販売高が八四・五％を占めていた。[3] また、一九四七年二月の道、市、郡人民委員会大会における「一九四七年度北朝鮮人民経済発展に関する報告」の中でも金日成は、四五年八月から四七年一月までの商業網の向上について、それが「根本的に個人商会と小商業機関たちにより実施され」たことを認めている。[4]

こうした私営を中心とした商業は、「商品在庫品が縮小し、外国から商品を輸入できず、国内工業では商品を満足に生産できず、農産物が不満足」[5]であり、かつ、私営の商業に対する統制が十分に行われていなかった当時の北朝鮮の状況においては、「奸商輩達が跋扈《ばっこ》し、すべての生活必需品を買い占め、市場を攪乱し、物価を左右」[6]し、人民への商品供給を阻害する結果をもたらすものと考えられた。そのため、こうした事態を打開するため、商業に対する中央政権の統制を強化すべく力が注がれていった。そして、その具体的手段としてとられた措置の一つが公営の商業、すなわち国家による商業と消費組合による商業を発展させることであり、もう一つが私営の商業に対する種々の規制を強化することであった。

（1）公営商業の発展

市場原理ではなく、中央の政策に基づき商品を流通させる公営商業には、国家による商業と消費組合による商業があった[7]。こうした公営商業を発展させることは、これらを通じて人民への商品供給を向上させることだけではなく、全体の商品流通の中における公営商業による流通の比重を大きくし、商業全体に対する統制、とくに、価格の調節を中央が行えるようにすることも目的とされていた[8]。

国家による商業としては、具体的には国営の一般商店、百貨店、専門商店、食堂および旅館を挙げることができるが、このうちとくに重要視されていたのは、国営百貨店のようであった[9]。国営百貨店は、一九四六年に清津、咸興、元山、新義州および海州に各一ヵ所ずつ、ならびに平壌に三ヵ所の計八店が設置されたのが最初である[10]。また、法令上国営百貨店に言及があるものとしては、一九四六年四月一三日に公布された「商業機関に関する命令[11]」がある。同命令は、それまで道所管であった国営百貨店を以後商業局で直接管理することとし、各道の人民委員会委員長に対して、所管する国営百貨店の一切を一九四六年四月二〇日までに商業局に引き継ぐよう義務づけた。一九四六年に設置された八店の国営百貨店がすべてこの命令により国営化されたものか否かは定かではないが、最初の国営百貨店の少なくともいくつかは、元は道営のものであったことがわかる。国営百貨店は、その後店数を着実に増加させ、四八年上半期には、五二店を数えるに至った（下の表参照）。ま

1948年上半期における国家商業網の商店別統計[12]

積類別	商店数	構成比
一般商店	128	46.55%
百貨店	52	18.91%
専門商店	29	10.54%
大食堂	8	2.91%
中小特殊食堂	56	20.36%
旅館	2	0.73%

た、一九四七年二月には、国営の卸売り機関であり、国営百貨店に物資を供給する物資管理所が、商業局直属の機関として事業を開始している。[13]

消費組合は、一九四六年五月二〇日に、各地の協同組合を統一、改編する形で結成され、[14]全国の消費組合の長として北朝鮮消費組合委員長という役職が置かれた。[15]消費組合は、一九四六年度末に二二二万人の会員および九五〇店の商店を有していたが、四八年度六月には四三八万人の会員および一四〇〇店の商店を有するまでになった。消費組合の商店の「圧倒的多数」は、農村に設置された。[16]この消費組合が都市の工業製品を農村に提供し、それを代価として農村の糧穀を買い上げる収買事業の主体であったことは、後に述べる。さらに、消費組合は、商品の売買のみならず、自ら生産企業所、生産合作社を経営し、そこで生産された商品を廉価で仕入れて、消費者に供給した[17]（下の表参照）。

以上のように、公営の商業の発展が図られてきた結果、国内商品総流通額中に占める公営の商業による商品流通額の割合は、一九四六年には三・五％、一九四七年には一五・五％に過ぎなかったものが、一九四九年には五六・五％と過半を占めるようになり、私営商業による商品流通額を凌ぐようになった。[19]

消費組合の組合数及び商店数の推移[18]

年度	組合員数	商店数
1946 年 5 月 20 日	106 万人	—
1946 年度末	222 万人	950
1947 年度末	488 万人	1,250
1948 年 6 月	517 万人	1,400

（2）私営商業に対する規制の強化

私営商業に対する規制は、最初はほとんど行われなかった。国営百貨店の道から臨時人民委員会商業局への移管を定めた前述「商業機関に関する命令」が一九四六年四月に公布されたものの、そこでは、かろうじて商事会社および商事組合といった特定の共同商業形態の設立について道人民委員会を経由した商業局の認可を要するとの規制が設けられていたに過ぎなかった。[20] 同命令の施行細則[21]によれば、ここでいう商事会社とは「会社の事業においてその全部または一部が商業を目的とする社団」[22]を指し（同細則第四条）、商業組合とは消費組合を除く「組合の事業においてその全部または一部が商業を目的とする組合または商業者の同業組合」を指すとのことであった（同第五条）。しかしながら、同命令においては、個人商業等他の私営商業については言及すらされていず、また、商事会社および商事組合の設立の認可制と言っても、認可なく会社とか組合といった商号または名称を使用することが禁じられているに過ぎず（「商業機関に関する命令」第四条および同施行細則第八条）、商業活動自体を規制したものではなかった。

このうち商事会社の設立については、一九四六年七月に出された「商事会社設立認可方針に関する件の内示[23]」にその認可の審議基準が定められた。同内示によれば、「商事会社の設立は、会社を設立しようとする当該地区の経済的事情と北朝鮮全体の経済関係を考慮して、とくにその設立を必要とする限度内でこれを認可する」（同内示一）こととされ、「事業内容から見て、その目的が不健実なもの、非建設的なものまたは投機的なもの」（同三）および「会社設立の発起人または代表者が民族反逆者または親日分子と規定された者である」もの（同四）は認可されないこととされた。[24] この内示の目的は、主として当時の北朝鮮にとって健全な商事会社のみを認可することにあったが、これに加えて、とくに、内示の一の規定が「（商事会社）の設立を必要とする限度内で」認可するとしていたことから判断する限り、商事会社設立の認可に対して抑制的な態度がとられていたことがわかる。しかしながら、一九四七年二月の人民委員会大会における金日成報告等においては、商業の発展のためにむしろ商事会社の設立を奨励する発言がなされており、当時の北朝鮮において商事会社の設立が抑制されていたとは必ずしも言えない。一九四七年二月の「一九四七年度北朝鮮人民経済発展に関する報告」において金日成は、「商業会社と株式会式に対し、商業活動が発展し、拡張されるために、各方面に幇助する」[25] 旨述べており、また、同報告に対する討論において洪基疇[26]は、「民間商事会社を許諾し、奨励し、民族資本を誘致、投資するようにし、人民の福利のための商業に対し、積極的に活動するように指導し」なければならないと述べている。[27]あるいは、内示が出された一九四六年七月から人民委員会大会が開催された一九四七年二月までの間に商事会社に対する方針に変化があった可能性も排除されないが、その確証はない。

商事組合については、「商業機関に関する命令」および同施行細則以外に特段の法令は、見当たらない。しかしながら、一九四六年七月には「商業組合令[28]」が制定され、商業組合の種類、事業、定款等について規定された。この「商業組合令」によれば、商業組合は、商業者が「商業の自由とその正常的発展を企図するために」設立するものであり、業種別商業組合、市郡商業組合および道商業組合の三種類があった（同令第一条）。このうち、業種別商業組合は、同一地域内の同一業種の商業者全体で構成される任意団体であり、市および郡商業組合は、市および郡内の各業種別商業組合を網羅して構成され、道商業組合は、道内の各市、郡商業組合を網羅して構成されることとされた（同第三条）。

商業組合と先に述べた商事組合と比較すると、商事組合は、「組合の事業においてその全部または一部が商業を目的とする組合または商業者の同業組合」であり、商業組合とは異なり、必ずしも特定地域内の特定業種に属すすべての商業者を網羅したものとか特定地域内のすべての組合を網羅したものとは限らない。すなわち、概念の広さとしては、商事組合の方が商業組合より広く、商業組合は、商事組合に内包されることになる。

「商業組合令」では、商業組合が行う事業として、①組合員の取り扱う商品の搬入および搬出、保管、運搬その他組合員の営業に対する共同施設、②組合員の営業に必要な統制、③組合員に対する物資の配給および買い上げならびに④組合員の営業に関する指導、研究、調査その他組合の目的を達成するのに必要な施設が掲げられ（同令第二条）、これら以外にも組合員に対する営業に必要な資金を貸与、組合員のためのその営業条債務の保証または組合員の貯金の取扱い等の事業も認められた（同第七条）。また、商業組合の設立は、郡、市および道商業組合については、「定款その他必要な書類を道人民委員会に提出、経由して、北朝鮮臨時人民委員会商業局長の認可を受け」ることとされた。ただし、この認可権は、商業局長が郡、市および道人民委員会に委任することができた（同第四条）。なお、業種別商業組合の設立手続きについての規定はない。

この「商業組合令」に定められた商業組合の特徴は、系列化と下部組合または商業者の網羅にある。これにより、商業組合は、道商業組合を頂点とし、業種別商業組合を作ることとした特定地域内の特定業種に属すべての商業者を底辺とした完結したピラミッド型の秩序を成すこととなった。しかしながら、なぜこのようなピラミッド型の商業組合秩序を作り上げようとしたのかは、定かではない。通常は、管理、統制を行うことが目的として思い浮かべられるものだが、「商業組合令」は、商業組合の設立の認可についての臨時人民委員会の関与以外には、とくに、同委員会が行う管理、統制について規定していない。[29]

実際、臨時人民委員会による商業組合に対する管理、統制は、実効的なものとはならず、逆に、商業組合の弊害が顕著になったため、結局、一九四七年三月には、「商業組合令」自体が廃止されてしまった。[30] 当時の商業局長であった張時雨によれば、商業組合は、「民族商業発展において何等の役割も果たし得ないのみならず、個人商業界においても寄生虫的存在に過ぎず、それらは、国家支持価格で配給を受けておいて、時価により暴利を図り、情実販売し、財政規律を守らず、財政を横領しまたは賄賂を受け、組合員に不当な組合費を賦課した」[31] といった状態にあったようである。そのため、人民委員会は、「現在において商業組合の腐敗的諸現象とこれと関連する一切の商業上の弊害を一掃し、それを健全な商業会社の道に発展させるため、北朝鮮人民委員会決定第三八号商業組合令を取り消すことに決定」した。[32]

私営商業に対する規制が本格的に行われたのは、一九四六年一一月の「北朝鮮産業および商業の発展に関する法令」（産業および商業の発展法令）が最初であろう。この法令は、「個人所有および個人の自由な創発的な活動を保障」（同法令第一条）することを目的としていたが[33]、同時に、商業を営む者に対し、「商業の正常な発展を奨励する」（同第一条）ために規制を課すものであった。その規制には、大きく分けて、商品の価格に関するものと商業を営む場所に対するものがあった。

まず、商品の価格に関しては、「商業家は、その商品に対して販売価格を表示し、表示価格を遵守しなければならない。」（同第二条後段）とされ、これに違反した者に対しては、商品を表示価格の四割引きで消費組合または他の商人に売却することを命令するとの罰則を科した（同第六条による同第五条後段の準用）。さらに、「物価の騰貴を予見し、あるいは目的として、買いだめまたは売り惜しみをした者」および「民主主義的原則に立脚した常識的な判断に照らし、不当に高率の利得すなわち暴利行為をした者」も罰則の対象となり、三年以下の懲役または一〇万ウォン以下の罰金（取引金額が一〇万ウォンを超過する場合には、取引金額の一〇倍に該当する額の罰金）が科されることとされた（同第七条）。これらの規定により商品の価格が明示されることになったとともに、買いだめおよび売り惜しみならびに暴利行為を取り締まる法的根拠を具備することにもなった[34]。

次に、商業を営む場所に関しては、産業および商業の発展法令は、「店舗、施設および公設市場その他指定した場所以外での商品売買は、一切禁止する」（同第五条）といった規制を定めた。これに違反した商人に対しては、取締機関は当該所持商品を、それと同類の商品またはそれに準ずる商品の表示価格から四割を控除した価格で、消費組合または店舗、施設その他定着的な商業活動の本拠を有する商業家に売却するよう命令できることとされた（同条）。これにより、街頭で行われる露店や行商といった最も把握および統制が困難な商業が禁止されることとなった。そして、臨時人民委員会は、店舗を有する商業については一九四七年二月三日に公布した「商店許可制実施に感づく布告[35]」で許可制を導入し、また、市場については同日公布の「人民市場規程実施に関する布告」[36]において市場の開設、運営、管理等を定めることにより、私営商業に対する規制をさらに強めていった。

まず、「商店許可制実施に関する布告」は、「会社または個人で商店を営もうとする者は、店舗を完備し、特別市、市、郡人民委員会委員長の許可を受けなければならない。」（同布告第二条）とし、[37]これに違反した者は五万ウォン以下の罰金に処すこととした（同第一四条）。同布告に基づいて与えられる許可の効力は、一年間に限定されており、この期間を超えて商店の営業を続けようとする者は、一年毎に、具体的には毎年一月中に、許可の更新手続きを踏まなければならないとされた（同第一五条）。そして、所管の人民委員会委員長は、①営業場所が不適当な場合、②商店経営責任者が商業に関する法令および規則の違反で重い処罰を受けた場合または③この布告が定める営業に関する義務[38]に違反した場合には、商店に対する許可を取り消しまたは拒否する権限が与えられた（同第一三条）。これにより、商店を営む者は、この布告を含め、商業に関する規制を守らないと商業を営むこともできなくなることとなった。また、同布告は、商業を営む者に対し、販売、購入および経費に関する正確な帳簿を常備、保存すること（同第一〇条）ならびに所管人民委員会委員長の要求があるときは営業に関する必要事項を報告することを義務づけた（同第一一条）。これにより、商業を営む者が規制に違反しているか否かを調べる法的根拠も具備することとなった。

次に、「人民市場規程実施に関する布告」[39]は、「市場は、特別市、市、郡、面人民委員会で直接経営、管理」し（同布告第五条）、その開設については、道人民委員会委員長（平壌特別市が開設する市場については、臨時人民委員会商業局長）の許可を得なければならないとした（同第八条）。道人民委員会委員長（平壌特別市が開設する市場については、臨時人民委員会商業局長）は、市場を移転、廃止または変更することを命じる権限が与えられた（同第一〇条）。市場を経営、管理する所管人民委員会は、各市場ごとにその規模に応じて市場管理人または市場管理所を置くことが義務づけられた（同第五条）。この市場管理人または市場管理所は、①市場内においての商業発展、

②市場使用料および各種税金の収集納付、③価格表示の遵守指導および「奸商輩」の暴利取締り、④市場商業の調査報告、⑤市場内の清掃および衛生事業、⑥度量衡器、計量器、その他商品量目に対する検査、取締および貸与、ならびに⑦その他市場運営上必要な事項といった事業を執行する義務を負った（同第七条）。また、市場を経営、管理する人民委員会は、市場使用規程および市場管理人または市場管理所規程を作成し、道人民委員会委員長（平壌特別市が開設する市場については、臨時人民委員会商業局長）の承認を受けた上で、これらの規程を実施することが義務づけられた（同第六条）。

注

1 張時雨「一九四七年度商業計画完遂のための課業」（『人民』第二巻第三号、一九四七年四月、七五〜八三頁）七五頁。

2 張時雨「人民商業の建設」（『人民』創刊号、一九四六年一一月二八日、五四〜五五頁）五四頁は、私営の商業を個人商業と呼んでいる。ちなみに、同論文は、商業を個人商業、国家商業および消費組合商業の三つに分類している。

3 北朝鮮労働党中央委員会『北朝鮮労働党第二次全党大会会議録』（発行所、出版年不明）五二頁。

4 金日成「一九四七年度北朝鮮人民経済発展に関する報告」（前掲『北朝鮮道、市、郡人民委員会大会会議録』第三日、六〜四一頁）二八頁。

5 同上。

6 張時雨、前掲「人民商業の建設」五四頁。また、北朝鮮道、市、郡人民委員会大会第三日に行われた討論において平安南道人民委員会委員長であった洪基疇も「解放直後一年間は、過渡期であり、円滑に整頓され得なかった時に乗じ、奸商謀利輩達が跋扈し、諸般の商品を買いだめして、市場を攪乱し、物価を左右することにより、人民経済建設に大きな妨害をもたらした」と述べている。（前掲『北朝鮮道、市、郡人民委員会大会会議録』第三日、四三頁）。

7　五八年に発行された『朝鮮民主主義人民共和国』（平壌、外国文出版社、一九五八年八月）二二八頁は、消費協同組合商業、生産協同組合商業その他の商業をまとめて協同団体商業と総称している。しかしながら、一九四六年一一月の張時雨、前掲「人民商業の建設」五四頁は、商業を個人商業、国家商業および消費組合商業の三つに分類しており、また、『朝鮮中央年鑑―一九四九年』一一四〜一一六頁も国家および消費組合商業と民間商業という分類の仕方をしているため、一九五〇年までを対象とする本論では、張時雨の論文および『朝鮮中央年鑑―一九四九年』の分類に従うこととする。

8　金日成、前掲「一九四七年度北朝鮮人民経済発展に関する報告」二九頁。

9　『朝鮮中央年鑑―一九四九年』一一五頁参照。なお、国家による商業として国営百貨店が重視されていたことは、金日成、前掲「一九四七年度北朝鮮人民経済発展に関する報告」、張時雨、前掲「人民商業の建設」および「一九四七年度商業計画完遂のための課業」のいずれにおいても国家による商業の中でとくに国営百貨店のみが言及されていることから窺い知ることができる。

10　金日成「一九四七年度北朝鮮人民経済発展に関する報告」（前掲『北朝鮮道、市、郡人民委員会大会会議録』第三日、六〜四一頁）二九頁、および張時雨、前掲「一九四七年度商業計画完遂のための課業」七九頁参照。

11　一九四六年四月一三日付け臨時人民委員会商業局布告第二号「商業機関に関する命令」（『北朝鮮法令集』五一頁／『法令公報』臨時増刊第六集、一九四七年六月一〇日、八〜九頁／『北朝鮮法令集』第三巻、三七〇頁）。

12　『朝鮮中央年鑑―一九四九年』一一五頁による。

13　張時雨、前掲「一九四七年度商業計画の完遂のための課業」七六頁。

14　『重要日誌』五二頁。

15　一九四六年八月二〇日付け臨時人民委員会決定第六三号「消費組合の糧穀収買に関する決定」（『北韓法令集』第三巻、七〜八頁）の二に言及されている。ちなみに、その時の消費組合委員長は、後に商業局長になった張時雨であった。

16　『朝鮮中央年鑑―一九四九年』一一五頁。

17　同上、一一四〜一一五頁。

18　同上、一一五頁掲載の表を基に作成。

19　一九四六年および四九年の数字は、前掲『朝鮮民主主義人民共和国』二二九頁による。ちなみに、同書には、一九四七年および四八年の数字は、記載されていない。一九四七年の数字は、北朝鮮労働党第二次全党大会における金日成の報告による。

20　前述「商業機関に関する命令」第三条。

21　一九四六年六月一五日付け臨時人民委員会商業局布告第三号「『商業機関に関する命令』に関する施行細則」（『北朝鮮法令集』五一～五二頁／『法令公報』臨時増刊第六集、一九四七年六月一〇日、九頁／『北韓法令集』第三巻、三七一～七二頁）。

22　『北朝鮮法令集』五一～五二頁、『法令公報』臨時増刊第六集、九頁および『北韓法令集』第三巻、三七一～七二頁に掲載されている第四条の条文は、いずれも「産業を目的とする社団」としているが、これは、「商業」の誤りと思われる。

23　一九四六年七月四日付け臨時人民委員会商業局指令第四四九号「商事会社設立認可方針に関する件の内示」（『法令公報』臨時増刊第六集、一九四七年六月一〇日、九～一〇頁）。

24　その他にも、外国人が組織の主体になっている会社も特別な場合以外には当分の間認可されないこととされていた（同内示五）。

25　前掲『北朝鮮道、市、郡人民委員会大会会議録』第三日、三〇頁。

26　洪基疇は、当時、平安南道人民委員会委員長、その後、一九四七年二月二二日に人民委員会の副委員長に就任した。なお、人民委員会の構成についての報告がなされた人民会議第一次会議の二日目の議事録では、人民委員会副委員長は「洪箕疇」となっているが、同時に、同人が平安南道人民委員長であるとの経歴紹介もなされているので、「洪基疇」と「洪箕疇」は同一人物と考えられる。（『北朝鮮人民会議第一次会議会議録』四七～四八頁参照）

27　前掲『北朝鮮道、市、郡人民委員会大会会議録』第三日、四四頁。

28　一九四六年七月一三日付け臨時人民委員会決定第三八号「商業組合令」（『法令公報』臨時増刊第二集、一九四七年一月一五日、一八～一九頁／『北韓法令集』第三巻、三七四～七五頁）。

29　ただし、張時雨、前掲「一九四七年度商業計画完遂のための課業」八一頁には、商業組合が「国家支持価格で配給を受けて」いたとの記述があり、このことから商業組合が物資の調達において臨時人民委員会から何らかの便宜を受けていたことを窺い知ることができる。

30　一九四七年三月一一日付け人民委員会決定第四号「商業組合令取消に関する決定書」（『法令公報』第二三号、一九四七年三月二五日、一頁／『北韓法令集』第三巻、三七六頁）。

31　張時雨、前掲「一九四七年度商業計画完遂のための課業」八一頁。

32　前掲「商業組合令取消に関する決定書」本文。

33　この「北朝鮮産業および商業発展に関する法令」は、商業活動の保護につき規定した。同法令では、「店舗、施設その他定着的な商活動の本拠を有する商業家は、国家から一切の法令上の保護とともにすべての便益を受けることができ」（第二条前段）、「商業家の店舗、倉庫、住宅その他に行き、在庫商品の種別数量を調査したり、それに関する報告を要求することは、法令によって必要な場合に権限ある機関がする以外は、一切これを禁止」（第三条）し、「商業家は、法令の範囲内で商品の売買および移動の自由を有する」（第四条）こととされた。

34　なお、この産業および商業の発展法令に規定された価格表示制度については、その後、一九四七年一月二八日に「価格表示規程に関する件」（一九四七年一月二八日付け臨時人民委員会商業局布告第四号、『北朝鮮法令集』五五頁／『法令公報』第一八号、一九四七年二月六日、二頁）が公布されている。同布告では、直接消費者に販売する一切の商品は、毎個の商品ごとに単位価格を表示することが義務づけられ（第二条）、商品の性質上、度量衡によって販売したり、または、単一の包装で販売されず、直接表示することが不可能な商品については、販売店舗または適当な場所に品種規格単位による価格を明示することが義務づけられている（第四条）。

35　一九四七年二月三日付け臨時人民委員会商業局布告第五号および財政局布告第二七号「商店許可制実施に関する布告」（『北朝鮮法令集』五二～五三頁）。

36　一九四七年二月三日付け商業局布告第六号および財政局布告第二八号「人民市場規程実施に関する布告」（『北朝鮮法令集』五三～五五頁／『北韓法令集』第三巻、三八〇～八三頁）。

37　許可を得ようとする者は、申請書を特別市、市、郡人民委員会委員長に提出し（第四条）、各人民委員会委員長は申請書を受理後一五日以内に許可の可否を決定し、通知することとされた（第五条）。市および郡の人民委員会委員長は、許可を与えた場合には、それから五日以内に所管の道人民委員会委員長にこれを報告し、道人民委員会委員長は、さらに臨時人民委員会商業局長にこれを報告することが義務づけられた（第六条）。なお、平壌特別市人民委員会委員長については、直接臨時人民委員会商業局長に、許可を与えた後五日以内に報告することが義務づけられた（同条）。

38　同布告が定める営業に関する義務は次のとおり。
①許可後一カ月以内に開業すること（第九条）。
②販売、購入および経費に関する正確な帳簿を常備、保存すること（第一〇条）。
③所管人民委員会委員長の要求があるときは営業に関する必要事項を報告すること（第一一条）。
④営業事項の変更または営業を廃止するときは即座にその事実を所管人民委員会委員長に報告すること（第一二条）。

39　同布告でいう市場とは、「一定の区域内で一定の建物と施設を具備し、または一定の区域内で毎日もしくは定期的に多数の需要者および供給者が来集し、商品を売買、交易する場所」（第三条）と定義され、常設市場と定期市場に区分された。このうち、常設市場とは、一年に一五〇日以上開市するものをいい、定期市場とは、定期的に開市するがその日数が一年に一五〇日未満のものをいうこととされた（第四条）。ただし、家畜市場については、すでに一九四六年二月一〇日に農林局布告第四号として「北朝鮮家畜市令」（『北朝鮮法令集』八一〜八二頁）が公布されており、「人民市場規程実施に関する布告」の対象外とされた（第二条）。

五　「糧政」のはじまりと展開

「糧政」という言葉は、日本では必ずしもなじみのある言葉ではないが、朝鮮語においては、「食料の収集および供給と関連した事業を受け持って行う行政事業」とか「食料の収集および供給と関連したすべての政策や行政」といった意味で使われる言葉である。[1] 北朝鮮では、臨時人民委員会および人民委員会の下で、食料の収集および供給の問題を担当した部局は、「糧政部」と呼ばれ、一九四七年一一月に発行された『北朝鮮法令集』でも法令の部門の分類として「政権および行政」、「産業および商業」、「農林」、「財政および金融」、「司法」等と並べて「糧政」が掲げられている。

本論が取り扱っている時代の北朝鮮で用いられていた「糧政」の意味をもう少し詳細に見てみると、まず、「糧政」部の設置を規定した「農業現物税に関する決定書」[2]第七条は、「食料の蒐集に関するすべての問題と住民に対する食料の供給に関する問題を解決するために」「糧政」部を設置するとしており、その具体的所掌事項として、「糧政部機構の決定に関する件」[3]第四条が農業現物税に関する事項、穀物需給に関する事項、穀物の運搬、保管、配給、検査、加工等に関する事項等を挙げている。また、『北朝鮮法令集』において「糧政」という部門に属する法令として掲げられているものとしては、「農業現物税に関する決定書」「果実現物税徴収に関する細則」等収集に関する法令、「北朝鮮穀物検査規則」「果実検査規則」等検査に関する法令、「糧穀管理特別会計規程」「国家糧穀保管倉庫に関する規則」等管理・保管に関する法令、「国家糧穀輸送手続および輸送事故の責任負担限界に関する決定書」といった運搬に関する法令、「食料配給に関する件」「民営企業所の労働者および事務員に対する糧穀配給価格に関する決定書」等配給に関する法令等がある。

このように、「糧政」とは、食料の収集と供給のみならず、これに関連して、検査、管理・保管、加工、運搬等の事項をも含むある程度総合的な概念であったことが窺える。もっとも、先述した「糧政」の通常の意味および「農業現物税に関する決定書」第七条の規定からもわかるように、「糧政」の中心は、やはり食料の収集とその供給にある。とくに、食料の収集問題は、かつてのソ連においても穀物の調達の問題として大きな問題となったものである。そして、この食料の収集が「糧政」の入り口であるとするならば、食料の供給はいわば「糧政」の出口に当たり、配給制の問題として論じられるものである。

(1)「糧政」――食料の調達と配給

北朝鮮における「糧政」は、臨時人民委員会が設置される以前のかなり早い段階から始まった。そして、臨時人民委員会が設置された直後の一九四六年二月二七日には、「北朝鮮、とくに、咸（境）南北道および平（安）南（道）一帯の食料窮乏は、極度に達し、危機に瀕しているところ、これを打開」[4]するために、同委員会決定第二号として「北朝鮮臨時人民委員会の食料対策に関する決定書」[5]（以下「食料対策決定書」という）が公布され、「誠出」と呼ばれる穀物収集の確保のための方策、食料の配給量、食料に提供される穀物の酒造原料、非畜飼料としての使用の禁止、穀物の貯蔵等が定められた。この食料対策決定書が、ごく初期の北朝鮮における「糧政」の実態を知る重要な手掛かりとなる。

（イ）「誠出」

「誠出」とは、一定の割当てに基づく強制買上げ制度のようなものであったと考えられる。このことは、食料対策決定書第六条において、「地主および農民は、すでに規定、頒布（した）割当量に準じて、未納付のものを全部誠出すること」とされ、「地主および農民が誠出した穀物の価格は、公定価格によって支払う」とされていることから知ることができる。また、一九七九年に発行された金日成著作集第二巻に所収されている「当面の食料問題を解決することについて」という食料対策決定書と同じ日付の演説の中にも「糧穀誠出運動」または「糧穀誠出事業」という名で「誠出」に関する記述があり、その内容は、先に引用した食料対策決定書第六条の規定と同様のものである。[6]

この「誠出」がいつ頃から行われたかは、定かではないが、食料対策決定書第六条で「すでに規定、頒布（した）割当量」といった文言があることからすれば少なくとも食料対策決定書が公布された一九四六年二月二七日以前であることは確かである。また、その一ヵ月前の一月二六日には、行政一〇局の司法局が「農産物買上げ不応等処罰に関する件」といった布告を公布し、[7]「人民委員会が施行する農産物買上げに応じない者、これを妨害する者、これに対して故意に懈怠する者は、二年以下の禁固または一万ウォン以下の罰金に処す」旨規定している。これが「誠出」を指すものか否かはともかくとして、少なくとも、臨時人民委員会設置以前に農産物の強制的な買上げが行われていたことはわかる。さらに、前出の金日成著作集所収の演説においては、一九四五年秋より「糧穀誠出運動」を展開するようにしたとの記述があり、一九四九年に発行された『解放後四年間の国内外重要日誌』には、一九四五年一〇月八日に「北朝鮮五道人民委員会連合会議」が平壌で開催され、同会議の議題の一つに「農産物拡充と食料誠出問題」があったとの記述がある。[8] これらのことからして、「誠出」は、金日成が言うとおり、一九四五年の秋頃から始められたのではないかと考えられる。

もっとも、実際に「誠出」がどのように行われたのかはよくわかっていない。食料対策決定書第六条には、「誠出」の割当量がすでに規定され、頒布されていたとされているが、その割当量が誰によっていかなる手続きで決められ、また、どのような基準でどれだけの量が割り当てられたのか等まったく不明である。そもそも「誠出」の割当量がどのような形で、とくにそれが布告、法令等法的に拘束力を有するものとして規定、頒布されたか否かもわからない。前出の金日成著作集所収の演説の中には、「農民の中で糧穀誠出運動を展開するようにし」たとの記述があり、このことからすれば、「誠出」は、制度というより、むしろ運動、すなわちキャンペーンであったと考えられなくもない。しかしながら、一九四六年一月二六日の司法局布告は、農産物の買上げに応じない者等を罰するとしている。先述したとおり、「誠出」が一九四五年秋頃から始まったとすれば、同布告でいう「農産物買上げ」とは「誠出」を指すと考えるのが自然である。すなわち、「誠出」に応じない者は罰せられたということになる。また、食料対策決定書第六条は、「誠出」の「未納付分は全部誠出すること」を明文で義務づけ、違反者に対する罰則も定めた。少なくとも一九四六年の初め以降は、「誠出」の量の割当ては、法的拘束力を持っていたことは確かである。

前出の金日成著作集所収の演説によれば、「誠出」は、あまり順調ではなかったようである。すなわち、同説において金日成は、「道人民委員会でこの事業（糧穀誠出事業）をよく指導せず、怠けているため、糧穀誠出の実績は、非常に低い状況にある」[9]と指摘しつつ、その具体的な原因として、①小作料を収穫物の三割にとどめ、耕作者の取り分として七割を確保するいわゆる「三、七制度が正しく実施されないため、農民の糧穀誠出事業に支障をきたしていることおよび②「農民の中には、一部小作料を金で出し、それに該当する糧穀を人知れず売りつつも、糧穀誠出をよく行わない傾向が現われている」[10]ことを挙げている。食料対策決定書第六条は、「もし、地主および農民が右期日内（一九四六年三月二〇日以内）に誠出を完了せずに、その期日が経過した後に余裕穀物があることを発見したときは、その穀物を没収する」とし、「食料を隠匿する不徳の輩が発覚したときは、三～五日以内に検察庁で調査し、裁判に回付し、五年以下の懲役に処す」との罰則規定を設けた。同時に、同決定書は、「誠出」の完遂のために、各面ごとに、面人民委員会および保安署ならびに農民組合、労働組合およびその他社会団体の代表により構成される「誠出完遂突撃隊」を組織することを定めた。これらの規定からしても、「誠出」

が順調でなかったことは容易に窺い知ることができる。[11]

なお、この「誠出」について注意を要するのは、これが主として土地改革が終了する前に実施されていたものであるということである。土地改革が終了する以前において、地主でない農民は、小作料を地主に支払った上で、さらに、「誠出」を行うことを求められていたということである。

（ロ）食料配給制度

北朝鮮における食料配給制度の源は、日本統治下で実施されていた糧穀配給制度であったようである。このことは、一九四六年一一月に発行された『人民』の創刊号に掲載された論文の中で、当時の「糧政」部長であった文会彪が、日本統治下における食料配給制度の問題点を挙げた後に、「全民族の宿願は、成就され、日本帝国主義は、朝鮮から追い出されたが、食料受配において幽霊人口を捏造、虚偽報告する因習と精神のみは、依然残存し」ていると指摘した上で、「この点は、解放以後において、我々が食料配給をそのまま継承し、施行する過程で如実に証明されている」[12]と書いていることから明らかである。

しかしながら、中央レベル、すなわち、行政一〇局または臨時人民委員会の法令で食料配給制に言及されている最も古いものは、一九四六年二月二七日の食料対策決定書である。したがって、一九四五年八月一五日からこの四六年二月二七日までの間に、食料配給制が実施されていたのか、また、実施されていたとすればどのように実施されていたのかは、定かではない。もっとも、食料対策決定書が食料配給制の実施方法等をまったく規定せず、単に食料の配給量のみを定めたことからすれば、同決定書は、すでに実施されていた食料配給制を前提にしていたと考える方が自然である。さらに、食料対策決定書の公布の日と同じ日付の前述の金日成演説において「食料配給量を道で自分勝手に定め、食料を配給するため、道ごとに差異が多い」との指摘がなされている[13]ことからすれば、食料対策決定書の公布以前から食料配給制が存在し、当時は、道ごとに実施されていたということになる。そうであれば、食料配給制に関する中央レベルの法令が見当たらないことは、必ずしも不思議なことではなくなる。また、その場合には、食料対策決定書において食料の配給量を定めたことは、従来道ごとにばらばらであった配給量を中央で統一したことになり、同決定書は、食料配給制の中央集権化の第一歩であったことになる。

なお、食料対策決定書にある食料配給制に関する規定は、極めて単純なものである。すなわち、一九四六年三月一日から、一定の食料配給量を決定するとして、重労働、危険な労働に従事する労働者には一日六〇〇グラム、その他労働者には一日五〇〇グラム、事務員には一日四〇〇グラム、労働者および事務員の家族には一日三〇〇グラムと規定し、そのうち白米を全配給量の三分の一以下とする旨定めているだけである（同決定書第一条）。

（2）「糧政」部の設置

北朝鮮におけるごく初期の「糧政」は、「誠出」にせよ、食料配給制にせよ、制度として確立していたものとは必ずしも言い難いものか、あるいは、前時代、すなわち、日本統治下の制度を基本的には土台として使用していたものであった。しかしながら、その後、臨時人民委員会の下、法令制定作業が進み、行政および各種制度が整備されていくにつれて、「糧政」に関する法令、制度も次第に整備されることになった。とくに、一九四六年三月から行われた土地改革は、それ以前の「糧政」が前提としていた小作制度を廃止することにより、その後の「糧政」とりわけ食料調達の方法に変更をもたらした。

このような背景の下、北朝鮮の「糧政」は、一九四六年の後半以降本格的な展開を見せた。具体的には、「糧政」を専門に担当する行政機関たる「糧政」部の設置により、新たな食料調達手段たる農業現物税の導入およびそれを補完する収買事業等の推進ならびに食料配給制の整備が進められていった。

一九四六年の半ば頃まで、臨時人民委員会の中で「糧政」を専門に担当している部局は存在せず、農林局の所掌の中にある「食料に関する事業[14]」に「糧政」が含められていたようである。また、前述した一九四六年三月の食料対策決定書施行規則は、司法局、農林局および保安局の合同の布告として公布されており、これら三局による共管の形がとられている。

北朝鮮において「糧政」を専門に担当する部局が設置されたのは、一九四六年六月のことであり、それは、後述する農業現物税を定めた「農業現物税に関する決定書[15]」の中であった。すなわち、同決定書第七条は、「食料の蒐集に関するすべての問題と住民に対する食料供給に関する問題を解決するために」臨時人民委員会内および各道の人民委員会内に「糧政」部を設置する旨定めた。そして、これを受けて、一九四六年七月一〇日に「糧政部機構決定に関する件[16]」が公布され、「糧政」部の機構、内部の事務分担および定員が定められた。

この「糧政部機構決定に関する件」によれば、臨時人民委員会および各道の人民委員会に設置された「糧政」部には、庶務課、需給課、管理課および会計課が置かれ、また、各市、郡の人民委員会内には「糧政」課が、各面の人民委員会内には「糧政」係が設置された。

「糧政」部が所掌した具体的事務としては、農業現物税に関するもの、穀物の需給に関するもの、穀物の保管に関するもの、穀物の運搬に関するもの、穀物の配給に関するもの等があり、以後、臨時人民委員会の下では、この「糧政」部が「糧政」に関する布告等を公布した。そして、一九四七年二月に創設された人民委員会においてもこの「糧政」部は存続した。

(3) 農業現物税の導入

臨時人民委員会は、一九四六年六月二七日に「農業現物税に関する決定書[17]」を公布し、農業部門を対象とした現物税を導入した。以後、同年八月二日には、「農業現物税に関する決定書の違反者処罰規定」[18]、八月一二日には、「農業現物税経理事務要綱に関する決定書」[19]、九月七日には、「農業現物税徴収報告に関する決定書」[20]、一一月一四日には、「現物税完納熱誠隊運動に関する決定書」[21]および一一月一八日には、「農業現物税納入に関する決定違反に対する対策決定書」[22]といった農業現物税に関連する法令および決定書を相次いで公布した。また、一九四六年八月五日には、財政局により「農業現物税実施に伴う諸税免除に関する件」[23]が公布された。

この農業現物税は、各農戸から各種穀物の収穫高の二五%に該当する現物を税として徴収するものであり（「農業現物税に関する決定書」第一条）、そのかわりに、その他の一切の供出制度を廃止し、また、個人収益税、戸別税、戸別税附加税、戸別税附加金、地税、地税附加税、地税附加金、家屋税、家屋附加税、林野税および林野税附加税といった税を免除することとしたものである（同決定書第一条および「農業現物税実施に伴う諸税免除に関する件」）。この結果、農家に対する税は、農業現物税以外では国税として相続税、酒税、清涼飲料税、骨牌税および登録税が残り、また、道税として遊興飲食税、物品税、馬券税、不動産取得税、車両税および屠畜税が残った[24]。この農業現物税が、政府財政の増収を目的としたものではなく、食料の調達を目的として導入されたことは、「農業現物税に関する決定書」の前文が「北朝鮮臨時人民委員会は、北朝鮮の労働者および事務員に対する食料の供給および予備食料を確保するために次のように決定する」としていることおよび農業現物税の導入と引き換えに他の税を免除していることから明らかである。

農業現物税は、徴収と同時にその所有権が国家に属することとされ、管理は、各道の人民委員会の計算と責任において行われることとされた（「農業現物税経理事務要綱に関する決定書」第一条）。この管理は、新設された糧穀管理特別会計により行われ（同決定書第六条および「糧穀管理特別会計規程」[25]）、同特別会計は、農業現物税の徴収から糧穀の配給までを扱うこととされていた。

農業現物税と先に述べた「誠出」とを比較してみると、いずれも強制的に穀物を調達する点では同一であるが、「誠出」が一定の対価を支払う買上げであったのに対し、農業現物税は、対価を支払わない税として徴収したものであった点で異なっている。このような「誠出」から農業現物税への転換の背景には、「土地改革が農民経済を急激に向上させ、農民の担税能力に本質的な変化が生じた」[26]ことがあったとされているが、より具体的には、土地改革により小作制等が廃止されたため、小作、雇農といった農民が小作料等を地主に支払うことがなくなったことを指しているものと考えられる。農業現物税の下、以前の小作、雇農は、地主に納めていた穀物を今度は国家に納めることとなったわけである。農業現物税の税率である収穫高の二五％という数字は、土地改革の前に推進されていた七・三制が設定していた小作料の上限たる収穫高の三〇％より若干低いとはいえ、近似した数字である。両者がまったく無関係な数字であると考えることは不自然である。

農業現物税の導入以前には、小作、雇農等は、地主に小作料等を支払い、「誠出」にも応じることが義務づけられており、加えて、諸税の免除という特権は享受していなかったため、これら諸税も負担しなければならなかった。これに対し、農業現物税制の下では、先に述べたとおり、小作料等および「誠出」がなくなり、従前の小作料の上限よりも低い水準の率の穀物を国家に納めればよく、さらに、諸税の免税という特権も享受することとなったので、少なくとも、小作、雇農等の負担は軽減されたことになる。ただし、この負担の軽減の圧倒的部分は、農業現物税の導入によるものというよりは、小作制を廃止し、小作料を支払わなくてもよいようにした土地改革自身によるものと言うべきである。また、小作料等をそもそも支払っていなかった富農等にとっては、果たして負担が軽減したか否かは定かではない。富農等にとっては、「誠出」と諸税の負担が農業現物税に置き換わったに過ぎず、「誠出」の下での割当量がわかっていないため、農業現物税の下で富農等の負担が軽減されたか否かの比較は不可能である。

農業現物税の違反者に対する罰則は、「農業現物税に関する決定書の違反者処罰規則」および「農業現物税納入に関する決定書違反に対する対策決定書」が定めた。まず、農業現物税の納付を故意に懈怠《けたい》したり、他人の納付を妨害した者には、二年以下の懲役または納付義務のある穀物の市場価格の三倍以上に該当する罰金に処すこととされた（「農業現物税に関する決定書の違反者処罰規則」第一条）。また、複数で謀議して違反行為を行った者に対しては、謀議に参与した程度と行為の程度に応じて五年以下の懲役に処し、謀議して暴行または脅迫により徴税員または検査員の職務執行を妨害した場合には、その参与の程度に応じて一〇年以下の懲役に処すこととされた（同決定書第二条および第三条）。さらに、「農業現物税納入に関する決定書違反に対する対策決定書」は、「農業現物税納入に関する決定を違反する者に対する措置を強化するために」（同対策決定書前文）、農業現物税の納付が完了するまでは農民が穀物を売却することを禁止し、これに違反して穀物を売却した場合には、当該穀物を没収する旨の規定を置いた（同対策決定書一）。

これらの罰則規定に加え、先の「誠出」の完遂のために「誠出完遂突撃隊」が組織されたのと同様に、農業現物税に関しても「現物税完納熱誠隊」が組織された。一九四六年一一月八日付けの「現物税完納熱誠隊運動についての決定書」[27]によれば、この「現物税完納熱誠隊運動」は、「各道の現物税徴収事業が遅延し、不振であることに鑑み、各道がこの徴収事業を所定の期限内に完遂するようにするため」に展開されたものであり（同決定書前文）、各道の人民委員長により各市、郡、面および里ごとに「現物税完納熱誠隊」が組織された。各道の人民委員長は、各部落に「熱誠隊員」を配置し、それぞれの隊員に一定の戸数の農家を担任させ、当該農家に現物税を完遂させる責任を負わせた。さらに、この決定書は、「現物税完納熱誠隊運動」を検閲、指導するために、各道に李舜根（当時、農林局長）、崔容達（当時、司法局長）、文会彪（当時、「糧政」部長）等臨時人民委員会の幹部を派遣することも規定していた。

以上のような農業現物税に関する違反に対する罰則に関する法令および「現物税完納熱誠隊運動」を見る限り、農業現物税の実施は、決して順調なものではなかった。まず、「現物税完納熱誠隊運動についての決定書」は、その中で、各道の現物税徴収事業が遅延し、不振であったことを認めている。また、農業現物税に関する罰則を最初に定めた「農業現物税に関する決定書の違反者処罰規則」が公布されてから僅か四ヵ月後の一九四六年一一月には「農業現物税納入に関する決定書違反に対する対策決定書」が公布され、農業現物税の納入違反に対する罰則が強化されたという事実からも、農業現物税の実施が円滑ではなかったことがわかる。北朝鮮の後の文献の中には、農業現物税について「農民はそれを熱狂的に支持し、歓迎した」[28]と記述しているものもあるが、それが史実であったとは信じ難い。少なくとも農業現物税が導入された後四ヵ月間については、史実に反するか、あるいは、「支持し、歓迎」することとそれを遵守することとは別物であったとしか考えられない。

なお、農業現物税に関連して、穀物の売買について若干触れておくこととする。一九四六年六月の「農業現物税に関する決定書」は、農業現物税の納付が完了した後に農民が残余の穀物を自由に販売することができる旨の規定を置いている（同決定書第三条）。この条文を反対解釈すれば、農業現物税の納付が完了する以前には穀物の販売ができないことになるが、そのような販売が行われた場合の罰則について同決定書には何らの規定も置かれていなかった。しかしながら、同年一〇月四日付けで「穀物の自由売買に関する決定」[29]が出され、穀物の自由売買および交易を原則として容認しつつも（同決定第一項）、①買占めを目的とした商人と商人との売買および卸売り（同第一項）、②北朝鮮以外の地方への穀物の輸出あるいは搬出（同第二項）、③脱穀する以前の売買の予約（同第三項）等は禁止され、違反者は、五年以下の懲役または一〇万ウォン以下の罰金に処すこととされた（同第六項）。

また、同年一一月八日付けで出された「食料取締布告」[30]では、北朝鮮以外の地方へ穀物を輸出または搬出した者およびこれを補助した者を「北朝鮮人民の生活を脅かし、民主建設を破壊する者として」、死刑または五年以上の懲役または一〇万ウォン以下の罰金といった重い罪を科すことを規定した（同布告第一項）。続く同年一一月一八日の「農業現物税納入に関する決定違反に対する対策決定書」では、農業現物税の納付が完了する以前に穀物を販売することを禁止する旨を明文で定め、手続的にも、農業現物税の納付が完了したとの市、面人民委員長の証明書を有する農民に限り穀物の販売が認められることとなった（同対策決定書二）。そして、この証明書を有さずに穀物を販売した場合には、前述したとおり、当該穀物は没収されることとなった。

ただし、ここで一つ注意しなければならないのは、臨時人民委員会は、農業現物税納入以前の穀物の販売ならびに北朝鮮以外の地域への穀物の輸出および搬出は禁止したが、このことは、穀物の自由売買自体に否定的態度をとっていたことを意味するものではないことである。むしろ臨時人民委員会は、一九四七年一月に「穀物の自由売買および搬出入についての指令」[31]を出し、各道、市、郡が「穀物の自由売買に関する決定」にもかかわらず、「自己地域本位」の考えから穀物の自由売買および自由搬出入を制限し、北朝鮮地域内の穀物の交流に支障をきたしているとして、今後は一切の不当な制限を即時廃止するよう各道および平壌特別市の人民委員会委員長に指令している。食料問題の解決のためには、北朝鮮外への穀物の流出をくい止める必要はあったが、北朝鮮内においては、食料の比較的豊富な地域から不足している地域への穀物の移動が円滑に行われることが重要であったからであろう。

(4) 収買事業

臨時人民委員会は、一九四六年八月に「消費組合の糧穀収買に関する決定書」[32]を公布して、消費組合による穀物の収買事業を開始した。この収買事業は、「農業現物税と同様、国家食料政策の一つとして、労働者・事務員の食料を確保し、産業、運輸業、文化を復興・建設する[33]」ことを目的として、「現物税として徴収された糧穀だけでは、労働者および事務員たちの食料を確保することは困難[34]」であったとの状況の中、「都市食料の不足量に充当[35]」することを目的として実施された。これにより、北朝鮮の穀物調達は、農業現物税と収買事業の二本立てで展開することとなった。なお、同決定書は、一九四六年八月から一九四七年五月までに一五万トンの糧穀を収買することを規定するとともに、各道ごとの配分量も定めていた。

収買事業は、収買という名が表しているとおり、消費組合が一定の対価を支払って買い上げる制度であり、何らの対価も支払うことなく税として徴収した農業現物税とはこの点で異なる。先述した「誠出」も対価が支払われる点では収買事業と同様であるが、「誠出」が強制的なものであったのに対し、収買事業は、少なくとも制度上は、強制的なものではなかった点で異なっている。すなわち、収買事業は、「農民自身の労働者および事務員たちに対する深い友誼と愛国的至誠によって自願的原則の下で行われなければならない[36]」とされ、各道ごとの配分量も「概括的な数字であり、それを基準として、各農家に至るまで義務的な数量を負担させるものではない[37]」とされていた。なお、収買事業における対価とは、貨幣ではなく、農民の生活必需品等との物々交換のようであった。このことは、「消費組合の糧穀収買に関する決定書」が糧穀の交易および収買事業を促進するためにカーバイド、食塩、ゴム靴、綿織物、石鹸等の生活必需品を一定量消費組合に移すことを産業局長に義務づけたこと、および一九四六年一一月二五日に金日成が行った演説の中で収買事業に関する言及があり、そこで「物々交換により糧食収買事業を積極的に推進しなければならない[38]」らないと述べられていることから窺い知ることができる。

しかしながら、この収買事業の実施は、決して順調なものではなかった。そのため、臨時人民委員会は、「消費組合の糧穀収買事業に関する決定書」の公布後わずか四カ月後の一九四六年一二月二六日に、収買事業の実施における問題点を指摘し、それを是正するための対策を定めた「糧穀収買事業に関する件[39]」という決定書を公布することとなった。同決定書は、まず、上述した収買事業の意義および性格について述べた後で、消費組合による穀物の収買について、「農家に収買量を割り当てる等命令主義、官僚主義的な正しくない方法で執行されているという現状を呈しており、これは大きな錯誤である」[40]と指摘した。そして、このような錯誤の結果、「農民をして、労働者、事務員に対する兄弟的同盟に逆現象を生ぜしめ、人民委員会と消費組合自身に対する不信の態度を醸成する危険性をもたらし」[41]、「農村における反動的な前地主と富農および都市の奸商たちの糧穀収買事業の破壊に対する客観的幇助《ほうじょ》を与えるものであり、人民委員会内部の糧穀収買事業に対する怠業分子たちの態度を隠蔽させる結果をもたらした」[42]と極めて痛烈な批判を加えた。その上で、「このような官僚主義的な収買方式は、糧穀収買事業に支障をもたらし、基本的な収買事業を始めてから一ヵ月になる今日において糧穀収買量が計画量の八%という不良な結果を生ぜしめている」[43]として、このような「命令主義的、官僚主義的糧穀収買方式を根本的に清算」し、収買事業を完遂するための方策を定めた。その方策とは、大きく①政権内における趣旨の徹底、②農民が収買に応じるインセンティヴの強化、③宣伝および国民的運動の展開、ならびに④監視および取締りの強化にわかれていた。

　まず、政権内の趣旨の徹底のために、同決定書は、各道の人民委員会委員長に対して、自己の道内の郡および面の人民委員長、消費組合責任者、各政党、社会団体の責任者から成る連席会議を決定書公布から一五日後の一九四七年一月一〇日までに招集することを命じた。この連席会議は、消費組合の「命令主義的、官僚主義的収買方式と強制性」を取り消し、「建国思想総動員運動に結び付け、農民たちの愛国的至誠に呼びかけ、絶対に自願的原則の下で事業を展開するようにすること」が目的とされた（同決定書二）。

　次に、農民が収買に応じるインセンティヴに関しては、農民が消費組合の収買に応じ、獲得できる物資を豊富にする措置をとった。すなわち、消費組合に対して、交易物資を迅速に渡すのと同時に、その他の物資についても一二月三一日までに計画を立てて緊急に渡すことを産業局長、商業局長および財政局長に命じ、また、交易物資の優先的輸送を交通局長に命じた。

宣伝および国民的運動の展開については、新聞、雑誌、ラジオ等の利用とともに、民族統一戦線委員会を動かして、農民群衆大会を開くことが規定された。こうした措置は、「糧穀収買事業に積極的に呼応するようにすると同時に北朝鮮全体農民に糧穀収買に対する愛国的訴えを行う」ことを狙いとした。

監視および取締りの強化については、北朝鮮検察所長と保安局長に対して、収買事業遂行におけるすべての不正な行動を監視し、禁止するよう努力するとともに、「悪質分子たちの反動宣伝」と買占め行為を徹底的に取り締まることを命じた。

このように収買事業は、その制度趣旨に反し、初期においては農民に強制を加えることにより推進される現象が見られた。しかしながら、こうした強制は、収買事業に対する農民の抵抗に合い、むしろ事業を阻害することとなった。そのため、臨時人民委員会は、農民に対する強制を止めさせ、そのかわり、農民が自主的に収買に応じるようにするための措置を講じた。

(5) 愛国米献納運動

愛国米献納運動とは、文字どおり、農民たちが自分の生産した米を国家のために自発的に差し出す運動であり、一九四六年一二月から翌年の二月まで展開されたと言われている。運動の開始時期は、「糧穀収買事業に関する件」が公布された時と近接している。この運動については、すでに一九四九年度の『朝鮮中央年鑑』に記録が見られ[44]、また、一九四九年に発刊された『解放後四年間国内外重要日誌』にも記録が散見される。

一九四九年度版『朝鮮中央年鑑』によれば、運動の発端は四六年一二月一〇日に黄海道載寧郡で開かれた農業現物税完納慶祝大会であった。この大会で金済元という農民が、自分の米三〇叺《かます》を愛国米として献納することを誓ったところ、他の農民も自分の米を国家に献納することを自ら願い出て、その結果、八三〇叺の愛国米が献納された。[45]そして、同大会は、この運動を全北朝鮮の農民に呼び掛けることを決定した。これに対して金日成臨時人民委員会委員長は、同大会の三日後の一二月一三日に「金済元先生ならびに載寧の農民に感謝の手紙」を送付した。[46]この運動の他の地方への伝播については、『解放後四年間国内外重要日誌』に、金日成が手紙を送付したのと同じ日に開催された北朝鮮農民同盟第一五次中央常務委員会において「金済元愛国米運動」が展開され、[47]翌年の一九四七年一月一〇日に、海州市で「金済元愛国米運動熱誠者大会」が開催されたとの記録がある。[48]

この愛国米献納運動は、一九七四年に発刊された『わが国における土地改革の歴史的経験』によれば、一九四七年一月二八日に労働党の中央委員会常務委員会第二一回会議で「金済元愛国米運動を中止することに関して」という決議が採択され、終了したとのことである。[49]ただし、この運動の中止に関する記録は、一九四九年度版の『朝鮮中央年鑑』および『解放後四年間国内外重要日誌』には無い。『わが国における土地改革の歴史的経験』によると、運動の結果、一七万四一八八斗の米が献納され、その米を利用して、金日成総合大学と革命家遺児学院を建設したとされている。[50]一九四九年度版の『朝鮮中央年鑑』には、献納された米の量は、掲載されていないが、集まった米により、金日成総合大学の校舎を新築することにしたとの記述がある。[51]

愛国米献納運動は、ほぼ同じ時期から展開された建国思想総動員運動と密接に関係していた。このことは、愛国米献納運動の発端となった載寧郡の農業現物税完納慶祝大会で建国思想総動員運動についての「熱烈な討議が展開された」[52]という事実が最も如実に示している。また、これら二つの運動の開始時期も極めて近接している。『解放後四年間国内外重要日誌』によれば、建国思想総動員運動が開始されたのは、一九四六年一二月二日に発表された北朝鮮労働党第一四次中央常務委員会決定であり、[53]愛国米献納運動は、その八日後に開始されたことになる。さらに、一九八一年に発刊された『朝鮮全史』第二三巻も愛国米献納運動を建国思想総動員の章の中に位置づけている。[54] 同書によれば、「新しい民主朝鮮の建設に建国思想を具現するための闘争は、農民たちの中でも力強く展開され」、「農民たちの愛国運動は、当時、国の困難な食料問題を解決するための愛国米献納運動として展開した」[55] とされている。また、一九四七年一月に刊行された『人民』には「建国思想動員運動提要」という題で金日成の報告演説の抜粋が掲載されているが、[56] そこには、「農民たちが国を愛する心から国家に穀物を提出する熱誠的な現物税超過運動を展開しなければならない」[57] ことが掲げられている。

しかしながら、この『人民』に掲載された金日成の演説の抜粋は、むしろ愛国米献納運動の性格について二つの疑問を提起させる。一つは、愛国米献納運動が『朝鮮全史』の言うとおり、建国思想総動員運動の一形態として単純に位置づけられるか否かであり、もう一つは、愛国米献納運動が純粋に農民の自発的な運動であったか否かである。確かに、「建国思想動員運動提要」の中に愛国米献納運動が掲げられていることは、この運動が建国思想総動員運動の重要な一要素であったかのようにも見える。

しかし、「建国思想動員運動提要」が掲げている項目の中には、「全国民的に、群衆的な建国思想動員と思想意識を改変するための闘争を展開することを号召」[58] するといった建国思想総動員運動そのものも掲げられている。しかも、八項目[59] のうち一番目の項目ではなく、二番目の項目としてである。このことからすれば、この金日成演説が本当に「建国思想動員運動提要」としてなされたのかがまず疑問になる。

それでは、「建国思想動員運動提要」はいかなる演説からの抜粋であるかと言えば、どうやら金日成が一九四六年一一月二五日の臨時人民委員会第三次大会において行った「北朝鮮民主選挙の総結と人民委員会の当面の課題」[60] という演説からのもののようである。より具体的には、この演説のうち人民委員会の当面の課業として掲げられた八項目が投粋されたものである。この演説は、建国思想総動員運動を初めて提唱したものと言われているが、[61]この建国思想総動員運動の展開は、そこで掲げられた八項目の課業のうちの一つとして言及されているに過ぎない。つまり、この八項目全体が建国思想総動員運動の中身として掲げられていたわけではないということである。

そして、愛国米献納運動は、課業の第三項目である国家の食料政策の確保のための方策として、農業現物税徴収事業の期間内完成および糧食収買事業の積極的推進とともに掲げられていた。すなわち、愛国米献納運動と建国思想総動員運動は、両者とも一九四六年一一月に人民委員会の当面の課題として並列して提起されたものであり、決して愛国米献納運動が建国思想総動員運動の中身として掲げられていたわけではない。愛国米献納運動は、「農民たちが国を愛する心」に訴えていたという点で思想、意識運動たる建国思想総動員運動と共通する面はあった。それゆえ、これら二つの運動の間には、密接な関係があったと言うことはできる。しかしながら、そのことは、一方が他方を包摂するものであったことを意味するものではない。

愛国米献納運動をめぐるもう一つの疑問、すなわち、この運動が純粋に農民の自発的な運動であったか否かは、愛国米献納運動に言及した「北朝鮮民主選挙の総結と人民委員会の当面の課業」という演説が行われたのが一九四六年一一月二五日であったことから生ずるものである。先に述べたとおり、愛国米献納運動が始まったのは、一九四六年一二月一〇日に開催された黄海道載寧郡の農業現物税完納慶祝大会であったはずである。それなのに、一五日も前の一一月二五日に「農民たちが国を愛する心から国家に穀物を提供する熱誠的な現物税超過運動を展開」することが人民委員会の当面の課題として掲げられていることは、どのように説明すればよいのであろうか。この演説においては、愛国米献納運動といった用語は使われていないが、演説で言及されている「現物税超過運動」が「農民たちが国を愛する心から国家に穀物を提出する」ものとされている以上、愛国米献納運動とは別物であると言うことは、極めて困難である。[62]愛国米献納運動は、黄海道載寧郡の農業現物税完納慶祝大会での一農民の自発的な発意により偶発的に始まったものではなく、人民委員会の課業の一つとしてそれを展開することがすでに決められていたものであったことになる。

以上のことより、愛国米献納運動とは、先述した農業現物税および収買事業とともに、当時の食料不足の解決のため食料調達を確保する方策の一つであり、法的な義務ではなかった点で農業現物税と異なり、また、無償であった点で収買事業とも異なるいわば第三の食料調達手段であったと考えられる。そもそも収買事業が開始されたのは、農業現物税だけでは当時の食料不足を解消することができなかったためであり、その収買事業も先に述べたとおり期待したとおりの成果をあげ得なかった。愛国米献納運動は、こうした状況の中で始められたものであった。収買事業が本来は農民に対価を与えるといった物質的インセンティヴに訴えようとし、それだけでは思うように進まないため、後になって、非物質的インセンティヴ、すなわち、愛国心といった思想、意識に訴えることを加味したのに対し、愛国米献納運動は、そもそも非物質的インセンティヴを前面に出し、極限まで推し進めたものと言えよう。それはまた、対価を支払うことから生じる収買事業の持つ財政の負担という欠点も回避し得るものであった。しかしながら、何がしかの対価を与えられる収買事業にさえなかなか応じない農民が、何らの対価もない愛国米献納運動に果たして容易に応じたのであろうか疑問である。愛国米献納運動がどのように実施されたのかがこの疑問を解明する鍵となるが、現在利用できる資料からは、明らかではない。

食料調達手段の比較

	無償	有償
義務	農業現物税	誠出
任意	愛国米献納運動	収買事業

(6) 食料配給制の改善と確立

先述したとおり、北朝鮮における初期の食料配給制は、植民地時代の日本の配給制を基本的に踏襲したものであり、また、法令も食料対策決定書が等級と配給量を定めているだけであった。しかしながら、こうした食料配給制度についても、当時の北朝鮮においてもいくつかの問題点が指摘されていた[63]。そのため、臨時人民委員会は、一九四六年一〇月の「糧政」部布告第二号「等級別伝票制、食料配給制度実施に関する件[64]」により食料伝票制という制度を導入した。

この布告は、まず、特級から四等までの五等級を設定し、各等級に該当する者の食料配給量[65]を九〇〇グラム、七五〇グラム、六〇〇グラム、五二五グラムおよび四五〇グラムとした[66]。それぞれの等級に該当する者は、一等から四等まで順番に重労働者、軽労働者、事務員および学生ならびに労働者および事務員の家族とされ、特級についてはとくに該当する者は掲げられていない。これらの配給量は、労働者等が労働日数、生産実績について労働基準目標または生産責任能力の一〇〇%を完遂したときに配給される量であり、完遂されない場合には、各一等級ずつ下げられ、逆に、一一〇%以上を完遂した場合には、一等級ずつ上げられた。特級は、一等に該当する者、すなわち、重労働者が労働基準目標または生産責任能力の一一〇%以上完遂したときにのみ適用されるものであった。また、扶養家族中一四歳以上六〇歳未満の男女で一定の職場で継続的に労働しない者については、家事に専門的に従事する女子、身体障害者および学生を除くほか、配給を受けられないこととされていた。食料配給伝票制においては、配給量が単に労働の軽重のみならず、労働の実績に基づいて決められていたことがわかる。

もっとも、この布告が食料配給伝票制のすべてを規定したものであるとは考えにくい。そもそも伝票制の名が示すとおり、何らかの「伝票」の存在が前提とされているはずなのに、この布告は、「伝票」について何らの規定もしていない。また、食料配給伝票制が導入された中心目標は、①配給対象人口の調査を正確にすることにより、幽霊人口を使った不正を一掃すること、および②「生産責任制と結び付け、労働の軽重、作業能率の高低、稼動成績の勤怠を基準として、その配給分量の等級を制定することにより、生産能率を高める」ことにあったと言われていたが[67]、布告では、①について何らの言及もない。別の「糧政」部布告または臨時人民委員会決定等が食料配給伝票について定めていた可能性もあるが、該当する布告、決定等は、見つかっていない[68]。ただし、食料配給に関する不正に関しては、臨時人民委員会は一九四六年一二月七日付けの「食料配給対象人口の虚偽報告と二重受配者についての決定書[69]」が公布され、刑罰が科されることにはなった[70]。

食料配給制が法令上本格的に整備されたのは、食料配給伝票制の導入から二ヵ月ほど経た一九四六年一二月の臨時人民委員会決定第一四一号の「食料配給に関する件[71]」が公布されたときであった。そして、翌年一月には、その細則として「糧政」部布告第五号の「食料配給条例[72]」が、また、同年二月には、罰則法規として臨時人民委員会決定第一六八号の「糧穀配給違反者取締に関する法令[73]」がそれぞれ公布された。これらの法令は、先の「等級別伝票制、食料配給制度実施に関する件」と異なり、等級別の食料の配給基準量と各等級に該当する者を定めているだけではなく、配給の手続きも定めた。

まず、等級別の配給基準量については、それまでの特級から四級までといった五等級制を改め、一級から四級までの四等級制とした。そして、伝票制の下で用いられていた労働実績による配給量の増減の制度は、採用されなかった。ただし、無断欠勤を行った日数分の食料配給は、行われないこととされていた[74]。

食料配給の手続きは、配給対象の決定手続、払下指令の手続および配給事務手続の三つに分けられて定められていた。配給対象の決定は、各職場を基本単位として、各特別市、市および面の人民委員会、その上級の人民委員会、最後に臨時人民委員会といった三段階で順次集計され、最終的に臨時人民委員会が決定した。この配給対象の決定を受けて、臨時人民委員会「糧政」部長、各道人民委員会の「糧政」部長、各市、郡の「糧政」課ならびに各工場、企業所、行政機関、社会団体等の順に払い下げの指令が下されることとされていた。配給事務手続きとしては、食料配給に関する各種台帳、食料配給票等に関する事項が詳細に定められていた。そのうち、食料配給票は、前述した食料配給伝票に該当するものと推測される。

注

1　順番に、朝鮮民主主義人民共和国科学院言語文化研究所辞典研究室編纂『チョソンマル　サジョン（朝鮮語辞典）』（平壌、科学院言語研究所、一九六〇年一月）一一六九頁およびシン・ギチョル、シン・ヨンチョル編著『セウリマル クン サジョン（新国語大辞典）下』（第二版、ソウル、三省出版社、一九八三年六月）二二七三頁。なお、北朝鮮で一九八一年に発行された社会科学院言語学研究所『ヒョンデ チョソンマル サジョン（現代朝鮮語辞典）』（第二版、平壌、社会科学院、一九八一年一二月）七九九頁では、「糧政」は、「食料を保管・管理し、供給することと関連する事業」となっており、食料の調達には言及されていない。農業の集団化が完了して久しく、食料の調達が問題となったのは、今は昔ということであろうか。

2　一九四六年六月二七日付け臨時人民委員会決定第二八号「農業現物税に関する決定書」（『北朝鮮法令集』九三頁）。

3　一九四六年七月一〇日付け臨時人民委員会決定第四五号「糧政部機関の決定に関する件」（『法令公報』臨時増刊第二集、一九四七年一月一五日、二二二～二二三頁）。

4　後掲、食料対策決定書、前文。

5　一九四六年二月二七日付け臨時人民委員会決定第二号「北朝鮮臨時人民委員会の食料対策に関する決定書」（『北朝鮮法令集』一一七～一一八頁）。

6　金日成「当面の食料問題を解決することについて」（『金日成著作集』第二巻、平壌、一九七九年）九二頁。

7　一九四六年一月二六日付け司法局布告第九号「農産物買上げ不応等処罰の件」（『法令公報』特別増刊第六集、二頁）。

8　『重要日誌』一〇頁。

9　金日成、前掲「当面の食料問題を解決することについて」九〇頁。

10　同上、九〇～九一頁。

11　その他、食料対策決定書第六条は、余裕食料を発見、報告した団体または個人に対しては、その地方人民委員会が適切な賞与を与える旨規定している。

12　文会彪「食料伝票制実施とその意義」（『人民』創刊号、一九四六年一一月）四五頁。

13　金日成、前掲「当面の食料問題を解決することについて」九一頁。
14　一九四六年三月六日付け「臨時人民委員会構成に関する規定の実施要綱」別紙第二項（『北韓法令集』第一巻二四一～四二頁）。
15　一九四六年六月二七日付け臨時人民委員会決定第二八号「農業現物税に関する決定書」（『法令公報』臨時増刊第二集、一九四七年一月一五日、六～七頁／『北朝鮮法令集』九三頁）。
16　前出、注3。
17　前出、注2。なお、この後、同年七月五日には、農林局指令として「現物税徴収書手交および現物税納付規則」が出され、現物税徴収書の手交および現物税の徴収、保管等に関する道、郡、面および里人民委員会の委員長のそれぞれの事務分担が定められた。（『北韓法令集』、第三巻、一一八～一九頁）。
18　一九四六年七月二二日付け臨時人民委員会決定第四六号「農業現物税に関する決定書の違反者処罰規則」（『法令公報』臨時増刊第二集、一九四七年一月一五日、二三頁／『北朝鮮法令集』九九～一〇〇頁）。
19　一九四六年八月一二日付け臨時人民委員会決定第六一号「農業現物税経理事務要綱に関する決定書」（『北朝鮮法令集』一〇九頁）。
20　一九四六年九月七日付け臨時人民委員会決定第七三号「農業現物税徴収報告に関する決定書」。この決定書の存在は、前掲「北朝鮮人民委員会重要日誌」によった。
21　一九四六年一一月八日付け臨時人民委員会決定第一〇八号「現物税完納熱誠隊運動に関する決定書」。この決定書の存在は、前掲「北朝鮮人民委員会重要日誌」によった。
22　一九四六年一一月一八日付け臨時人民委員会決定第一一〇号「農業現物税納入に関する決定書違反に関する対策決定書」（『北朝鮮法令集』一〇〇頁）。
23　一九四六年八月五日付け財政局布告第一一号「農業現物税実施に伴う諸税免除に関する件」（『法令公報』臨時増刊第六集、一九四七年六月一〇日、六頁／『北朝鮮法令集』九六頁）。
24　法人収益税、営業税、営業税附加税および漁業税については、「農業現物税実施に伴う諸税免除に関する件」に免税対象として明記されていないが、通常の専業農戸に対しては、性格上そもそも適用されないものと考えられる。
25 一九四六年八月一二日付け臨時人民委員会決定第九四号「糧穀管理特別会計規程」(『北朝鮮法令集』一一〇~一一一頁)。
26 李長春、前掲「北朝鮮税金制度改革解説」一四七頁。
27 一九四六年一一月八日付け臨時人民委員会決定第一〇八号(『北韓法令集』第三巻、一二〇頁)。
28 前掲『わが国における土地改革の歴史的経験』一四五頁。
29 一九四六年一〇月四日付け臨時人民委員会決定第九三号「穀物の自由売買に関する決定」(『北朝鮮法令集』一一九頁)。
30 一九四六年一一月八日付け臨時人民委員会布告第一三号「食料取締布告」(『北朝鮮法令集』一一九頁)。
31 一九四七年一月二八日付け臨時人民委員会指令第六号「穀物の自由売買および搬出入についての指令」(『法令公報』第一八号、一九四七年二月六日、一頁)。
32 一九四六年八月二〇日付け臨時人民委員会決定第六三号(『北韓法令集』第三巻、七~八頁)。
33 一九四六年一二月二六日付け臨時人民委員会決定第一四〇号「糧穀収買事業に関する件」(『法令公報』第一二号、一九四六年一二月三〇日、三~五頁/『北韓法令集』第三巻、九~一一頁)前文パラ二。収買事業の意義および性格については、「消費組合の糧穀収買に関する決定書」には特段の記述がなく、この「糧穀収買事業に関する件」の記述による。
34 同上。
35 同上パラ四。
36 同上。
37 同上。
38 金日成「北朝鮮民主選挙の総結と人民委員会の当面の課業」(『勤労者』第二号、一九四六年一一月、一一~二八頁)二四頁。
39 一九四六年一二月二六日付け臨時人民委員会決定第一四〇号「糧穀収買事業に関する件」(『法令公報』第一二号、一九四六年一二月三〇日、三~五頁)。
40 「糧穀収買事業に関する件」前文パラ四。
41 同上パラ七。

42　同上。
43　同上パラ八。
44　『朝鮮中央年鑑―国内編、一九四九年』平壌、一九四九年、九八頁。
45　同上九八頁の印刷状態が良好ではないため、八六〇叺か八三〇叺か判読が困難であるが、『朝鮮全史』第二三巻の四五九頁は、八三〇叺としているため、八三〇叺の方を採用することとした。なお、前掲『金日成著作集』第二巻（一九七九年）の五七三頁では「数千叺」となっている。
46　『重要日誌』九二頁。同上『金日成著作集』第二巻、五七三頁。
47　『重要日誌』九二頁。
48　同上九六頁。
49　前掲『わが国における土地改革の歴史的経験』一六〇頁。
50　同上一六一頁。
51　前掲『朝鮮中央年鑑―国内編、一九四九年』九八頁。
52　同上。
53　『重要年誌』九二頁。なお、『朝鮮全史』第二三巻（平壌、科学・百科事典出版社、一九八一年）四四三頁によれば、建国思想総動員運動は、一九四六年一一月二八日の党中央委員会第三次会議を経て、同年一二月三日の党中央委員会常務委員会第一四次会議で決定されたとなっている。
54　同上『朝鮮全史』第二三巻では、第一〇章が建国思想総動員運動となっており、同章の中で「農民たちの愛国米献納運動」という見出しの下、愛国米献納運動が記述されている。
55　同上、四五九頁。
56　『人民』第二巻第一号、一九四七年一月、一八〜二七頁。なお、同『人民』には、その他にも金科奉による「建国思想総動員運動とその対象」と李清源による「建国思想総動員運動の社会的根拠」といった二つの建国思想総動員運動に関する論文が掲載されており、さながら、建国思想総動員運動特集号の観をなしている。なお、同『人民』で抜粋されている金日成の演説がいつどこで行われたものかについては、同書には明記されていない。
57 同上、二二二頁。
58 同上、一九頁。
59 この八項目を、掲げられている順番に記せば、次のとおり。
① 人民委員会の機構を強化し、国家の法令の厳正性を固守し、人員を整理縮小し、行政系統を厳正に打ち立てること。
② 全国民的に、群衆的な建国思想動員と思想意識を改革するための闘争を展開すること。
③ 農業現物税徴収事業を期間内に完成し、国家の食料政策を確保すること。
④ 産業と運輸業を復興し、発展させることにより、民主主義自立独立国家建設のための経済の土台を堅固にし、人民の生活条件を向上させるために全力を尽くすこと。
⑤ 農村において土地改革の成果を一層堅固にし、農民経済の急速な発展を図ること。
⑥ 国家の統一的な計画的財政政策を樹立すること。
⑦ 朝鮮の科学、芸術、文学の発展向上のために一層力を注ぎ、教育事業の急速な発展のために特別な努力をすること。
⑧ 隣接国と自由および民主を愛する国との親善と協助を引き続き発展させ、堅固にすることにより、世界の平和を維持し、人民の安全のために闘争すること。
60 金日成「北朝鮮民主選挙の総結と人民委員会の当面の課題」(『勤労者』第二号、一九四六年一一月、一一～二八頁)。なお、前掲『金日成著作集』第二巻(一九七九年)、五四二～六〇頁も参照。
61 鐸木昌之「北朝鮮における党建設」(前掲『解放と革命』三四～一〇二頁)八五頁。
62 さらに、同演説は、一九七九年に刊行された『金日成著作集』第二巻にも所収されており、そこでは、「現物税超過運動」が「愛国米納付運動」という用語に改められている(前掲『金日成著作集』第二巻(一九七九年)、五五五頁)。これが愛国米献納運動とは別のものであるとの説明は、一層困難になっている。
63 文会彪「食料伝票制の実施とその意義」(『人民』創刊号、一九四六年一一月、四一～五〇頁)参照。
64 一九四六年一〇月一九日付け「糧政」部布告第二号「等級別伝票制、食料配給制度実施に関する件」(『法令公報』臨時増刊第八集、一九四七年六月二四日、二～三頁／『北韓法令集』第三巻、四五～四六頁）。

65　これらの配給量は、後述する「食料配給に関する件」に規定された一日当たりの配給量に近似していることから推察して、一日当たりのものと思われる。

66　食料配給量は、グラムという重さの単位とともに、合という容量の単位で定められており、そこでは、一合が一五〇グラムとして計算されていた。

67　文会彪「食料伝票制実施とその意義」（『人民』創刊号、一九四六年一一月、四一～五〇頁）四七頁参照。なお、同論文によれば、食料配給対象人口の調査の手続きは、第一に職場責任者、第二に班長および里長、第三に市および面の人民委員会委員長の三段になっていた。

68　「糧政」部布告第二号の前後の布告は、まず、第一号が第二号と同日付けで出されているが、これは、「糧穀保管倉庫、搗精工場および保管糧穀に関する災害相互補償要項」であり、食料配給伝票制に関するものではない。第三号は、一九四六年一一月二九日付けで出されているが、これも「農業現物税糧穀接受および保管についての追加指示」であり、食料配給伝票制に関するものではない（『法令公報』特別増刊第八集、一九四七年六月二四日、一～四頁参照）。また、臨時人民委員会の決定についても、この時期には、食料配給伝票制を定めていたと思われるようなものは見当たらない。

69　一九四六年一二月七日付け臨時人民委員会決定第一三二号「食料配給対象人口の虚偽報告と二重受配者についての決定書」（『北韓法令集』第三巻、四七～四八頁）。

70　同決定書では、①配給対象に該当しない者を虚偽報告して、配給を受けた者、②実地にいない幽霊人口を捏造・虚偽報告して、配給を受けた者、③扶養家族を二重に申告して、配給を受けた者、④扶養家族を他の地域におき、二重申告をして、配給を受けた者、⑤扶養家族の年齢を欺瞞して、配給を受けた者、⑥不当な扶養家族を虚偽報告して、配給を受けた者、⑦職業および職分を虚偽報告して、配給を受けた者、⑧労働者およびその家族の人員を虚偽報告して、配給を受けた者、⑨食料伝票を偽造して、詐欺配給を受けた者、⑩食料配給文書を偽造した者、ならびに⑪労働者の食料を中間で横領して、食べた者を決定書の違反行為者とし、このうち、①から⑧までの者については、一万ウォン以下の罰金に処すのと同時に三ヵ月以下の期間食料配給を停止する旨定めている。ただし、⑨から⑪までの処罰に関する規定がなく、その理由は明らかではない。

同決定書では、⑨から⑪までを含むすべての違反行為について、その未遂をも罰することとしており、さらに、違反行為の事実を黙認しまたは証明を与えた者も罰することとしている。このことからすれば、当然、⑨から⑪までに該当する違反行為者も罰せられたはずである。

71　一九四六年一二月二六日付け臨時人民委員会決定第一四一号「食料配給に関する件」(『法令公報』第一二号、一九四六年一二月三〇日、五〜六頁／『北朝鮮法令集』一一九〜一二一／『北韓法令集』第三巻、五二一〜五八頁)。

72　一九四七年一月六日付け「糧政」部布告第五号「食料配給条例」(『北朝鮮法令集』一二一〜一二五頁／『北韓法令集』第三巻、五九〜六〇頁)。

73　一九四七年二月三日付け臨時人民委員会決定第一六八号「糧穀配給違反者取締に関する法令」(『法令公報』第一八号、一九四七年二月六日、一頁／『北朝鮮法令集』一二六頁／『北韓法令集』第三巻、五九〜六〇頁)。

74　「食料配給条例」第一七条参照。

六　予定数字の作成

(1) 企画局の設置

臨時人民委員会は、一九四六年一二月二三日に、決定第一三六号の「北朝鮮臨時人民委員会企画局設置に関する件」[1]により、企画局を設置した。企画局は、「行政、経済に関し、十分な全般的企画を樹立し、その実施を完全にする」(同決定前文)ことを目的として設置され、その具体的な任務としては、①北朝鮮の経済復興および発展に関する総計画案の作成、②総計画案の実施の監視、統計、結果の公表および展望の報告、③統計および決算の単一様式の作成、④工業、農業、経理、運輸、商業、人口増殖、財政、貸借関係、生産力、賃金、商品価格およびその他に関する統計表の作成、⑤卸売価格、小売価格および公共料金の制定、ならびに⑥人民委員会が所有する物資に関する統計およびその効果的使用に関する計画の作成が規定された。このうち①の総計画案については、各道、市、郡の人民委員会の計画案に依拠して作成し、臨時人民委員会に批准のために提出するよう規定されていた。この総計画案が後に予定数字として採択されたものであり、企画局は、ソ連におけるゴスプラン〔国家計画委員会〕的な役割を担うものとして設置されたことがわかる。[2]

企画局の組織は、企画、調査統計、検閲および庶務の四つの部から成っており、地方の人民委員会にも企画局に対応するものとして企画部(道人民委員会)および企画課(市および郡人民委員会)が設置された。企画部および企画課は、企画局の指導に服すこととなっていた。

企画局および企画局長は、前述の任務を遂行するために次のような権利および義務を有することとされた。これらの権利および義務から判断すると、企画局は、総計画案に関して、他の局に優越する強大な権限を有していたことがわかる。

①臨時人民委員会の各局および生産企業所を支配するすべての機関に対し、計画案（の実行）[3]を要求し、当該計画案の実行に関する検閲を行い、ならびに決算報告、統計および他の材料を取り扱うこと。

②各局および生産企業所の計画および統計作成において義務として実行しなければならない指示を発表すること。

③各局およびすべての生産企業所の計画実行、統計の作成および決算の作成に関する検閲を執行すること。

④北朝鮮内の経済の復興とその発展に関する正確な統計および統計に関する参考材料を、単一の統計様式によって作成する責任を履行すること。

（2）経済に関する総合調査の実施

臨時人民委員会は、企画局を設置した日と同日に、決定第一三七号の「国営企業体の決算および国有財産の原材料の調査に関する件」[4]を公布し、国有化された工場、鉱山、企業所、鉄道、港湾、病院、商事機関、学校等の一九四六年度末の決算およびそれらの建物、機械装置、従業員数、原料、材料、商品等の現在量調査に着手した。

同決定書は、まず、臨時人民委員会の中に、企画局長、財政局長、産業局長、農林局長、逓信局長および商業局長により構成される「国営企業体の決算および国有財産の調査委員会」を組織し、企画局長を委員長に、財政局長を書記長にした（同決定書第一項）。そして、臨時人民委員会内の各局長は、自己の所管の工場、鉱山、企業所、鉄道、港湾、商事機関等の決算書類および調査結果を一九四七年一月二〇日までに同委員会に提出し、企画局長がこれらの結果を総合して、同年二月五日までに臨時人民委員会に報告することとされた（同第三項）。なお、企画局長は、この調査を指導するために産業局、交通局および農林局に二名ずつ、逓信局および商業局に一名ずつの人員を派遣することとされた（同第六項）。

この決定書自体は、一九四六年度の決算および調査のためといった時限的性格のものであるため、法制度としては普遍的な意義を有するものではない。せいぜい第四項に基づき企画局長および財政局長が作成した国有固定資産に関する調査様式規格ならびに原料、資材に関する種目および指示書、また、第五項に基づき保健局長および教育局長が作成した病院および学校の調査様式が事後の同種の調査に際しての原形となった程度であろう。しかしながら、この決算および調査は、総計画案の樹立を任務とする企画局の設置と同日に着手され、後述する「一九四七年度北朝鮮人民経済復興および発展に関する予定数字」の採択の直前までに完了したものである。同予定数字の作成および実施に必要な基礎となる統計は、この決算および調査の結果であると推測される。そこにこの決定書の意義がある。

（3）個別的経済計画の試み

一九四七年二月に予定数字が採択される直前、臨時人民委員会は、総合的な経済計画ではなく、個別的な経済計画を採択または実施する決定書を公布している。具体的には、一九四七年一月一一日付けの「興南地区人民工場に指令した生産計画完遂のための決定書」[5]および同年一月二八日付けの「一九四七年第一四半期の産業局傘下の国営企業所の生産計画に関する決定書」[6]が公布されている。

「興南地区人民工場に指令した生産計画完遂のための決定書」は、興南地区の人民工場に指令された一九四七年度の生産計画を完遂するために、交通局長、農林局長、財政局長、産業局長、保健局長、専売局長、[7]中央銀行総裁および元山造船所支配人に一定の責任を課したものである。その責任は、具体的には、例えば、交通局長には、硫化鉱山を毎月二万トン輸送すること等を、農林局長には、肥料包装用の叺を一九四七年三月末までに六〇〇万枚生産すること等を、財政局長および中央銀行総裁には、四七年度中に五〇〇万ウォンの資金を貸し出すこと等を、産業局長には、製缶用簿鉄板を元山造船所に供給すること等を内容としている。なお、この決定書は、計画そのものを定めたものではなく、別途計画が存在していることを前提としている。しかしながら、その計画がいつ、どのような様式で作成、採択されたのかは、わかっていない。

「一九四七年第一四半期の産業局傘下の国営企業所の生産計画に関する決定書」は、一九四七年度第一四半期における産業局傘下の国営企業所の生産計画案を承認し、その実施のための所要資金および前述した「興南生産計画完遂決定書」と同様に関係する局等がとるべき措置について規定したものである。この措置は、具体的には、例えば、財政局長には、企業所の大補修費および流通資金を支出することを、交通局長には、二万一千両の貨車の配車を、農林局長には、一八万立法メートルの木材の供給を、中央銀行総裁には、一九四六年末現在の産業局による借入れの回収を四七年四月末まで猶予することを内容としていた。ただし、生産計画の内容自体は、同決定書の本文中には規定されておらず、不明である。なお、一九四七年度の第二四半期の計画については、四七年三月の初めの一〇日間で、第一四半期の計画の実施状況を検討した上で、臨時人民委員会が承認すると規定されていた。

(4) 予定数字の採択

一九四七年二月一九日、北朝鮮道、市、郡人民委員会大会は、「一九四七年度北朝鮮人民経済復興および発展に関する予定数字」を採択した。これが北朝鮮における最初の総合的な経済計画である。この予定数字は、その名称からして経済の予測値を記述したもので、厳密に言えば経済計画とは異なるものではないかとの印象を与えるかも知れない。例えば、ソ連においては、経済計画が本格的に導入される前に、まず、一九二五年に「国民経済統制数字」という準備的予測が発表された事例がある。[8] この「国民経済統制数字」は、あくまで指令的なものではなく、諸経済部局に対し「計画とプログラムを作成するにあたってこれを考慮に入れるようにと勧奨されただけ」[9] のものであったと言われている。予定数字という言葉は、このソ連の「国民経済統制数字」を彷彿させるものではある。しかしながら、北朝鮮の予定数字はあくまでも達成されなければならない数値として掲げられたものであり、当時の北朝鮮においても法的に拘束力を有するものとして観念されていた。一九四七年五月に人民会議常任議員会が発行した『北朝鮮人民会議常任議員会公報第一集』[10] においては、予定数字は「一九四七年度北朝鮮人民経済復興および発展に関する予定数字に関する法令」として掲げられており、[11] また、四七年二月二五日の『法令公報』第二〇号[12] および四七年一一月に発行された『北朝鮮法令集』[13] といった法令を掲載する資料にも、この予定数字が掲載されている。

予定数字は、産業、農村経済、運輸および逓信、商業、文化および教育ならびに保健といった部門分けをし、それぞれの部門について、達成されるべき生産量および課題、その実施のための国家による投資額または財政支出額等が記載されている。生産量については、トン、町歩等の量で表わされているものもあれば、一九四六年度の物価を基準とした金額で表わされているものもあり、また、四六年度の生産量からの伸び率で表わされているものもある。

なお、翌年の一九四八年にも同じく経済計画が採択された。この経済計画も、一九四七年度と同様に単年度のものであった。ただし、一九四八年度の経済計画は、予定数字とは呼ばれず、「一九四八年度人民経済発展計画」と呼ばれた。また、人民委員会の法令として公布され、人民会議の承認も受けた。[14] 内容および体裁は、一九四七年度と同様の形式をとっている。

注

1　一九四六年一二月二三日付け臨時人民委員会決定第一六三号「北朝鮮臨時人民委員会企画局設置に関する件」（『法令公報』第一二号、一九四六年一二月三〇日、一～二頁）。

2　もっとも、臨時人民委員会には、その創立当初からすでに企画部と呼ばれる部局は存在していた。企画部の職務は、「重要政務に関する統一的計画樹立に関する事業」（一九四六年三月六日付け「臨時人民委員会構成に関する規定実施要綱」（『北韓法令集』第一巻、二四一～四二頁）別紙、一二）とされており、企画局と異なり、職務として経済に関する計画の作成は明記されていないが、それは、「重要政務」の中に含まれていると解釈することも可能である。そもそも、名称が部と局の違いを除けば同じであることおよび企画局の設置と同時に企画部が廃止されていることからすれば、企画局とは、以前から存在した企画部が局に昇格したに過ぎないと考えるのが自然であろう。しかしながら、臨時人民委員会において部が局に昇格した明確な例である労働局の場合には、臨時人民委員会決定第一六一号（一九四七年一月二四日付け臨時人民委員会決定第一六一号「北朝鮮臨時人民委員会労働局設置に関する決定書」）（『法令公報』第一六号、一九四七年一月二七日、一頁）で「労働部を労働局に昇格す」ると明確に規定されており、昇格後の労働局の所掌、権能等に関し改めて規定することはしなかった。これに対して、企画局を設置した決定では、「昇格する」といった文言は見られず、前文で企画局を設置する旨述べ、第九項で企画部を廃止する旨規定するとの形がとられた。そして、企画局の機構、任務、権利および義務が詳細に規定され、あたかもまったく新たな局を新設したかのような体裁をとっている。いずれにせよ、少なくとも経済計画のために特化された局の設置は、臨時人民委員会が設立された一九四六年二月まで遡ることはできず、この四六年一二月であったと言えよう。

3　原文は、「計画案を要求する」となっているが、計画案の作成は、各地方人民委員会および企画局が行うこととなっているので、ここでは計画案の実行を要求するとの意味であったと考えられる。

4　一九四六年一二月二三日付け臨時人民委員会決定第一三七号「国営企業体の決算および国有財産の現在量の調査に関する件」（『法令公報』第一二号、一九四六年一二月三〇日、二頁）。

5　一九四七年一月一一日付け臨時人民委員会決定第一五六号「興南地区人民工場に指令した生産計画完遂のための決定書」（『法令公報』第一五号、一九四七年一月一六日、一頁）。

6　一九四七年一月二八日付け臨時人民委員会決定第一六七号「一九四七年度第一四半期の産業局傘下の国営企業所の生産計画に関する決定書」（『法令公報』第一七号、一九四七年二月五日、一頁）。

7　専売局長および専売局と臨時人民委員会との関係、位置付け等は、不明である。一九四六年七月一日付けの臨時人民委員会布告第一一号「専売関係法令中取締まり関係条項に限る臨時措置に関する件」（『北朝鮮法令集』五六～五七頁）においてすでに「専売局」なる文言が見られるが、同布告をもって専売局を設置する等の規定は見られない。同布告は、旧日本法の原則的存続を宣明した一九四五年一一月一六日付け司法局布告第二号による専売関係法令、すなわち植民地時代に日本が制定した専売関係法令に対する臨時措置を定めたものであり、このことからすると「専売局」は、解放以前から存在した「専売局」を意味することになる。なお、局とされていることからすれば、臨時人民委員会傘下の司法局、財政局等と同様の局の一つであったと考えることも可能ではあるが、臨時人民委員会の当初に各局を設置した「北朝鮮臨時人民委員会の構成に関する規定」（一九四六年三月六日付け臨時人民委員会決定第三号の一）第五条三には、専売局は掲げられておらず、また、その後に専売局が新設されたとの決定も見当たらない。

8　E・H・カー『ロシア革命―レーニンからスターリンへ、一九一七―一九二九年』（塩川伸明訳）（東京、岩波書店、一九七九年三月［岩波現代文庫、二〇〇〇年二月］）一五五頁。

9　同上。

10　北朝鮮人民会議常任議員会『北朝鮮人民会議常任議員会公報第一集』（一九四七年五月、平壌）。

11　同上二九～三六頁。

12　『法令公報』第二〇号、一九四七年二月二五日、一～五頁。

13　『北朝鮮法令集』三九～四二頁。

14　一九四八年一月二八日付け人民委員会法令第三四号「一九四七年度人民経済復興発展計画実行に関する総括と一九四八年度人民経済発展計画に関する決定書」（北朝鮮人民会議常任議員会『北朝鮮人民会議第四次会議会議録』平壌、一九四八年四月、

三六〜五〇頁)。同決定書は、一九四八年二月六日に、人民会議第四次会議において承認された(同会議録一〇八頁参照)。なお、同決定書においては、一九四七年度の経済計画について、「一九四七年度北朝鮮人民経済復興および発展に関する予定数字」という本来の正式名称が用いられていないが、その理由は、定かではない。

七　一九四七年の財政改革

一九四七年二月は、北朝鮮道、市、郡人民委員会大会の開催および人民会議・人民委員会の設立に見られるように、北朝鮮の国家樹立にとって極めて重要な意味を有する月であった。そして、このことは、同時に、北朝鮮の経済計画および財政についても妥当する。すなわち、北朝鮮道、市、郡人民委員会大会において二月一九日に「一九四七年度北朝鮮人民経済復興および発展に関する予定数字」が採択され、また、二月二七日に人民委員会による最初の法令として、一九四七年度予算と税金制度の改革に関する諸法令が公布された。

この一九四七年度予算と税金制度の改革に関する諸法令は、採択された年月日が同じだけではなく、いずれも財政局長李鳳洙の報告[1]に基づいて採択されたものであった。これらは、予算と税制について個別にとられた措置ではなく、財政制度に関してとられた一連の措置、すなわち、一種の財政改革を構成するものであったと考えられる。そして、この財政改革の動機となったのは、その直前の予定数字の採択であった。このことは、一九四七年度の予算が審議された人民会議第二次会議において、当時の財政局長李鳳洙が、「一九四七年度の人民経済発展に関する予定数字を完成するには、要請される財政を計画的に実行し、その時々に正しく保障しなければならない」として、一九四七年度財政の重要性を人民会議代議員に訴えた上で、「疲弊した人民経済の復興発展と落後した文化の向上を急速に行おうとするならば、巨大な財政が必要です。そのため、歳入において、税制改革、企業の独立採算等の会計制度の改革により歳入の増収を図り、歳出において、直接、人民経済の復興、発展と文化の向上に寄与しない経費を積極的に節約し、その財源をより人民経済の復興、発展と文化の向上に回す」[2]と述べていることからも明らかである。

予定数字の実施のためには、巨額の投資を予定数字に沿って各部門に投下することが必要になる。予定数字のなかに定められている投資額だけでも一四億ウォン以上にのぼり、これは、すでに一九四六年度の中央の予算の二倍以上に達している。これだけの規模の投資を、しかも予定数字に定められた額の配分に沿って行うことが、財政の肩にのしかかってくることとなった。そして、この投資を行うためには、必然的に、中央の強力な財政が不可欠となり、同時に、この財政の支出を賄う歳入を確保するための税制も必要となったということである。

(1) 一九四七年度総合予算

一九四七年二月二三日、人民委員会は、その法令第一号として、「一九四七年度北朝鮮総合予算に関する決定書」[3]（以下「四七年度予算決定書」という）を公布した。北朝鮮において予算が法令あるいは決定書の形で公布されたのは、これが初めてであった。

四七年度予算決定書は、中央および地方の双方の予算を包含しており、その総額は、歳入および歳出とも六七億九二三八万八千ウォンとなっている（同決定書第四条）。そのうち、人民委員会の予算は、歳入および歳出とも四七億四八一三万九千ウォンとなっており（同第五条）、各道および市の予算は、同決定書の別紙に予算書として定められた。道および市の人民委員会は、この予算書に従って詳細な予算を編成し、面人民委員会もこれに準じて予算を編成することとされた[4]（同七条）。面の予算については、郡の人民委員会の委員長の承認が必要とされ、また、市および面の予算については、道の人民委員会の委員長が事前に予算の編成資料につき具体的に指示し、最終的には、道も含め各地方の予算書は、道人民委員長により具体的な説明書とともに財政局に提出することとされていた（同第七条）。

この四七年度予算決定書を一九四六年度の予算および一九四六年八月の北朝鮮会計規程と比較してみると、

四七年度予算決定書の予算規模が一九四六年度の予算と比べ飛躍的に膨張したこととともに、予算の中央集権化が相当程度進展したことがわかる。まず、財政規模は、名目で約三・七倍にもなっており、中央の予算規模は、約七・六倍となっている。一九四六年度予算が四六年四月から同年一二月までの九カ月を対象としたことを計算に入れても、一九四七年度予算は、一九四六年度予算に比し、全体および中央予算規模においてそれぞれ約五・五倍および約五・七倍となっている。[5] この急激な予算規模の膨張は、一九四七年度予定数字に沿った本格的な公的投資の開始に負うところが大きく、次いで教育、保健、労働、社会保険、社会事業等の分野での支出増が原因として挙げられる。金額にすれば、経済発展に関する支出は、一九億四九〇五万八千ウォン、教育、保健、労働、社会保険、社会事業等の分野に関する支出は、一六億二〇四九万五千ウォン[6]に上り、この両者を合計すると三五億六九九五万三千ウォンとなる。

予算の編成手続については、会計規程では地方の各級の人民委員会が編成した予算を上級の人民委員会が認可する制度をとっていたのに対し、四七年度予算決定書では、面の予算を郡の人民委員会委員長が承認することならびに面および市の予算の編成に道の人民委員会委員長が事前に指導することが規定されているのみであり、上級の人民委員会によるチェックは必ずしも厳しく規定されていない。したがって、むしろ会計規程と比べて地方分権化したように見えるかもしれない。しかしながら、実は、四七年度予算決定書では、地方の予算の枠組がその総額も含め予め規定されたことに注意する必要がある。換言すれば、会計規程に定める上級人民委員会によるチェックは、地方の予算をその規模も含め、地方の人民委員会が自分で決定することを前提としたものであり、全体の予算は、地方の人民委員会が上級の人民委員会のチェックを受けつつも、自ら決定した予算と中央の予算の総体であったのに対し、一九四七年度予算では、全体の予算は中央で決定されるもので、地方の各級の人民委員会が編成するのは、その全体予算の中でのいわば細則に過ぎないものであった。一九四六年度予算を審議した臨時人民委員会第五回会議において金日成が今後の課題として述べた「中央と地方の具体的な予算を全て包括する総合的国家予算」の編成は、ここで一応の完成を見たことになる。[7]

（2）税制改革

一九四七年二月の税制改革は、「北朝鮮税金制度改革に関する決定書」[8]（以下「税制改革決定書」という）と所得税等個別の税等について定めた一四の法令、すなわち、所得税法、登録税法、取引税法、収入印紙法、家屋税法、車輌税法、不動産取得税法、飲食税法、馬券税法、人民学校税法、垈地税法、市場税法、屠畜税法および市面維持税法から成っている。[9] このうち、税制改革決定書は、税の種類およびそれぞれの税率ならびに脱税に対する処罰、延滞、異議等に関する総則的な規定を置いており、詳細な規定は、個別の税法が定めた。

これら一連の税法は、北朝鮮における初めての体系的な税法であり、この結果、北朝鮮の税金の種類は、国税が所得税、農業現物税、登録税、相続税、取引税および関税の六種、[10] 道税が家屋税、車輌税、不動産取得税、飲食税、馬券税および人民学校税の六種、また、市および面税が垈地税、市場税、屠畜税および市面維持税の四種の合計で一六種となった（税制改革決定書第一条）。

この一九四七年の税制改革の目的について、税制改革決定書の前文は、「税金制度において日本帝国主義の残滓を完全に清算し、同時に、新たに人民の負担を公正にし、人民経済の復興および社会、文化の発展の財源を達成することのできる民主主義的な税金制度を樹立する」ことを挙げている。また、同前文は、日本による植民地時代の税制の問題点として、税の複雑さ、高税率および税務機関の問題を挙げている。これらのことから総合すれば、一九四七年の税制改革の目的と考え得るものとしては、①税制の単純化、②税負担の軽減および公正化、③税務機関の民主化、ならびに④経済の復興および社会、文化の発展のための財源の確保を挙げることができる。[11]

しかしながら、現実に、一九四七年の税制改革がこれらの目的の全てを同程度に扱っていたかについては、疑問がある。

まず、税制の単純化については、先に述べたように、日本の植民地時代には五〇数種あった税金が、一九四五年一二月の財政局布告第二号により国税九種（一九四六年六月には農業現物税が導入された）、道税一二種に整理・統合され、一九四七年の税制改革では、これがさらに国税六種、道税六種になったため、税の整理・統合が進み、税制の単純化が図られたようである。しかしながら、税制改革決定書で設定された各税の内容を見ると、実際には、例えば、所得税には、勤労所得税、事業所得税および自由所得税が含まれており（所得税法第三条）、取引税についても、鉱工林産物税（取引税法第二章）、水産物税（同第一九〜二一条）、酒税（同第四章）、清涼飲料税（同第五章）、電気・ガス税（同第六章）、運輸取引税（同第七章）、劇場取引税（同第八章）、国営商業取引税（同第九章）および消費組合取引税（同第一〇章）が含まれていることから、その体系上の単純化にもかかわらず、課税対象自体がどの程度狭くなったかについては、慎重に考える必要がある。一九四七年の税制改革により名前の消えた税としては、国税では個人収益税、法人収益税、営業税、地税および骨牌税があり、道税では個人収益税附加税、地税附加税、営業税附加税、林野税、漁業税および物品税がある。また、税収の帰属の主体が移ったものとしては、屠畜税（道から市、面へ）がある。このうち、道税の個人収益附加税は、それが戸別税と呼ばれたことから推測すると、一九四七年税制改革において道税として世帯ごとに徴収される人民学校税に対応するものと考えられる。また、地税、地税附加税および林野税は、農業現物税の導入に伴い免税の対象となっていたことから、すでに有名無実化していたものと考えられる。

一九四七年の税制改革以前に存在した個人収益税、法人収益税および営業税と新しい所得税との間の関係ならびに物品税と新たに導入された取引税との間の関係は、難しい問題である。旧来の営業税に関する規定は、所得税法第四五条により、また、旧来の物品税法は、取引税法第九一条により廃止されていることからすれば、営業税は新しい所得税の一部に対応し、物品税は取引税に対応するものと考えることもできる。また、これらの税が仮に日本による植民地時代の営業税および物品税と基本的に同一であるとするならば、営業税は一定の営業を北朝鮮で行う者に対し所得税とは別個にその売上金額、収入金額等に一定の税率をかけて課税するものであり（朝鮮営業税令第一条および第五条）[12]、物品税は一定の物品に対しその価格または量に応じて課税するものである（朝鮮物品税令第一条および第二条）[13]ため、それぞれ一九四七年の税制改革により設定された事業所得税および取引税に類似している。

しかしながら、まず、所得税に関しては、それまでの収益税（個人収益税および法人収益税を含む）は所得に対する総合課税制度を前提とし、それを所得を得る主体別（個人および法人）に課税していたのに対し、新たな所得税は勤労所得、事業所得および自由所得といった所得の源泉別課税を前提としており、所得税の体系自体が変わったと考えるべきである。[14]そのため、それまでの個人収益税および法人収益税を勤労所得税、事業所得税および自由所得税に対応させることはできない。例えば、旧来の個人収益税は、勤労者の場合には給与所得への課税である勤労所得税に、個人が事業を営む場合には事業所得税に、また、当該個人が給与所得および事業所得の双方を有する場合には勤労所得税と事業所得税を合算したものに対応することとなる。

このことは、法人の場合も同様である。一九四七年の税制改革以前は、収益税と別個に営業税が課されていたが、これは、収益税が総合課税の考え方に基づくものであるのに対し、営業税が特定の種類の所得に課税するものであったため、両者の併存も可能であったためである。しかしながら、所得税自体が所得の種類別に課されるようになると、営業税が所得税とは別個の税として存在することは容易ではなく、結局、新しい所得税、とくに事業所得税に溶け込んでしまったのが実情ではなかったかと思われる。一方、取引税は、当時において新しい形態の税金であると言われていた。[15] 取引税のうち、とくに鉱工林産物に課されるものは、一定の物品に対しその販売価格に応じ課税され、この点で先に述べた日本による植民地時代の物品税とよく似ている。しかしながら、運輸取引税、劇場取引税、国営商業取引税および消費組合取引税については、物品に対する課税ではなく、サービスに対する課税であるため、物品税とは異なり、むしろ営業税的色彩を帯びている。[16] 取引税は、全体としては、その名のとおり取引に着目して課税されるものであり、物品税とは性格が異なったものと言えよう。ただ、旧来の物品税、酒税および清涼飲料税取引税は、当該物品が取引されるときに課税されるため、物品に着目するか、取引に着目するかの差異はあっても、結果的には類似の形態で課税されるため、新しい取引税の中に吸収された形になったのが実態と考えられる。

以上の考察から、一九四七年の税制改革により実質的に廃止された税金は、国税では骨牌税のみとなり、道税では営業附加税、漁業税となり、[17] また、税収の帰属の主体が移ったものは、物品税（従来の道税から国税として取引税へ）および屠畜税（道税から市、面税へ）ということになる。他方で、関税、取引税のうちとくにサービスに対する課税、垈地税、市場税および市面維持税は、新たに導入されたものであり、これらを総合すると課税対象自体は必ずしも狭くなっていないことがわかる。ただし、税収の帰属の主体の点から見ると、道税の範囲はかなり縮小され、その分とくに取引税の導入により国税の範囲が拡大した。

この税制の単純化と関連して、一九四七年の税制改革によって税負担の軽減および公正化が図られたか否か、あるいは図られたとしたらどの程度図られたのかが問題になる。前述したとおり、税制の形式上の単純化にもかかわらず、課税対象自体は必ずしも狭くなったわけではない。したがって、税負担の軽減および公正化の有無および程度を知るためには、一九四七年以前の税負担を正確に調べる必要がある。しかしながら、現在のところ、一九四五年一二月の財政局布告第二号および一九四六年一〇月の物品税法等の原文が入手されていないため、これらの税の税率を知ることはできず、一九四七年の前後における税負担の変化を比較することはできない。そもそも、税負担の軽減化の問題は、同じく一九四七年の税制改革の目的である経済の復興および社会、文化の発展のための財源の確保とは両立し難いものである。実際に税収入は、一九四六年度予算の五億八五一八万千ウォン（ただし、予定額）に対し、一九四七年度のそれが五〇億四九九二万ウォン[18]と大幅に増加している。税収を増大させる手段としては、一般的に増税のほか徴税効率の上昇も考えられるため、一九四七年度における税収の増加の全てが増税によるものと即断することは必ずしもできない。事実、税制改革決定書においては、実際の徴税を行う地方の人民委員会に対し、徴収した税の一定比率を地方分与金として与えることにより（税制改革決定書第六条）、地方に徴税のインセンティヴを与えることが図られている。[19]

しかしながら、やはり五億八五一八万千ウォンから五〇億四九二二万ウォンへの急激な税収増を、いかに名目上の数値とはいえ、徴税効率の上昇のみで説明するのは非現実的である。また、税負担の軽減および公平化は、納税者たる者の常なる願いであり、一九四七年二月当時にその必要性があったことを否定するものではないが、当時のより差し迫った問題は、先述したとおり四七年予定数字の導入等に伴い膨張した同年度予算に見合う歳入をいかに確保するかにあったはずである。税制改革決定書は、その前文において税制改革の目的として、「人民の負担を公正にし、人民経済復興および社会、文化の発展の財源を達成することができる」ようにすることを「税金制度における日本帝国主義の残滓を完全に清算」することと並べて明記しているが、その一方で、税負担の軽減という目的は、その前段で日本による植民地時代の税制の問題点として「高率の税金」であったことが挙げられていることから推測されるものに過ぎず、税制改革の目的として明記されているわけではない。

以上のことからすれば、一九四七年の税制改革においては、税負担の公正化の問題はともかくとして、少なくとも税負担の軽減の問題は、税収の確保といったことより緊急の目的に道を譲った格好となったのではないだろうか。このことは、人民会議第二次会議において李鳳洙財政局長が税制改革の目的として歳入の増収のみを挙げていることとも平仄が合っている。[20]ちなみに一九四七年四月に発行された『人民』に掲載された「北朝鮮税金制度改革解説」では、四七年の税制改革の要項の一つとして、「人民の負担を公正にし、法外な負担金から人民を擁護すること」を挙げているが、これは、あくまで「人民の納税に関する国家的義務を成文に規定し、人民会議が決定した税金以外の税金を負担する義務を無くすことに」よるものとされている。すなわち、税法の内容ではなく、一連の税法の制定自体が税負担の軽減と公正化をもたらすものと考えられていたようである。[21]なお、税負担の公正化の問題は、税制度のさらに詳細を知る必要があるのみならず、公正な税とは何かという財政学上の問題もあるため、本論ではこれ以上論じないこととする。

税収の確保と関連して、徴税のタイミングの問題がある。前述したとおり、一九四六年四月の「一九四六年第二期（四～六月）税金徴収に関する件」で、「歳出と歳入を時間的に円滑に調節する」[22]ために徴税の時期を従来の年二回または三回から、給料を源泉とする個人収益税については毎月、その他の収益税および営業税については四半期ごとに徴収することとされたが、四七年の税制改革では、所得税については毎月一回（税制改革決定書第一条第一項第一号ならびに所得税法第一三条、二五条および三七条）および取引税については毎月一回もしくは二回または毎日[23]（税制改革決定書第一条第一項第五号ならびに取引税法第八、二一、三〇、五五、六二、六八、七三、八一および八五条）徴収されることとなり、徴税の回数は格段に増えることとなった。

最後に、税務機関の民主化については、その具体的な例として税制改革決定書が脱税、税金の滞納その他の税法違反に対し、法令の規定により人民裁判で処罰する（同決定書第四条）こととした点が挙げられている。[24]もっとも、税法違反に対する処罰に関しては、すでに一九四六年一月に「租税滞納処罰に関する件」が公布されていることは、前に述べたとおりである。

改革の前後における税制比較表

1947 年税制改革後	1947 年税制改革前	備考
（国税） 所得税 労所得税 業所所得税 自由所得税	 個人収益税 法人収益税 営業税	所得の主体別課税から所得の源泉別課税への変化
農業現物税（46 年）	地税、地税附加税（道税）	地税等は有名無実化
登録税	登録税	
相続税	相続税	
取引税 鉱工林産物税 水産物税 酒税 清涼飲料税 電気・ガス税 運輸取引税 劇場取引税 国営商業取引税 消費組合取引税	物品税（道税） 酒税 清涼飲料税	税収帰属主体変更 新たな税対象（電気・ガス税〜消費組合取引税）
関税		
	骨牌税	
（道税） 家屋税	 家屋税	
車輌税	車輌税	
不動産取得税	不動産取得税	
飲食税	遊興飲食税	
馬券税	馬券税	
人民学校税	個人収益附加税（戸別税）	名称変更
（市及び面税） 垈地税		 新税
市場税		新税
屠畜税	屠畜税（道税）	税収帰属主体変更
市面維持税		新税
	漁業税（道税） 営業税附加税（道税） 林野税（道税）	 林野税は、有名無実化

注

1　一九四七年二月二七日付け人民委員会法令第一号「一九四七年度北朝鮮総合予算に関する決定書」（『北朝鮮法令集』一二七～一二八頁）前文および四七年二月二七日付け人民委員会法令第二号「北朝鮮税金制度改革に関する決定書」（『北朝鮮法令集』一二八～一三五頁）前文参照。

2　前掲『北朝鮮人民会議第二次会議会議録』三八頁。なお、企業の独立採算等の会計制度の改革として、具体的にいかなる措置がとられたのかは、明らかではない。

3　前掲人民委員会法令第一号「一九四七年度北朝鮮総合予算に関する決定書」。なお、同法令は、一九四七年五月一五日から一六日まで開催された人民会議第二次会議において承認された。（北朝鮮人民会議常任議員会『北朝鮮人民会議第二次会議会議録』平壌、一九四七年九月、三六～六四頁）

4　ここで言う「準じて」の意味は、明らかではないが、一九四七年度予算決定書第七条は、道および市の予算を別紙の総合予算書に依拠して詳細を編成する旨規定しており、面の予算はこれに「準じて」編成する旨規定されている。また、一九四七年度予算決定書は、郡の予算も対象としているはずであるが（第二条）、郡の予算の編成手続についてはなんらの言及もない。

5　ここで比較の対象としている一九四六年度の予算規模は、編成時のものである。なお、李長春、前掲「北朝鮮税金制度改革解説」一四八頁では、「一九四七年度国家予算は、総額六七億七二三八万八千ウォンであり、前年度（九ヵ月間）予算に比べ、四三億九二六九万四千ウォンの増加になった」旨の記述があり、これからすれば一九四六年度予算総額は、二三億九九六九万四千ウォンであったことになる。しかしながら、すでに述べたとおり一九四六年度予算の編成時における規模は、九億二八七五万六千ウォンとされており、差額の一四億七〇九三万八千ウォンの意味するところが不明である。人民会議第二次会議における李鳳洙財政局長の報告の中では、一九四六年度の中央の予算が当初は六億二四〇〇万余ウォンであったものが追加補正を繰り返した結果、結局は八億二八〇万余ウォンになり、各道の予算の合計が六億四一八三万ウォンであったとの記述があるが、それでも予算の総計額は、一四億四四六三万余ウォンに過ぎない（前掲『北朝鮮人民会議第二次会議会議録』三七頁)。

6　李長春、前掲「北朝鮮税金制度改革解説」一四九頁。

7　金日成「国家財政の運営を正しく行い農民銀行を創立するために―北朝鮮臨時人民委員会第五回会議で行った演説―一九四六年四月一日」(チュチェ思想国際研究所編『社会主義における財政管理事業』東京、白峰文庫、一九八三年五月、七~一九頁)一五頁。

8　前掲人民委員会法令第二号「北朝鮮税金制度改革に関する決定書」。

9　一九四七年二月二七日付け人民委員会法令第三号「所得税法」(『北朝鮮法令集』一三五~一三九頁)。同日付け人民委員会法令第四号「登録税法」(同一三九頁)。同日付け人民委員会法令第五号「取引税法」(同一四三~五四頁)。同日付け人民委員会法令第六号「収入印紙法」(同一五四~五五頁)。同日付け人民委員会法令第七号「家屋税法」(同一五五~五六頁)。同日付け人民委員会法令第八号「車輌税法」(同一五六~五七頁)。同日付け人民委員会法令第九号「不動産取得税法」(同一五七~五八頁)。同日付け人民委員会法令第一〇号「飲食税法」(同一五八頁)。同日付け人民委員会法令第一一号「馬券税法」(同一五八~五九頁)。同日付け人民委員会法令第一二号「人民学校税法」(同一五九頁)。同日付け人民委員会法令第一三号「垈地税法」(同一五九~六〇頁)。同日付け人民委員会法令第一五号「屠畜税法」(同一六〇頁)。同日付け人民委員会法令第一六号「市面維持税法」(同一六一頁)。

10　税制改革決定書第一条では、国税の部分に利益控除収入も掲げられているが、この利益控除収入とは、国営企業、中央銀行および農民銀行があげた利益であって、国庫に納められるものを指している。国営の機関の収入が国庫に納められるのは、税金の徴収とは異なっており、したがって、税制改革決定書の国税の部分に掲げられてはいるが、ここでは、国税とは考えないこととした。なお、李長春、前掲「北朝鮮税金制度改革解説」も収入控除収入を税金としては扱っていない。ちなみに、収入控除収入という語は、当時、これらの機関があげた利益のうち一定の比率のものは、国庫に納めず自己のものとすることが認められていたため、収入のうちこうした自己留保分を控除した収入を国庫に帰属せしめるとの意味で用いられたようである。

11　李長春、前掲「北朝鮮税金制度改革解説」によれば、一九四七年の税制改革の要項として、次のものが挙げられている。

①日本による植民地時代の税法およびその後暫定的に制定した税法を廃止し、新しい税法を制定すること。
②一切の雑税を廃止して、税金体系を単純化すること。
③従来の下級人民委員会に対する財政補給金制度を極く小範囲に制限して、同時に地方財政機関に徴税に対する刺激を与えること。
④所得税および取引税を月別納付制にして、歳出と歳入を調節することができるようにすること。
⑤税制が民主主義的原則の下に実施されること。
⑥人民の納税に関する国家的義務を成文に規定し、人民会議が決定した税金以外の税金を負担する義務を無くすことによって、人民の負担を公正にし、法外な負担金から人民を擁護すること。

12 昭和二年三月三一日付け制令第六号「朝鮮営業税令」。
13 昭和一五年三月三一日付け制令第一八号「朝鮮物品税令」。
14 李長春、前掲「北朝鮮税金制度改革解説」一五六頁。
15 同上、一五七頁。
16 同上、一五七頁は、取引税を「営業税的な性質を有する消費税」としている。
17 取引税の中に水産物の取引に対する税が含まれていることより、漁業税とこの水産物税との関係が問題となる。しかしながら、一九四七年の税制改革以前の物品税に水産物が対象として含まれていたか否かがわかっていないため、取引税中の水産物税が旧来の物品税に対応するものではなく、漁業税に対応するものであるとの確信もない。一九四七年の税制改革以前の漁業税の内容も不明であるが、日本による植民地時代の漁業税（明治四五年二月一六日付け、制令第一号「漁業税令」。同令は、大正九年三月三〇日付け制令第四号により廃止された）は、主として、漁船、網等の器具、装備等を基準として課税するものであったため、水産物の販売価格を基準として課税する取引税中の水産物税とは、いずれにせよ、性質の異なったものであった。
18 一九四七年度予算における税収入額は、李長春、前掲「北朝鮮税金制度改革解説」一五八頁による。この数字によれば、税収の伸びは、名目で約八・六倍になっており、一九四六年度（九カ月）と一九四七年度（一二カ月）の年度の長さの違いを計算に入れても約六・五倍となっている。また、予算総額に占める税収の比率も、一九四六年度の約六三・〇%に対し、四七年は約七四・三%と上昇している。

19 同上一五一頁。

20 前掲『北朝鮮人民会議第二次会議会議録』三八頁。

21 注11参照。

22 李長春、前掲「北朝鮮税金制度改革解説」一四六頁。

23 毎月二回徴収されたのは、酒税および清涼飲料税であり、毎日徴収されたのは劇場取引税であった。これら以外の取引税は、毎月一回徴収された。

24 李長春、前掲「北朝鮮税金制度改革解説」一五二頁。

八　通貨および物価の統制

北朝鮮においては、解放後しばらくの間、経済の重要な要素である通貨および物価についての施策には、あまり見るべきものがなかった。この分野での施策が本格化するのは、ようやく一九四七年末になってからのことであった。

(1) 通貨の統制

一九四七年一二月一日、人民委員会は、「北朝鮮に通用する新貨幣の発行および現行貨幣の交換に関する決定書」[1]（以下「新貨幣決定書」という）を公布した。この決定書の公布以前においては、北朝鮮では解放以前に発行された朝鮮銀行券およびソ連軍司令部が発行した軍票が流通していた。これらは、いずれも人民委員会の管理・統制の外にあった。とくに、朝鮮銀行券については、南から多量に流入していたとの問題があり、これに加えて、偽造紙幣が多数混用されたため、人民委員会は、「貨幣流通の統制・調節を指導・監督することができず」[2]、商品の流通が妨害されるのみならず、「物価を調節・安定させることが困難」[3]な状況にあった。

新貨幣決定書は、これらの問題を解決するために、北朝鮮中央銀行に一九四七年一二月六日より銀行券を発行する権限を付与し、この銀行券を同日以降北朝鮮全域で「公私の決済手段として無制限に適用される唯一の貨幣」とした（同決定書第一条）。これに伴い、従来流通していた朝鮮銀行券およびソ連軍司令部の軍票は、同年一二月八日以降無効となり、「北朝鮮地域で流通することを禁止」された（同第二条）[4]。この措置により、人々は、それまで保有していた貨幣を新たな中央銀行券と交換することを余儀なくされることとなり、その交換は、旧貨幣と新貨幣と一対一の交換率で行われた。

しかしながら、この新貨幣との交換には制限が付されていた。まず、交換期間は、一九四七年一二月六日までとわずか一週間しかなかった（同第三条）。交換する金額も、例えば、労働者および事務員一〇名以上を使用している民営企業所および民間団体については前の月に支払った賃金額の五〇％に、労働者および事務員一〇名未満を使用している民間企業家、小商人および自由職業者については事業所得税または自由所得税の課税標準証明書に記録された課税標準額の一ヵ月分の五〇％以下に、労働者、事務員等については各自の前の月の収入賃金額以下に、また、農民については現物税を納付した農戸に限り毎戸あたり七〇〇ウォン以下に限定されていた（同第四条）。これらの制限額以上に保有されていた旧貨幣については、すべて預金することが義務づけられた（同第五条）。交換もできず、また、預金もされなかった旧貨幣は、結局無効ということとなった（同第六条）。そして、預金された旧貨幣分についても、この新旧の貨幣の交換が終わってから二ヵ月間は支払われないこととされ（同第五条）、その後も預金に対する支払いは、一九四八年二月一九日に公布された「民間貯金支払に関する決定書」[5]により制限[6]されることとなった（同決定書第二）。同決定書で定められた限度額を超える預金については、特別無利子の凍結貯金口座に入れられたが、同口座からの一切の支払は禁止された（同第二）。

ここで言う口座からの一切の支払禁止が、単に貨幣との交換のみを禁止したもので、現金化を伴わない口座間の移動については禁止していないのか、あるいは、こうした口座間の移動さえも禁止したものなのかは明らかではない。前者に介した場合、その者の凍結貯金口座から他の者の貯金口座に預金の一部または全部が移されたときに、当該他の者は、その預金を現金化することができるか否かが問題になる。同決定書の第二は、限度額を超える預金について「口座から一切の支払いを禁止する。」と規定しているのみで、口座間の移動については明確に言及していないように見えるが、同決定書第三では、「今後前記第二の特別無利子凍結貯金を除外した一切民間貯金は、現金または換置（口座間の移動）[7]を問わず無制限にこれを支払うこと」と規定しており、「支払い」という用語が現金化のみならず口座間の移動をも含むものとして用いられている。したがって、同決定書第二にある「支払」という用語も同様の意味に解すれば、そこでは現金化のみならず、口座間の移動も禁止されることになる。

なお、この預金に対する支払いの凍結は、民間の預金に対してのみならず、行政機関、国営企業所、政党、社会団体および消費組合の預金に対しても行われた。すなわち、一九四八年一月三日に公布された「各級行政機関、国営企業所、政党、社会団体および消費組合の預金の支払いに関する決定書」[8]において、これら機関の預金は、国庫、財政局長の口座ならびに道、特別市、市および面の金庫または現金口座にあるものを除くほか、国営商業機関および各級消費組合についてはその五〇％を、他の機関についてはそのすべてを凍結することとされた。そして、凍結された預金口座からは、「現金を支出することはもちろん、無現金換置決済もこれを禁止する」旨明確に規定された。

この新貨幣決定書で人民委員会は、初めて自らの手で通貨を発行し、その通貨以外のものの無効を宣言することにより、以後、貨幣の流通量の統制および調整を可能にした。この結果、通貨量の調整によりインフレ等の抑制の途が開けることとなった[9]。後述するように物価の統制には、直接的には公的経済部門の商品、サービス等の価格、利潤率等を引き下げるといった方法がとられたが、この方法が経済全体において有効に機能するためには、民間経済部門におけるインフレの抑制も必要であったと考えられるため、同決定書は、物価の統制の重要な条件を創り出したことになる。この貨幣流通量の調節による物価の統制は、新貨幣発行の目的として明確に意識されていた。このことは、新貨幣発行決定書の前文において、従前の問題点として「物価を調整、安定させることが困難であ」ったことを挙げつつ、「こうした事態を除去して、貨幣調節の自主権を確立する」ことを同決定書の目的としていたことからも明確である。そして、この新貨幣の発行自体が、北朝鮮における貨幣流通量の調節のための最初の措置であった。すなわち、新旧貨幣の交換が一対一の比率で行われながら、先述したとおり、貨幣交換に限度額が設定されたことは、当時発行された新貨幣の量がそれ以前の貨幣の量より少なかったことを意味しており、その後、一定額以上の預金に対する支払いを凍結したことは、新貨幣の流通量を旧貨幣の流通量より少ない一定のレベルに維持することを意味していた。前述した「各級行政機関、国営企業所、政党、社会団体および消費組合の預金の支払いに関する決定書」は、「新貨幣を発行した以後においてこうした預金を無制限に支払うことは、貨幣流通を強固にするのに支障をもたらし、それゆえ、貨幣流通の安定を図り、貨幣流通における過剰通貨を収縮する目的」で決定されたと明記されている。なお、人民委員会は、その後、一九四八年一月三日に「貨幣流通の調節に関する決定書」[10]を公布した。

加えて、この新貨幣発行決定書には、富の再分配機能もあったことに注意する必要がある。旧貨幣の形態での保有資産の総量に対し、新貨幣の発行量を一定の水準に定めるとした場合、新旧貨幣の交換の最も単純な方法は、旧貨幣の総量と新貨幣の総量の比率を交換率とすることである。しかしながら、新貨幣発行決定書は、交換率を一対一にしたかわりに、新貨幣との交換額を限定し、交換が認められない部分を預金させ、さらに、預金に対する支払額を制限するとの方法をとった。旧貨幣の総量の方が新貨幣の総量よりも多かったはずであるので、交換比率は一対一でも、同じ一ウォンの持つ価値は当然新貨幣の方が高かったことになる。したがって、新貨幣との交換が認められる額が多ければ多いほど、その者の資産の実際の価値は増大することになり、逆に、預金を余儀なくされ、その預金に対する支払いが凍結された部分は実質的には資産の没収にも等しいため、その部分が多ければ多いほど、その者の資産の価値は相対的に減少することとなる。同決定書では、旧貨幣の保有量が多い者ほど預金の量が多くなり、預金の量が多い者ほど凍結された額も多くなっているため、結局、貨幣を少なく保有していた者ほど資産が増大し、逆に貨幣を多く保有した者ほど資産の増大の程度が小さいかあるいは減少の程度が大きくなるようになっていた。また、このこととの関連で、同程度の貨幣を保有していた場合には、先述したとおり、労働者等、小企業等および大企業等の順で新貨幣の交換が認められる割合が大きかったことは、同決定書が保護、優遇しようとした対象を如実に示している。

（2）物価の統制

北朝鮮の法令において、物価についての言及が最初になされたのは、一九四五年一二月二九日に公布された商業局布告第一号の「商業局臨時行政措置要綱[11]」であった。同要綱五は、「物価は、各道人民委員会で査定するも、本局の承認を要する」と定めた。また、同日に商業局指令の形で出された「商業局臨時行政措置要綱に関する施行規則[12]」第三条では、各道の人民委員会が制定する法令であって商業局長の認可を要するものの例の一つとして物価調整令が挙げられていた。解放直後の北朝鮮において、すでに道レベルで物価の統制が行われていたことがわかる。しかしながら、この物価統制については、それがどの程度実効的に機能していたのかを含め、実態は明らかになっていない。

臨時人民委員会の時代になると、一九四六年一一月二五日に行政機関、国営企業所および共利団体間の取引の方式を整理する目的で、「物価取引および現金節用に関する決定書[13]」が公布された。その五において「国営企業所は、原料、材料および商品等を企画部の指示によって処分するも、最初に商業局に与えなければならない。その価格は、企画部で決定する」と規定され、また、九において「企画部長、商業局長および産業局長は、一九四六年一二月一五日前に、原料、材料および商品の売買に関する卸売りおよび小売り価格を決定し、臨時人民委員会の承認を得て、実施する」旨規定された[14]。ただし、この価格の決定が実際に行われたのか、行われたとしたらどのような内容であったのか等は、明らかではない。しかしながら、少なくとも一九四六年末になると中央レベルにおいても、国営企業所等が売買する原料、材料および商品の価格は、制度上統制に服するようになっていたことになる。また、その際、価格の決定には、企画部、商業局および産業局が関与し、そのなかでも企画部が重要な役割を占めていたことがわかる。

この販売価格の統制に関する企画部の役割は、一九四六年一二月に設置された企画局にも受け継がれた。前述した臨時人民委員会決定第一三六号「北朝鮮臨時人民委員会企画局設置に関する件」の三は、企画局の義務の一つとして「関係各局と協議して、商品に対する公正な卸売価格および小売価格を制定し、また、鉄道、船舶運輸、自動車運輸に関する運搬費の比率ならびに電気、電話および水の使用に関する比率を定める」ことを挙げている。

「物品取引および現金節用に関する決定書」が公布された日と同じ日に、臨時人民委員会は、「北朝鮮産業および商業の発展に関する法令」（産業および商業の発展法令）[15]を公布した。この法令は、まず、「商業家は、その商品に対して販売価格を表示し、表示価格を遵守しなければならない」（同法令第二条後段）とし、これに違反した者に対しては、商品を表示価格の四割引きの価格で消費組合または他の商人に売却することを命令するとの罰則を科した（同第六条による第五条後段の準用）。加えて、「物価の騰貴を予見あるいは目的として買いだめまたは売り惜しみをした者」および「民主主義的原則に種脚した常識的な判断に照らし、不当に高率の利得すなわち暴利行為をした者」に対しては、三年以下の懲役または一〇万ウォン以下の罰金（取引金額が一〇万ウォンを超過する場合には、取引金額の一〇倍に該当する額の罰金）を科した（同第七条）。

これらの規定は、商品の価格が中央による決定ではなく市場により決まることを前提としたものであったが、これにより商品の価格が外から見ても明らかになったとともに、買いだめおよび売り惜しみならびに暴利行為を取り締まることができるようになった。換言すれば、民間の商品取引についてもある程度の価格の統制を行う途を開くものであった。この産業および商業発展法令に規定された価格表示制度については、その後、一九四七年一月二八日に「価格表示規程に関する件」[16]が公布され、価格表示の方法等が定められた。また、同規程は、国営の商店、消費組合、配給所および商事会社においては、「人民委員会の指示した価格を表示しなければならない」とした（同第六条）。

以上のことから、臨時人民委員会の末期である一九四七年一月になると、商品の価格の明示が義務づけられるようになり、商事会社を除き民間の商品取引については価格そのものは市場に委ねられていたが、物価の高騰につながる行為の取締まりを通じた一定の統制が行われた。また、公的な機関等の商品取引については、企画局が中心となって価格を決定するとの制度的な枠組が一応できあがっていた。こうした枠組の下で、人民委員会の時代になると、一九四七年三月一一日に、「北朝鮮人民委員会の各国営企業所の標準価格および運力、運輸、逓信、倉庫の料金の制定に関する決定書」[17]が公布された。これが現在確認されている中では、最初の物価の公定である。その後、人民委員会は、一九四八年二月二九日には、「一九四八年度国家価格および料金の制定に関する決定書」[18]を、また、同年五月二七日には、「一九四八年度国家価格の一部の低下に関する決定書」[19]を公布し、この時期に中央による価格統制が本格化した。当時、人民委員会の商業局長であった張時雨が一九四八年七月の『人民』に書いた論文[20]によれば、「人民経済発展の過程で」すでに三次にわたり国家価格が引き下げられてきており、第一次は、一九四七年末の貨幣交換当時に、第二次は、一九四八年三月に、そして、第三次は、一九四八年六月一日から実施された。[21]このうち、第二次の価格引下げは、一九四八年二月二九日に公布され、同年三月一日から実施された「一九四八年度国家価格および料金の制定に関する決定書」を指し、第三次の価格引下げは、同年五月に公布された「一九四八年度国家価格の一部の低下に関する決定書」を指すものと考えられる。ただし、同論文で貨幣交換当時に実施されたとされる第一次の価格引下げについては、これに該当する人民委員会の決定は見当たらない。前述した「北朝鮮人民委員会の各国営企業所の標準価格および運力、運輸、逓信、倉庫の料金の制定に関する決定書」は、一九四七年三月に公布されたものであるため、一九四七年末の貨幣交換当時に行われたとされる第一次価格引下げと時期的に合わない。「一九四八年度国家価格および料金の制定に関する決定書」の三において「一九四八年度国家価格を実施するに当たり、一九四八年三月一日以前に企画局指図書により割り当てられた物価に関しては、一九四七年度価格を適用する」との規定があることからすれば、一九四七年末の第一次価格引下げは、この「企画局指図書」により実施された可能性はあるが、断言はできない。

以上に述べたように、一九四八年になると北朝鮮における価格統制は、中央が物資の価格を制定し、その価格を上下させる（ただし、当時はもっぱら下げる方の措置がとられた）という直接的な方法がとられるようになった。しかしながら、これらの価格は、あくまで国家価格および料金、すなわち、国営の企業所および商店、消費組合等が販売する物資の価格であり、民間の取引価格については、依然として市場に委ねられていたことに注意する必要がある。したがって、国家価格等の制定およびその引下げが経済全体の価格の統制としてどの程度有効なものであったかを知るためには、それが市場価格に対してどのような影響力を持っていたかを調べる必要がある。この点に関して、前述した商業局長の論文は、「国家価格の引下げに伴い、一般市場の重要生活必需品の物価指数も今年の一月から継続して低下した[22]」として、国家価格等の引下げが市場価格の引下げ圧力となることを示唆している。しかしながら、このような効果は、あらゆる分野において常に期待できるものではなく、国家価格が市場価格から大きく乖離している場合には、国家価格が適用される商品、サービス等に関して、国営の企業所および商店、消費組合等公的部門が市場を左右しうるほどのシェアを有していることが必要であった。

注

1　一九四七年一二月一日付け人民委員会法令第三〇号「北朝鮮に通用する新貨幣の発行および現行貨幣の交換に関する決定書」(『法令公報』第三八号、一九四七年一二月二二日、一～二頁)。

2　同上決定書前文。

3　同上。

4　ただし、一ウォン未満の少額紙幣および硬貨は、当分の間流通することが認められ、また、朝鮮銀行券およびソ連軍司令部の軍票も新しい中央銀行券との交換に限り一九四七年一二月一二日まで有効とされた(第二条)。

5　一九四八年二月一九日付け人民委員会決定第一一四号「民間貯金支払に関する決定書」(『法令公報』第四四号、一九四八年二月二七日、一～二頁)。

6　同決定書は、一九四七年一二月一二日現在の各自の預金総額に応じて支払限度額を定め(第一)、また、その支払限度額の支払いについても一九四八年三月二四日までは限度額の五〇%を超える支払いを禁止した(第二)。一九四七年一二月一二日より後に預金されたもの(新貨幣による預金)については、無制限に支払うこととされた(第三)。なお、預金総額と支払総額との関係は次のとおりとなっていた。

預金総額
二千ウォン以下
二千ウォン一銭以上五千ウォン以下
五千ウォン一銭以上一万ウォン以下
一万ウォン一銭以上五万ウォン以下
五万ウォン一銭以上

支払限度額
全額支払

二千ウォン残余額の五〇％
二千ウォン＋三千ウォンの五〇％＋残余額の三〇％
二千ウォン＋三千ウォンの五〇％＋五千ウォンの三〇％＋残余額の二〇％
二千ウォン＋三千ウォンの五〇％＋五千ウォンの三〇％＋四万ウォンの二〇％＋残余額の一〇％

7　同決定書第二は、「支払限度を超過した貯金額は、特別無利子貯金口座にこれを換置し」と規定しており、この「換置」の用法から、「換置」が口座間の移動を意味していることがわかる。

8　一九四八年一月三日付け人民委員会決定第九四号「各級行政機関、国営企業所、政党、社会団体および消費組合の預金の支払いに関する決定書」（『法令公報』第四〇号、一九四八年一月一七日、一頁）。

9　同決定書によれば、新貨幣との交換期間中に国家機関、政党、社会団体および消費組合が行った預金は、総額二五億ウォン以上にも上ったようである。このことに対し、同決定書は、「多くの機関が北朝鮮臨時人民委員会決定第一一五号を任意に違反し、それぞれの金庫に自己の事業に必要な金額以上の現金を保有していた結果であり、各機関の責任者が財政規律を違反したものであり、同時に、財政金融機関のこれに対する監督が微弱であった結果である」と非難している。なお、臨時人民委員会決定第一一五号とは、一九四六年一一月二五日に公布された「物品取引および現金節用に関する決定書」のことであり、同決定書は、「行政機関、国営企業所および共利団体は、その所持現金を必ず銀行に当座預金しなければならない。以上の各機関は、不意の経費支出のために金一万五千ウォン以下を所持することができる」と規定していた（同決定書二）。（『北朝鮮法令集』一六三頁）

10　一九四八年一月三日付け人民委員会決定第九九号「貨幣流通の調節に関する決定書」。同決定書の存在は、前掲「北朝鮮人民会議重要日誌」一四〇頁によったが、その原文は未入手であり、具体的内容は明らかではない。

11　『法令公報』臨時増刊第六集、一九四七年六月一〇日、八頁。

12　同上。

13　一九四六年一一月二五日付け、臨時人民委員会決定第一一五号「物品取引および現金節用に関する決定書」（前掲『北朝鮮法令集』一六三頁）。

14 「物品取引および現金節用に関する決定書」九の規定は、文言上は国営企業所が売買する原料、材料および商品の価格に限定はされていないが、同決定書は、その柱書きにも書かれてあるとおり、「各行政機関、国営企業所および共利団体間に取引方式を正しく整理し、現金を節用し、財政規律を強固にすることを目的として」決定されたものであるため、民間取引における価格を含めおよそ価格一般を決定し、実施することを定めたものであると解するのは困難である。

15 一九四六年一一月二五日付け臨時人民委員会決定第一一二号「北朝鮮産業および商業の発展に関する法令」(『北朝鮮法令集』四四〜四六頁)。なお、同法令については、前掲拙稿、一三八頁も参照ありたい。

16 一九四七年一月二八日付け臨時人民委員会商業局布告第四号「価格表示規程に関する件」(『北朝鮮法令集』五五頁/『法令公報』第一八号、一九四七年二月六日、二頁)。

17 一九四七年三月一一日付け人民委員会決定第三号「北朝鮮人民委員会の各国営企業所の標準価格および運力、運輸、逓信、倉庫の料金の制定に関する決定書」。ただし、同決定書の原文は、入手されていない。同決定書の存在は、前掲「北朝鮮人民会議重要日誌」一三五頁によった。

18 一九四八年二月二九日付け人民委員会決定第一一八号「一九四八年度国家価格および料金の制定に関する決定書」(『法令公報』第四八号、一九四八年三月二九日、三〜二八頁)。

19 一九四八年五月二七日付け人民委員会決定第一三八号「一九四八年度国家価格の一部の低下に関する決定書」(『法令公報』第五三号、一九四八年六月一七日、一〜四頁)。なお、前掲「北朝鮮人民会議重要日誌」一四二頁によれば、同日に人民委員会決定第一四〇号として「一九四八年度第三次国家価格、運賃および料金に関する決定書」が公布されたようであるが、同決定書の原文は入手されておらず、その内容は明らかではない。

20 張時雨「人民経済復興発展の勝利としての物価低下による人民生活の向上」(『人民』第三巻第二号、一九四八年七月、四九〜六一頁)。

21 同上、五七頁。

22 同上。

九　計画契約

一九四八年二月二九日に人民委員会は、「国家経済機関、国営企業所および共利団体相互間の契約制度と決済制度確立に関する決定書」[1]を公布した。同決定書には、「北朝鮮契約制度細則」、「北朝鮮人民委員会契約仲裁院規定」および「決済計算書代金収替規定」といった一連の契約および決済制度に関する法令が含まれていた。[2]このうち、「国家経済機関、国営企業所および共利団体相互間の契約制度と決済制度確立に関する決定書」自体には、契約制度および決済制度の総則的な事項が規定されており、これを受けて、契約に関する細則を定めたのが「北朝鮮契約制度細則」であり、決済に関する規制を定めたのが「決済計算書代金収替規定」であった。また、「北朝鮮人民委員会契約仲裁院規定」は、契約に関する紛争の解決手続きを定めていた。

この一九四八年の契約および決済制度に関する法令は、「国家経済機関、国営企業所および共利団体相互間の契約制度と決済制度確立に関する決定書」の前文によれば、人民経済計画により各経済機関、企業所等に課された計画課業を的確に具体化し、計画課業の遂行に際しての「相互連関的統制」を可能たらしめ、この「相互連関的統制」を通じて、「人民経済計画の均衡的遂行を一層成果的に保障」することおよび「独立採算制を確立」することにより、もって「人民経済の蓄積を計画的に強化、確保する」ことを目的としていた。したがって、この法令の対象となったのは、経済計画に編入された国家経済機関、国営企業所および共利団体が相互間またはそれらと民間企業所もしくは個人との間で結ぶ契約であり、純然たる民間取引きには適用されなかった。とくに、契約に関する紛争の解決のために設立された契約仲裁院は、この決定書に基づいて締結された契約のみを対象とし、いずれかの当事者が「個人または個人企業体である場合」には、当該契約に関する紛争は管轄しないこととされていた(「北朝鮮人民委員会契約仲裁院規定」第五条後段)。

一九四八年の契約および決済制度に関する法令は、通常民法で定められる契約法とは性格を異にし、経済計画の実施のための商品の売買、作業給付等を契約によらしめ(「国家経済機関、国営企業所および共利団体相互間の契約制度と決済制度確立に関する決定書」第一)、その契約を監督、統制することにより、経済計画の実施を確保するためのものであった。ソヴィエト法においては、このような契約を「計画契約(плановые договоры)」と呼び、「いわば社会的所有諸関係の運動の商品的媒介形態と計画的組織化形態との結合を表現する契約的モメントと計画化モメントの結合」であると説明されている。[3]

なお、決済手段に関しては、①「計算書引受けによる決済方式」、②「信用状発行による決済方式」および③「相互計算書による決済方式」の三種類に限定されており(「北朝鮮契約制度細則」第一一条)、いずれも取引銀行を通じたいわゆる無現金決済の方式をとることとされていた。この無現金決済の原則は、前述した「物品取引および現金節用に関する決定書」においてすでに、「行政機関、国営企業所および共利団体は、相互間の取引きに関する決済を現金で行ってはならず、必ず銀行を通じて相互間の振替により決済しなければならない」と規定されていた(同決定書四)。

注

1　一九四八年二月二九日付け人民委員会決定第一二〇号「国家経済機関、国営企業所および共利団体相互間の契約制度および決済制度確立に関する決定書」(『法令公報』第四七号、一九四八年三月一五日、一～八頁)。

2　これら法令の詳細については、拙論「一九四八年の北朝鮮契約法」(『外交時報』No.一二五九、一九八九年六月号、東京、

外交時報社〔本書第4章に収録〕、二六～三九頁）参照。

3　藤田勇『概説ソビエト』（東京、東京大学出版会、一九八六年三月）一四八～五〇頁参照。

おわりに

　これまで見てきたとおり、一九四五年の解放以後一九四八年の朝鮮民主主義人民共和国の樹立までの間に、北朝鮮では、後の計画経済体制の基礎が着々と準備されてきた。その中でもとくに重要な意義を有するのは、計画経済の心臓部とも言える経済計画、すなわち一九四七年の予定数字の採択であった。この予定数字を採択した道、市、郡人民委員会大会は、同時に、北朝鮮の統治機構の原型の完成を意味する人民会議を創設した大会でもあった[1]。人民委員会大会は、統治機構と経済体制の両面において、北朝鮮の建国史の画期を成すものであった。

　もっとも、この人民委員会大会により、突然、何らの前触れもなく、一九四七年の予定数字が採択されたわけではない。一九四七年の予定数字の採択は、臨時人民委員会により、準備されてきたものであった。予定数字採択の準備の開始時期は、少なくとも、一九四六年一二月二三日に臨時人民委員会が企画局を設置した時に遡ることができることは、六で見てきたとおりである。そして、何よりも忘れてはならないのは、経済計画たる予定数字の策定を可能にしたと言われる国有化法令が臨時人民委員会により一九四六年八月に制定されたことである。その他、臨時人民委員会の時代には、国営百貨店、消費組合等の公営商業の創設、民営商業に対する種々の規制等商業の国家による統制にも着手された。

　しかしながら、臨時人民委員会がとった措置は、すべてが計画経済の基礎作りに資するものであったわけではない。三で述べたとおり、臨時人民委員会は、経済計画の策定を可能たらしめたと言われる国有化法令の制定とともに、個人所有の保護といった措置をとった。そもそも、国有化法令自体、理念的には、生産手段の所有形態として、個人所有を前提としたものであったと言うこともできる。国有化法令が没収および国有化の対象としたのは、日本人等または「朝鮮人民の反逆者」といった新たな国造りと相容れない者、あるいは北朝鮮において敵と思われていた者が所有していた財産だけである。それ以外の者が所持していた物については、むしろ「個人所有権を保護し、産業および商業活動における個人の創発性を発揮させるための対策に関する決定書」および「北朝鮮産業および商業発展に関する法令」により所有権を保護する措置がとられた。財産を全産業の九〇％が国有化されたのは、日本人等および「朝鮮人民の反逆者」がそれだけ多くの生産手段を所有していたからに過ぎない。事実、商業の分野においては、民営のものが中心を成していたことは、四で見てきたとおりである。

さらに、最も大きな問題を孕んでいたのは、土地改革であった。二で述べたとおり、土地改革の基本は、土地を実際に耕作する農民個人の所有に帰せしめることであった。その結果、農業分野においては、実際上かなりの部分を国有化し得た工業等の分野と比べて、国家の統制はより間接的にならざるを得ず、とくに、労働者、事務員等に配給する食糧を調達することに当時の北朝鮮の偽政者たちは、頭を悩ますことになった。これが五で述べた「糧政」の問題である。「糧政」の問題の背景としては、さらに、「都市の工業生産品と農村の農産物を円滑に交易」させることが役割として期待されていた商業が民営中心であったことも挙げることができる。一九四七年の予定数字は、このような状況の中で採択され、実施されたものであった。

人民委員会大会の後、人民会議とその下で創設された人民委員会は、早速、予定数字の実施を推進するための財政改革に取りかかった。予定数字の実施のためには、確固とした財政基盤が必要であったためである。その後、人民会議および人民委員会の下、経済計画は、一九四七年に引き続き一九四八年にも採択、実施され、さらに、一九四八年七月には、「二ヵ年計画作成委員会の組織に関する決定書」[2]が人民委員会により公布され、単年度ではなく、二年度とはいえ多年度の経済計画策定の準備が開始された。その結果、朝鮮民主主義人民共和国の下、一九四九年一月の最高人民会議第二次会議で「一九四九年～一九五〇年人民経済復興および発展の二ヵ年計画」が採択された。[3] これにより、後の経済計画の原型がほぼ完成した。

人民会議および人民委員会は、また、経済計画の実施とともに、経済に対する国家の統制を強めていくための努力も行った。とくに、一九四七年末に行われた貨幣改革は、人民委員会が貨幣流通量の調節を通じて物価水準を調整し得る途を開くものであった。さらに、一九四七年から四八年にかけては、公定価格の制定およびその引き下げを行い、公的部門の価格を統制するようになった。加えて、人民委員会は、一九四八年二月に、計画契約に関する法令を制定し、国家経済機関、国営企業および共利団体相互間の取引を経済計画の実施を担保するための特殊な契約形態である計画契約に服せしめるようにし、その決裁の方式も銀行を通じた無現金決裁によることとすることにより、公的部門における契約を統制した。

しかしながら、人民会議および人民委員会のこうした努力も、経済計画の下で経済全体を統制できる体制を構築するものではなかった。農業部門では、農民個人個人の生産活動が中心であり、商業においても民営が大きな比重を占めていた。人民会議および人民委員会の下で行われた物価の統制も、しょせんは公的部門の価格を引き下げるか貨幣流通量を調整するかによるものであり、その手法、市場経済的であった。ほとんどが国有化されたと言われる工業等の分野においてさえも個人の所有および活動が依然として存在していた。

一九四五年の解放後、四八年の朝鮮民主主義人民共和国の樹立までの間に、北朝鮮では、国有化法令がもたらしたほとんどの工業等の国有化を元手として、商業における公的部門の拡大および民営商業への統制の強化を図りつつ、計画経済の重要な要素たる経済計画が策定、実施された。これがこの時期に北朝鮮で達成されたことである。しかしながら、繰り返しにはなるが、農業分野において個人による所有および経済活動が基本であったことをはじめとして、商業分野、工業分野等においても、程度の差はあるも、個人による所有および経済活動が相当程度存在したままであった。そのため、当時の北朝鮮では、食料の調達に多大な困難があった。又、物価の高騰にも悩まされ、ある程度効果的な措置がとられたのは、ようやく一九四七年末から一九四八年にかけてのことであった。これがこの時期の北朝鮮においてなし得なかったことである。そして、一九六一年九月に開かれた労働党第四次大会で行った金日成報告[4]によれば、「農業、手工業および資本主義的商工業の社会主義的改造作業」が「全面的に展開され、「同時に終わった」のは、五八年になってのことであった。[5]

注

1 人民会議以前の臨時人民委員会は、立法権と政権の両者を行使するいわば立法—行政未分化の組織であった。これに対して、人民会議は、「北朝鮮人民政権の最高機関」として立法権を行使し、同会議の下で創設された人民委員会が「北朝鮮人民政権の最高行政機関」として行政権を行使した。ここに、後の一九四八年憲法の下での最高人民会議—内閣と同様の統治機構が完成した。

2 一九四八年七月二六日付け人民委員会決定第一六四号「二ヵ年計画作成委員会の組織および事業に関する決定書」。ただし、同決定書の原文は、入手されておらず、その存在は、前掲「北朝鮮人民会議重要日誌」一四三頁によった。

3 朝鮮民主主義人民共和国最高人民会議常任委員会『最高人民会議第二次会議会議録』（平壌、一九四九年四月一日）三三一～六三頁。なお、この二ヵ年計画は、採択後法令にする旨の提案がなされ、同提案の可決を経て法令起草委員会が選出され、第二次最高人民会議の最終日に法令として可決された。

4 金日成「朝鮮労働党第四次大会で行った中央委員会事業総化報告」（『金日成著作集』第一五巻、平壌、一九八一年一〇月、一五七～三一六頁）。

5 同上、一六一頁。

＊本論は、筆者［藤井］が純然たる個人の立場で一般に閲覧可能な資料のみを利用して作成したものである。したがって、本論に書かれている見解は、筆者が勤務する外務省の見解とは何らの関係もない。

〔初出〕

計画経済の基礎——初期北朝鮮における経済に関する法の制定過程（「東京大学東洋文化研究所紀要」第一三〇冊、一九九六年三月）

あとがき——著者に代わって

藤井新の研究上の特徴

本書は、日本外務省北東アジア課長として二〇〇三年八月に開催された第一回六者会合を担当し、その後病に倒れ他界してしまった藤井新が、研究者として残したいくつかの業績を、彼の研究仲間であった鐸木昌之、坂井隆、平岩俊司の三名に、礒﨑敦仁が協力してまとめたものである。

そもそも本書を出版する計画は、二〇〇四年一月二七日に藤井が鬼籍に入ってしまったときに遡る。後に詳述するように、藤井は国連代表部で勤務する傍ら一つの論文を執筆した。「北朝鮮と国際法」がそれだ。もともと他の専門家とともに論文集を出版する予定であったが、その論文集の企画自体が流れてしまったため「北朝鮮と国際法」は未発表のままになっていた。原稿を受け取っていた平岩には、それを発表して世に残したい、との思いがあった。すぐには実現できなかったが、藤井が他界してから一〇年を一つの契機として、平岩が鐸木、坂井に相談し、さらには礒﨑に協力を依頼して世に問うことになったのである。

掲載した論文に、鐸木、坂井、礒﨑、平岩が解題を付した。各論文が発表されてからすでに多くの時間が流れ、それぞれの論文が扱う研究対象をとりまく実際の政治状況も大きく変化していた。また、史資料の発掘、研究動向などの研究環境も大きく変わっていたため、藤井論文の位置づけについて説明する必要があると考えたからである。各解題を読んでいただければわかるとおり、本書に収録された論文には、現在でも十分に議論の対象としなければならないいくつもの重要な指摘、視角が含まれているし、そうした研究上の意義は今後も変わらないだろう。それぞれの論文は、今後これらの分野についての研究を志す者が必ず一度は通らなければならない重要な研究業績なのである。

藤井の業績は、大きく分けて三つに分類される。国際法、国連に関する領域、法秩序に関する領域、そして解放直後の国家建設とそれにともなう法整備に関する領域である。本書の第Ⅰ部、第Ⅱ部、第Ⅲ部はそうした観点から整理したものである。本書に収録した論文の初出は以下の通りである。

第Ⅰ部

第1章「北朝鮮の国際法」未発表

第2章「朝鮮半島と国際連合――南北朝鮮の国連加盟問題」日本国際政治学会編『国際政治』第九二号「朝鮮半島の国際政治」(一九八九年一〇月、有斐閣)

第Ⅱ部

第3章「北朝鮮における『遵法』の問題――『社会主義法務生活』を中心に」『東亜』第二七二号(一九九〇年二月、霞山会)

第4章「一九四八年の北朝鮮契約法」『外交時報』第一二五九号(一九八九年六月、外交時報社)

第Ⅲ部

第5章「北朝鮮における法制度及び統治機構の形成」桜井浩編『解放と革命――朝鮮民主主義人民共和国の成立過程』(一九九〇年四月、アジア経済研究所)

第6章「計画経済の基礎――初期北朝鮮における経済に関する法の制定過程」『東洋文化研究所紀要』第

一三〇冊（一九九六年三月、東京大学東洋文化研究所）

以上が藤井氏の主な研究業績だが、これ以外にも、たとえば外務省の研修生としてハーバード大学ロースクールに在籍した際に修士（L.L.M）論文として執筆した“Koreans in Japan”（未発表）、「日朝関係正常化交渉の経過と展望（講演録）」『東亜』三三四号（一九九五年四月号）などがある。学術書とするという編集方針から講演録は割愛し、また基本的に藤井が公刊を前提として執筆したわけではないものについては割愛した。さらに、小此木政夫編著『北朝鮮ハンドブック』（講談社、一九九七年）にも法律関連の解説を書いているが、それは別途ご参照いただければと思う。

現実政治とアカデミズムの接点

先に指摘したとおり、藤井は大きく分けて三つの領域に関心を持っていたと言ってよいが、北朝鮮という共通項はあるものの、その関心対象はきわめて多岐にわたり広範囲に及ぶ。さまざまな分野で研究の可能性を探ったのは、彼が非常に幅広い関心を持っていたことの証左ではあるし、地域研究が対象地域の森羅万象を研究対象とする総合的、学際的学問分野であることを前提とすれば、藤井の関心の持ち方はまさに地域研究者の鏡と言ってよいだろう。しかし、藤井の場合は少々事情が違うように思われる。実は、藤井は、その時々の彼の仕事との関連から興味を持った分野について掘り下げていたようなのだ。

そもそも藤井の外交官のキャリアは経済局に配属されたところから始まる。その後、アジア局北東アジア課に配属されることになるのだが、それまで朝鮮半島との関係は全く無かっただろう。続いて、韓国語習得のため、まず韓国延世大学に留学する。持ち前の好奇心と集中力で韓国語をマスターし、次いでソウル大学大学院法学研究科に籍を置く。日々の生活の中から韓国社会に対する関心を強めていった。

この時期の藤井の関心は、朝鮮半島の分断状況、日本と韓国の関係など幅広いものだった。とりわけ在日韓国朝鮮人の法的地位の問題に関心を持っていた。人権そのものに関心があったのも確かだろうが、それ以上に日韓関係に関心があったといってよい。あらためて指摘するまでもなく、同問題は日韓国交正常化に際しての交渉議題の一つであった。そしてかりに北朝鮮と国交正常化する場合、議題となることは間違いなかった。ソウル研修時代からそうした日朝関係を睨んだ関心を持っていたかどうかはわからないが、この関心は続く米国ハーバード大学での研修時代の"Koreans in Japan"として結実する。外交官という立場から冷徹な国際政治の枠の中で朝鮮半島を見ようとしただけでなく、国際人権法による在日韓国朝鮮人の法的地位について研究することで、まさに「ヒト」に目を向けたい、ハーバード大学に提出した修士論文にはそうした思いが込められているのかも知れない。

このように、米国留学まで藤井は朝鮮半島にかかわることについて幅広く関心を持ち、分析も深めていたが、とくに北朝鮮を研究対象の中心にしたわけではなかった。北朝鮮研究をスタートするのは、韓国、米国での研修を終えて帰国し、経済協力局に配属された後のことである。この時期、藤井は鐸木が主宰する勉強会に参加する。当時の日本における北朝鮮研究は、まだ史資料も十分整理されていなかった状態だった。鐸木は、まずは資料整理と事実の整理から始めようという思いから有志を集めて北朝鮮研究会をスタートさせた。ソウル・オリンピック直前の時期で、世界中が韓国の政治変動、民主化に注目し、北朝鮮に対する関心は決して高くはなかった。とりわけ法律分野についての研究は、日本のみならず韓国を含めても世界的に見て非常に少なかった。鐸木は自らが収集した北朝鮮の法律に関する資料を藤井に渡して分析するよう促す。こうして藤井の北朝鮮研究がスタートするのである。このときの成果が第Ⅱ部第4章の「一九四八年の契約法」であり、第Ⅲ部の膨大な研究につながっていくのである。

はじめて北朝鮮研究をスタートするにあたって藤井が関心を持ったのは、北朝鮮という国家がどのように出来たのか、とりわけ法整備、経済計画の二つの側面から、日本の植民地統治の影響はどのような形で残ったのか、といった関心だったと思う。それは彼の考える北朝鮮研究の基礎であると同時に、経済協力局有償資金協力課に配属され、職務の中で意識していた関心、すなわち国家建設、国家発展について法整備と経済計画がいかに重要かという問題意識が隠されているように思われる。第Ⅲ部の膨大な研究は、そうした関心事を北朝鮮に照射して丹念に事実を発掘、整理し意義づけたものといってよいだろう。藤井の中では単に北朝鮮研究で自己完結するテーマではなかったように思われる。

藤井は次に条約局国際協定課に配属される。もとより、大学時代に国際法を専門とし、国際法こそを自らのよりどころとしていた藤井にとって条約局配属はきわめて喜ばしいことであったに違いない。第Ⅰ部第2章の「朝鮮半島と国際連合——南北朝鮮の国連加盟問題」はこの時期の業績だ。そもそもこの問題はソウル大学時代からの研究テーマで、それをまとめて日本国際政治学会の学会誌に発表したものである。職務と研究テーマの関連についてはあらためて説明するまでもないだろう。また、第Ⅱ部第3章の「北朝鮮における『遵法』の問題」は、まさに条約局時代の業績である。必ずしも北朝鮮との条約締結を念頭に置いた問題関心ではなかっただろうし、北朝鮮社会において法がどのように機能しているのかという関心は単に北朝鮮を理解するための研究を超えたところに本当の関心があったように思われる。

日朝国交正常化交渉を担当

その後、藤井はアジア局北東アジア課に配属される。いよいよ彼にとっての学問が現実政治と接点を持ったのである。時はまさに冷戦が終焉へと向かい、朝鮮半島でも冷戦構造の解体過程が始まっていた。韓国がソ連、中国との関係を模索し、一方の北朝鮮が米国および日本との関係を模索するプロセスが始まり、藤井は若い担当官としてそのプロセスに関わったのである。一九九〇年に金丸元自民党副総裁を代表とする訪朝団が北朝鮮を訪問し、九一年から日朝国交正常化交渉が開始される。第四回交渉から、第八回交渉で北朝鮮側が一方的に交渉の打ち切りを宣言するまで、藤井は日朝国交正常化交渉を担当したのだ。

この時期、藤井の関心は当然日本外交に焦点が移っていく。北朝鮮という独特の価値観と特異な行動パターンを見せる相手といかに交渉するかが彼の関心の中心であった。

後に藤井は、講演で日朝国交正常化について語っている。少し長くなるが引用してみよう。

「日朝国交正常化交渉には、私自身も五回ほど出席させていただきました。なかなか総合的で大変な交渉です。さて、この交渉を一体どのような側面でとらえればいいか。われわれは、二つの側面があるという説明をしています。一つは、日朝間の戦後の不正常な関係をただすという、二国間の側面です。戦後処理というのはいろんな使われ方をしますが、ちゃんとしないといけないのは当然です。

しかし問題はもう一つの側面、つまり国際的側面であります。日朝関係は北東アジア、ひいては国際社会の平和と安定に資する形で行うべきであるということです。逆にいえば、私たちが日朝を結び付けることで、北東アジア、ひいては国際社会の状況を流動化させては元も子もないということです。

私たちは、日朝交渉を常にこの二つの側面を頭においてやらなければならないと考えています。もっとも、核問題が全面的に出てきたので、国際的側面ばかりが強調されますが、同時に私たちは、核問題が解決しなくても、正常化は無理かもしれないが交渉は続けていきましょうと申し上げています。やはり、二国間の側面がないとこのようなことは申せませんし、ことはそう単純ではないということも、ご理解いただけると思います。

では、交渉の現状はどうかというと、九一年に開始して以来、都合八回やりました。最後は九二年の一一月です。一回の交渉は三日間くらい、ほとんど休みなしで行います。かなりきついものです。議題は四つありまして、最初が日朝の基本問題、法律的な管轄権などを話し合います。二つ目が経済的諸問題、われわれがいう財産請求権の問題です。三つめが国際問題、核問題や南北対話の問題です。四つめがその他——そこでは在日朝鮮人の法律的地位、われわれからすれば日本人配偶者の問題、北へ行かれた方の安否調査、里帰りの問題などが話し合われます。

正直いいまして、中身で折り合いはついておりません。交渉相手としては初めてなものですから、主張が一度ではよくわからないのです。いつも交渉しているヨーロッパの国々やアメリカ、韓国といった相手だと、そのあたりはよくわかります。しかし、相手が北朝鮮の場合、そこがなかなかわからない。もちろん、何回も同じ論点を相手に説得しようとしてお互いにやり合っていると、あ、ここが違うのか、ということがわかってきます。この段階にたどり着くまでにかなり時間がかかりました。『八回もやって何も進展がないじゃないか』という声もあるかも知れませんが、それは違います。日本と北朝鮮の何が違うのかということが、一〇〇パーセントとまではいかないにせよ、かなり見えてきた。まずそれが見えてこないと、北朝鮮とどうやって取り引きするかという、先が見えてこないのです。その作業が進んだということは申し上げることができます。

ただし、そうはいっても、取引つまり交渉自体が進んだかといえば、これは残念ながら進んでいない。何せ日朝お互いの立場が違いますので、私たちは交渉はまだまだ時間がかかると思います。ただ『核問題は是非とも解決してほしい』というのは、第一回の時から申し上げております。残念ながら九二年一一月に交渉がいったん中断された後、再開のめどはたっておりません。いろんな動きが新聞等で報道されていますが、これで再開というところにはまだ至っていない。

もう一度日本政府の立場を申し上げれば、われわれは交渉自体の再開には条件を付けておりません。核兵器開発の問題は解決してほしいのですが、交渉自体はこれとは無関係です。ただし、国交正常化そのものに関しては、核問題はぜひ解決していただきたいと申しています。

もう一つ、われわれが見ているのは、相手方の本当の意味での『やる気』です。つまり日朝国交正常化に対する相手の意欲です。よくどちらが呼びかけるのですか、などということを聞かれるのですが、これは表面的な部分はメンツの話でして、実は日本はあまりこだわらない。相手のある話ですから、相手にやる気がなければなかなか再開はできないということなのであります」（「日朝関係正常化交渉の経過と展望（講演録）」『東亜』三三四号、一九九五年四月、一九～二一ページ）

当時の外務省が日朝国交正常化交渉にどのような姿勢で臨んでいたかがよくわかるし、日朝国交正常化の問題点と課題が見事に整理されている。日朝関係は九二年の交渉以降、紆余曲折を経て二〇〇二年の小泉総理訪朝と日朝平壌宣言につながるが、藤井が講演で指摘した視点は現在でも十分説得力がある。

一九九二年一一月に日朝交渉が決裂した翌九三年三月一二日、北朝鮮はNPT（核拡散防止条約）から脱退する。韓国がソ連、中国と関係正常化を果たしたにもかかわらず北朝鮮と米国、日本との関係は一向に進展しない。そうした状況を突破すべく北朝鮮がとった行動はきわめて乱暴なものであった。それまでの日本、韓国との交渉を徐々に断ち切って米国との交渉一本に絞り、しかもNPT脱退によって一気に朝鮮半島情勢を緊張させて米国を交渉テーブルに着けようとしたのだ。いわゆる瀬戸際政策の開始である。

二〇〇四年二月二日の『産経新聞』に、佐々木類記者による「『朝鮮半島問題エース』復帰かなわず」との記事が掲載された。藤井が他界したことを惜しむ記事だが、その中で、藤井が一九九二年秋に北朝鮮のNPT脱退を的中させたとし、本人が「公になっている情報を分析しただけだよ」と、はにかみながら語ったエピソードを紹介している。研究者としては真骨頂だが、担当官としては自らの分析の正しさを素直に喜べなかったのだろう。この時期、研究業績はなかったが、藤井にとって職務と研究が一体化していたといってよく、論文という形で自らの知的好奇心の発露とする必要はなかったのかもしれない。

この後、藤井は北米第一課首席事務官として日米関係をはじめ日本外交の重要案件を担当することとなる。朝鮮半島関連では一九九四年一一月の米朝合意枠組み以降の米朝交渉への対応に忙しかったに違いない。日本の立場、国益を米朝交渉に組み込むため、どのように米国側に働きかけていくかがこの時期の課題だっただろう。きわめて多忙であったこの時期に、藤井は第Ⅲ部第6章の膨大な論文をまとめる。北東アジア課から離れ、朝鮮半島との適度な距離感と、一方で北朝鮮問題への継続的な関わりを維持したい、との思いが執筆意欲を駆り立てたのかも知れない。

この後、フィリピン勤務を経てニューヨークの国連代表部への配属となる。既述のとおり第Ⅰ部の第2章「朝鮮半島と国際連合——南北朝鮮の国連加盟問題」は、条約局時代の論考で、藤井が国連代表部に配属された時には、韓国と北朝鮮がすでに同時加盟を果たした後ではあった。しかし、条約局時代の論考執筆によって、おそらく国連における朝鮮半島問題、南北関係などに対処する勘を養っていたことだろう。さらに冒頭に紹介した「北朝鮮と国際法」はまさにこの時期執筆されたものである。

このように彼の関心は一見職務とは関係ないもののようでも、彼自身にとっては明確に関連があり、彼自身の職務と密接に繋がっているものであった。それぞれの論文の発表時期と配属時期はすべて一致しているわけではなく、時期的なズレがある場合があることも事実だが、藤井の研究関心がその時々の担当と少なからず関連していることは彼からもよく聞かされた。

藤井はいつも政治と法の関係について熱く論じていた。大学では国際法を学び、外務省に入省した彼は、国際法について「人間が長い経験の結果、ほんとうに細い糸ではあるが自分自身を縛ろうとした智恵なんだ」と繰り返していた。外交官として国際法の重要性を強調しつつも、そこには自ずと限界があり、政治の余地が生まれる、しかし、だからといって政治が何をやってもいいというわけではなく、そこに政治と法の緊張関係が生まれる。おそらく、そうしたイメージを北朝鮮研究にもあてはめていたのだろう。

このように藤井の残した論考は、いわゆる純粋な学術的な関心であるよりも外交官としての職業的関心を深化させたもの、というべきかも知れない。藤井は徹頭徹尾、外交官だった。外交官という職業に誇りを持ち、その誇りに恥じない裏付けが欲しい、彼自身の中にある外交官のイメージとはそういうものだったのではないだろうか。それゆえ、他の研究者と一線を画すのである。地域研究の一つの特徴が、政策科学と密接に関係していることにあるとすれば、藤井は外交官というアカデミズムとは別の立場からアカデミズムに接近しようとしていた、と言えるかも知れない。

北朝鮮研究会の成果

すでに述べたとおり藤井が北朝鮮研究を開始するきっかけとなった北朝鮮研究会は一九八六年から九三年までの約七年間続けられた。鐸木が主宰するこの勉強会は、よほどのことがない限り毎週土曜日に開催された。基本メンバーは鐸木、坂井、平岩に藤井を加えた四名で、当初は北朝鮮における党、政府、軍の構造とそれぞれの主要幹部の経歴を整理する人事分析からあらためて北朝鮮を分析しよう、という共同作業を基本としながら、メンバーのその時々の自分の関心を研究発表という形で行った。研究会それ自体は午後二時から始まり五時まで続き、その後場所を居酒屋に移して九時まで、さらに店を変えて終電直前で散会という会だった。居酒屋、二次会の店は基本的に同じで、時間も同じだった。それゆえ、途中参加するメンバーはこの時間ならあの店だな、といった具合で参加が可能となる。まだ土曜日午前中の勤務が当たり前だった時代で、藤井は午前中からの外務省勤務を終えてからの参加となった。超多忙を極めた彼が研究会の最初から参加できたことは稀だったが、それでも自分の仕事が終わる時間と研究会のスケジュールを睨みながら、研究会に遅れて参加したり、直接居酒屋に顔を出したり、二次会の会場に現れたりといった形で、出張でもない限り必ず顔を出した。研究会と言うよりもサロンだったのかも知れない。とにかく会うことそのものが重要で、誰かが問題提起として位置づけられる報告を行い、それを題材として、最後までとにかく話をする。それも毎週のように顔を合わせる。その後何名かのメンバーが加わり、他方それぞれの職務のために必ずしも毎回参加できない者が出てくるなど、研究会は趣きを異にしていくが、藤井は可能な限り参加した。北朝鮮研究会は藤井にとって意味のあるものだったろうし、楽しみでもあっただろう。

あるとき鐸木の発案で、金正日《キムジョンイル》の「主体《チュチェ》思想について」を読み直してみよう、ということになり藤井が担当となった。依然としてイデオロギーが社会主義陣営で意味を持ち、イデオロギー解釈権を持つことが権力を持つことと同義であった頃、金正日が北朝鮮におけるイデオロギー解釈権を獲得した証左とも言えるこの論文を検討した彼は、金正日論文の構造を「曼荼羅《まんだら》」と表現して詳細に、そして緻密に報告をした。おそらく「主体思想について」の内容それ自体については強い拒否感を示しつつも、その構成、構造になんらかの整合性、世界観があることを感じ取ったのだろう。主体思想には北朝鮮なりの論理があり、そこに整合性があることについて藤井は大いに興味を持ったに違いない。北朝鮮の主張を彼らの立場に立って読み解き、北朝鮮の思考をとりあえず理解しようとする姿勢は北朝鮮研究会で培《つちか》ったものと言ってよい。

北朝鮮研究会は鐸木が北京の日本大使館に専門調査員として赴任したことを持って終了する。そして藤井も北米一課、在フィリピン日本大使館、ニューヨークの国連代表部で勤務しながら、北朝鮮研究会で得たもの、感じ取ったものを熟成させ、まとめたいとの思いがあっただろうが、より責任ある立場に立てば立つほど、そうした時間を確保するのが難しかったようだ。いずれ時間ができたときに研究としてまとめたいと思っていたことだろう。そのほんの一部が冒頭に紹介した「北朝鮮と国際法」だ。

二〇〇一年九月一一日、アメリカで同時多発テロが発生し、ハイジャックされた旅客機がワールドトレードセンタービルに衝突し、ビルが崩落したとき、藤井は現地で今まで覚えたことのない恐怖を感じたという。「自分も怖い、あたりまえだ、こんな状況で怖くない方がおかしい。でも自分たちは外交官なのだから現地にいる日本人のために頑張らなければならないのだ」と若手の同僚たちを叱咤激励したという。彼の人となりをあらわすこのエピソードは別の外務省の方から聞かされたが、そうした劇的な経験をした後、今度は中東一課に配属される。同時多発テロに続き、アメリカを軸とする有志連合によるアフガニスタン攻撃がおこなわれた後だった。藤井はその後、イラク戦争開戦までの中東政策を担当する。

藤井にとってはイスラム世界の出来事は北朝鮮とは別の意味で理解の難しい対象だったに違いないが、この時期、日本と北朝鮮の関係に大きな変化が起きていた。二〇〇二年九月一七日、小泉総理が北朝鮮を訪問するのである。その直後、北朝鮮は第二次核危機に突入する。総理大臣の初の訪問それ自体を担当することはなかったが、その後、北東アジア課の課長となった藤井は、第二次核危機を収束すべく模索された六者会合を担当し、二〇〇三年八月に北京で開催された第一回六者会合に参加する。かつてニューヨークに赴任する際、藤井は「国連でマルチ（多国間）の練習をしてくるよ」と言っていたが、国連代表部での経験は六者会合に臨むに当たって大きな意味があっただろう。第一回六者会合では中国がプレゼンスを示し、国際社会は核問題の進展について期待しながらも多くの課題が残され、北朝鮮の核問題の解決が決して容易なことではないとの印象を残した。日本としてはこの六者会合で積極的な役割を果たしつつ、一方で拉致問題をはじめとする日朝の間にある問題の解決を目指す、という基本方針ができたのである。藤井新の外交官のキャリアはここで終わる。

本書は研究者藤井新の著書であるが、本人であればいろいろと修正を加えたいところもあっただろう。文体、論理展開など修正したかったかもしれない。しかし、本人がすでに鬼籍に入ってしまった今、それはかなわない。われわれとしてできることは、彼が書いたものをそのまままとめて残し、彼の業績の意義を問うことなのだ。

北朝鮮研究会のメンバーは本当に藤井が好きだった。気取らない彼は誰からも愛された。研究会では本当に多くのことを真剣に議論し、本当に多くのどうでもいいことを話して愉快に過ごし、お互い度が過ぎるほど冗談を言い合い、腹の底から涙を流しながら笑った。本書をまとめるために北朝鮮研究会のメンバーが集まると当時のことが昨日のことのように思い出される。

私自身は、一研究者として、もし藤井が生きて現役で活躍していたとしても日本と朝鮮半島の関係が大きく変わったとは思わない。ただ、彼ならどう考えただろうか、ということは常に考えるし、かなうものであれば聞いてみたい。本書に掲載された数々の論考のなかにそのヒントがあるのかも知れない。

本書は本来もっと早く世に問わなければならなかったが、ひとえに平岩の怠惰によりここまで出版が遅れてしまった。しかし、幸いにも編集を担当してくださった赤羽高樹氏の「この機会に出版しなければ」との絶妙の後押しで一〇年目の区切りで世に問うことができた。赤羽氏に、記して感謝の意を表したい。また世織書房・伊藤晶宣社長にもご支援いただいた。

最後に藤井に成り代わり、本書を母・藤井紀子さんと妹・森田紫乃さんに捧げたい。藤井であれば間違いなく自分の最大の理解者であり、最も大事に思っていた二人に本書を捧げたであろう。

編者を代表して　平岩俊司

藤井新　略年譜

昭和三四（一九五九）年　二月一六日　愛知県に生まれる
昭和五二（一九七七）年　三月　愛知県立岡崎高等学校卒業
昭和五七（一九八二）年　三月　東京大学法学部卒業
　四月　外務省入省
　八月　経済局
昭和五八（一九八三）年　一月　アジア局北東アジア課
　六月　在大韓民国日本国大使館外交官補
　七月　韓国・延世大学語学留学（〜翌年六月）
昭和五九（一九八四）年　七月　韓国・ソウル大学法科大学院留学（〜翌年六月）
昭和六〇（一九八五）年　六月　在アメリカ合衆国日本国大使館外交官補
　七月　ハーバード大学ロースクール留学（〜翌年、修士号（LLM）取得）
昭和六一（一九八六）年　六月　経済協力局有償資金協力課
昭和六三（一九八八）年　八月　条約局国際協定課
平成元（一九八九）年　七月　同　課長補佐
　八月　アジア局北東アジア課課長補佐
平成三（一九九一）年　八月〜　日朝国交正常化交渉に参加（第四〜八回）
平成四（一九九二）年　三月　同　首席事務官
平成六（一九九四）年　一一月　北米局北米第一課首席事務官
平成九（一九九七）年　二月　在フィリピン日本国大使館一等書記官
平成一一（一九九九）年　一月　同　参事官
平成一二（二〇〇〇）年　一月　国際連合日本政府代表部参事官
　九月　米国同時多発テロ事件（九・一一）にニューヨークで対応
平成一四（二〇〇二）年　四月　中東アフリカ局中東第一課長
平成一五（二〇〇三）年　三月〜　イラク戦争に対応
　七月　アジア大洋州局北東アジア課長
　八月〜　六者会合に参加
　一二月　大臣官房
平成一六（二〇〇四）年　一月二七日　逝去（享年四四歳）

【著者プロフィール】

藤井新（ふじい・あらた）1959年、愛知県に生まれる。東京大学法学部卒業後、外務省入省。経済局、アジア局に勤務後、韓国留学（延世大学韓国語学堂・ソウル大学法科大学院）。次いでハーバード大学ロースクールに留学し修士号（L.L.M）取得。経済協力局を経て条約局国際協定課課長補佐。その後、アジア局北東アジア課課長補佐、同首席事務官として日朝国交正常化交渉に参加（第４～８回）。北米局北米一課首席事務官、在フィリピン大使館一等書記官、同参事官、国連代表部参事官、中東アフリカ局中東一課長を歴任。アジア大洋州局北東アジア課長として六者会合に参加。2004年、大臣官房在籍中に逝去（享年44歳）。本書収録の論文のほか、修士論文"Koreans in Japan"、講演録「日朝国交正常化交渉の経過と展望」などが遺された。

【編者プロフィール】

平岩俊司（ひらいわ・しゅんじ）1960年生まれ。関西学院大学国際学部教授。東京外国語大学朝鮮語学科卒業、慶應義塾大学大学院法学研究科博士課程単位取得退学、韓国・延世大学大学院留学。松阪大学助教授、在中国日本大使館専門調査員、静岡県立大学教授などを歴任。著書に『北朝鮮——変貌を続ける独裁国家』（中公新書）、『朝鮮民主主義人民共和国と中華人民共和国』（世織書房）など。

鐸木昌之（すずき・まさゆき）1951年生まれ。尚美学園大学総合政策学部教授。慶應義塾大学政治学科卒業、同大学院法学研究科博士課程単位取得退学、韓国・延世大学大学院留学。在中国日本大使館専門調査員、聖学院大学助教授などを歴任。著書に『北朝鮮　首領制の形成と変容—金日成、金正日から金正恩へ』（明石書店）、共編著書に『朝鮮半島と国際政治』（慶應義塾大学出版会）など。

坂井隆（さかい・たかし）1951年生まれ。北朝鮮事情研究者。東洋大学法学部卒業、韓国・延世大学韓国語学堂留学。公安調査庁で国際調査企画官、公安調査管理官、調査第二部長などを歴任。共編著書に『資料　北朝鮮研究　Ｉ政治・思想』（慶應義塾大学出版会）など。

礒﨑敦仁（いそざき・あつひと）1975年生まれ。慶應義塾大学法学部専任講師。慶應義塾大学商学部中退、同大学院法学研究科博士課程単位取得退学、韓国・ソウル大学大学院留学。在中国日本大使館専門調査員、外務省専門分析員などを歴任。共編著書に『北朝鮮と人間の安全保障』（慶應義塾大学出版会）など。

ゆにっとアカデミア

北朝鮮の法秩序——その成立と変容

2014年3月8日　第1刷発行

著　者　藤井　新

編　者　平岩俊司　鐸木昌之　坂井隆　礒﨑敦仁

発　行　小石川ユニット
〒112-0003 東京都文京区春日2-13-1（株）スタジオ・フォンテ内
電話（03）5842-7979　Fax（03）5842-7261
http://koishikawaunit.net/

発　売　株式会社 世織書房
〒220-0042 神奈川県横浜市西区戸部町7丁目240番地　文教堂ビル
電話（045）317-3176　振替00250-2-18694

編　集　赤羽高樹
装　丁　田中等
データ入力　枝松順子
パブリシティ・組版　デルタネットデザイン　新井満
印刷・製本　株式会社 シナノパブリッシングプレス

定価はカバーに表示してあります。
乱丁・落丁本は、おそれ入りますが小社までお送りください。送料小社負担によりお取り替えいたします。

ISBN978-4-902163-70-4